上海市中小学德育研究协
上海市青少年学生校外活动联席会议

文化根 民族魂 中国梦

——第七届上海市中学生"进馆有益"微课题论文荟萃

上海教育出版社
SHANGHAI EDUCATIONAL
PUBLISHING HOUSE

前言

　　不知不觉中,"进馆有益"活动已走过七个年头。活动的初衷,是为了践行、落实市委、市政府《2010—2020 上海教育改革和发展中长期规划纲要》对社会实践的要求。纲要中提出的"突出实践体验,完善德育实践体系,促进校内外德育的有效贯通","建立健全学生参与志愿者社会服务和社会实践的服务、认证、激励等机制",一直鞭策着我们。

　　活动以"文化根、民族魂、中国梦"为主旨,发动本市中学生带着微课题,进入各级各类场馆、基地和社区。中学生以志愿服务、博物馆学习和社会调研等方式,深入接触社会,研究问题、撰写论文。活动的形式不是轰轰烈烈的,但扎扎实实行走在本市教育改革的路上。"进馆有益"活动探索场馆和学校的有效贯通,提高学生的社会实践能力,培养社会责任感和创新精神,激发爱国之情,砥砺强国之志,实践报国之行。

　　2020 年的活动是在疫情中进行的。特殊时期的社会实践活动,学生的安全参与成为头等重要的大事。为了减少学生的聚集,线上启动仪式拉开了活动的序幕;钱学森图书馆等场馆采用了线上、线下结合的培训方式;博雅网承担了网上培训功能,所有开放场馆都严格执行限流和预约制度,确保进馆学习学生的安全。暑期中,校外联办和主办方对主要场馆进行了现场寻访和指导。为了确保学生有足够的时间完成进馆学习,活动延长了一个多月,最后的答辩时间也进行了数次调整,避开了本土疫情传播的可能影响。

参与本届"进馆有益"活动的学生,出人意料地达到 3000 多人,提交论文 1120 篇。经过初评、复评和答辩,有 226 篇文章获奖。其中一等奖 33 篇,二等奖 72 篇,三等奖 121 篇。一等奖文章中,有 12 篇是来自 9 所学校的初中学生,其中有一个课题组连续参加了两届活动,并都获得了一等奖。这或许传递了一个信息,初中生的参与热情正在上升。

现在,33 篇一等奖论文正式编辑出版。根据参与活动的博物馆资源和学校社会实践的需求,我们设计了 9 个研究主题,分别为:弘扬与传承、初心与使命、科技与创新、历史与人文、生命与安全、自然与保护、艺术与审美、农业与劳动、实践与探究。每年还把国家的重大事件、重点时政要求作为专题融入相关主题。2020 年的专题就是"四史学习"和学习抗疫精神。为鼓励学生个性化的选择,我们还设计一个"其他项目",把上述主题之外的都归入其中,使学生对学习场所、探究课题有更多的选择。这 33 篇文章代表了所有的主题,包括"其他项目",文章各异,但都符合活动制定的好文章标准:(1)比较深入地进入场馆学习;(2)将进馆学习和社会(生活)实际结合,形成研究视角和研究价值;(3)提出认识和解决问题的见解。

论文作为学生进馆学习的最终成果,是学生活动参与的重要评价依据。但作为德育实践活动,我们还特别关注学生在活动中情感的变化和获得的感悟。经分析,学生的感悟主要表现为三个方面:

一是对自我的新认识。宋元祯等同学这么说,活动过程"充分地激发了我们的个人潜能,发展了自己的才能和创造潜力"。

焦诗悦同学说，"此次研究调查让我发现了自己身上的潜质，为今后的专业选择提供了方向，可以说收获满满"。沈诗涵同学说，活动"让我明白了科学研究其实就在我们身边，要带有好奇的眼光、探索的精神看待生活，从而发掘无限可能"。

二是社会责任的增强。奉贤曙光中学几位学生写道，"传承英烈精神乃吾辈之责任，我们应当深入领会英烈精神内涵，继承英烈精神，做新时代的奋斗者"。潘梦瑶同学说，"14 岁的我们，希望用自己的努力，让更多的同学了解到上海老字号的历史和背后体现的民族精神"。社会责任，这几乎是所有参与者的共同表达。

三是科研精神的培育。不少学生都认为，"要想获得科学成果，就得先学吃苦耐劳、勇于探索的精神；对自己的实验计划精密设计、大胆预测、坚定信心，一定会获得理想的科学进展"。顾若娴同学说，"在实践中，我得到了锻炼和成长，同时也发现自己的不足之处——没有足够的专业知识支撑，从而激励自己今后要努力学习，积累知识，提升综合素养，能更深更广地进行课题研究"。两位不久将参加高考的学生，把课题研究中的遗憾和今后的大学学习对接起来了。王安若同学说："希望以后能在高校的专业课程中掌握更多的专业知识，将自动移车器的功能设计进一步发展和完善。"季辰玥同学认为："限于自身的能力水平和知识结构，我还无法对人工智能的一些算法做出深入的研究或优化……希望能通过日后的学习，将我的想法完善"。

看到这些感悟，我们感到十分欣慰，并油然而生对活动所有参与者、支持者的感激之情。

2021 年 4 月 10 日

目　　录

科 技 之 光

自 然 生 态

活 动 指 导

历史回眸

西周青铜器铭文的产生与发展
及其对碑派书风的影响

探究缘起

我从小一直练习书法,对于书法有一种特殊的感情,随着不断成长,又开始对历史学和青铜器产生了兴趣。在学习的过程中,我渐渐发现青铜器上所刻铭文与后世的碑派书风有着千丝万缕的联系,古人也有所谓"金石气"。于是,我便产生了研究铭文和书法的课题。

我主要研究西周青铜器铭文的产生原因、产生方式,从而引出其在西周历史推进过程中的发展,再点明其对碑派书风(以摩崖刻石、魏碑及其他一些碑派风格的碑刻为主)承上启下作用的影响。

一、西周青铜器铭文的产生

青铜器铭文即金文,我们常说金文的巅峰在西周。当时生产力落后,想要让铸造在青铜器上的文字既有艺术感,又可以准确地记录所发生的事,那么就需要两方面的能力:成熟的青铜器铸造工艺和已成系统的文字体系。

先来看成熟的青铜器铸造工艺。早在夏代,就已经有了青铜器铸造,曾有记载"禹穴之时,以铜为兵"(《越绝书·记宝剑》),在二里头出土的大量青铜器印证了这一记载。其中最具代表性的就是4件爵,它们胎质虽薄,但使用了合范,纹饰精美。到了殷商晚期,工匠们已经可以熟练运用分铸法等难度较大的方法,我们熟知的后母戊鼎便是用分铸法造出来的。

再看成系统的文字体系。中国最早成系统的文字是发现于安阳殷墟的甲骨文。甲骨文因刻在龟甲和兽肩胛骨上而得名,被称为"刀笔文字"。但商朝人在日常书写中应该不是使用甲骨作为文字载体的,甲骨文中有"𠕋(典)"字,其字形表示了用绳子串起来的石片或木片而非甲骨,可理解为"档案"。想要看到最真实的商人书写的文字,只有通过铭文,因为铭文是依据毛笔所写而翻铸的。我们可以来对比两个字:"彝(彝)"和"彝(彝)",第一个字明显比第二个硬朗,而第二个字则更像西周青铜器铭文——第一个字是用刀刻在甲骨上的,第二个是浇铸在商代一件青铜鼎上的。因此,我们可以认为西周青铜器铭文继承了商代的青铜器铭文。

在拥有了成熟的青铜器铸造工艺和成系统的文字体系之后,便产生了西周青铜器铭文。

二、西周青铜器铭文的发展

在研究铭文发展时,我们可以将西周分成早、中、晚三期。早期包括武、成、康、昭四个王世;中期包括穆、恭、懿、孝四个王世;晚期包括夷、厉、共和、宣、幽五个王世。这三个时期的铭文特征各有不同,但又都有着千丝万缕的联系。

西周早期的铭文与商代的铭文关系最为密切。以武王时期的利簋为例:从字形看,利簋的铭文大多粗细变化明显,如"辛"(利簋"辛"字)和"辛"(商代铭文"辛"字)二字,在底部竖画中间处均有变粗而又再变细的趋势,而非后期金文中的一点或者干脆就粗细均匀的一竖；从排列看，利簋字与字之间的行、列都十分不清晰，有一种浑然天成之感，与商代铭文类似，有别于后世之趋近严谨。

西周中期的铭文承上启下，在完美继承西周早期铭文的同时又在其基础上有所创新。首先，通过对"𠔀"(墙盘"文")和"𡕨"(朕簋"文")二字的比较，不难发现墙盘的"文"粗细均匀、结构优美，朕簋的"文"则更加古朴自然、浑然天成。其次，铭文所记载的内容也出现了不同。西周中期以后，铭文内容开始逐渐有些许变化，商代与西周早期的铭文大多出现"某谁给某祖先的尊彝"这句套话和赏赐之礼，而西周中期以后大多数铭文有"子孙永保用"句，这体现了西周先人们时代观念的演变。总的来说，由西周早期到中期，铭文最大的发展就是文字字形、整体的规范化和时代观念的改变。

西周青铜器铭文在晚期达到顶峰。仅从铭文的字形与结构上看，西周晚期同中期差别不大，只是青铜器的做工与文字的浇筑更加精细。如果将目光转向通篇的内容和字数，就会发现西周晚期的铭文与西周中期的铭文有极大的差别。在内容上，西周晚期铭文更加广泛，有别于以前的歌功颂德与祈求保佑，而是加入了历史、政治和战争等方面的题材，如上海博物馆藏大克鼎记载了西周的多种制度。在字数上，西周晚期的铭文不断加长，出现了像近五百字的毛公鼎、三百六十余字的逨盘这样的鸿篇巨制。所以，西周晚期的青铜器铭文是最具书法和历史研究价值的，它们是历史记载与书法传承的有机统一。

由此可见，西周青铜器铭文的发展符合新事物发展的客观规律——由小到大、由不完善到完善。西周青铜器铭文的发展可以说是西周发展的缩影。

三、碑派书风

碑派书风主要是指碑派书法所体现出来的种种风格。这种独特的风格从汉魏到清朝经久不衰,书家们多以汉朝的摩崖石刻与南北朝时期的魏碑为学习对象。这种风格的特点主要是:阳刚大气、不拘小节、雄浑壮美。

从碑派角度看,许多书家都追求用毛笔写出浇筑和刀刻之感,从而贴近拓片的原始风貌。他们又在此基础上加入自己的理解,形成风格迥异却又不失碑派书风的壮美作品,如清朝郑燮、赵之谦、康有为等人的书法。

《张猛龙碑》　　欧阳询　　颜真卿　　赵孟頫

图1　《张猛龙碑》、欧阳询、颜真卿、赵孟頫"持"字比较(图源:书法字典大全 APP)

碑派书风对后世有极大的影响。如图1,第一个"持"出自《张猛龙碑》,是魏碑书法的典范。通过对比不难发现,欧阳询较完美地继承了魏碑的字形,整个字较明显呈现出向右上倾斜、提手旁和"土"字都呈现出重心下移的情况,但欧阳询又在魏碑的基础上有所创新,笔画更棱角分明,字形的中宫①收紧更明显,整体更加小巧精致。颜真卿虽然在字形与笔画上同《张猛龙碑》有些不同,显得更加圆润,但其更多的是继承了《张猛龙碑》的磅礴大

---

① 中国古代练习书法,把一个正方形的格子平均分成九小格,正中间的为中宫,后文外宫为外面八格。

气之感,表现出中宫的放开与外宫的收紧。另一方面,学行草之人也要"旁通二篆,俯贯八分"(《书谱》),否则将难以表现出行草的神韵,赵孟頫的"持"字较好地体现了厚重之感——碑与帖的结合。这说明碑派书风对帖派也有所影响。

因此,碑派书风是中国书法不可缺少的重要组成部分,它是笔锋与刀锋碰撞的产物,对后世的书法学有着深远的影响。

四、西周青铜器铭文对碑派书风的影响

碑派书风具有承上启下的作用。中国书法史经历了由甲骨文到金文、小篆、隶书、楷书和章草,再衍生出今草和行书的过程。碑派书风所集中的主要是一些隶书和楷书的碑刻,正好处在文字开始大型简化与抽象化的时期,说白了就是在看得懂和看不懂之间,向上有所继承,向下有所发展。上文已经大概把其发展讲清楚了,但想要弄清楚碑派书风到底继承了什么内容,就需要与金文相结合来讲了。

看了中国书法的演变,可能有人会问:为什么碑派书风不是继承了离它更近的小篆而是更早的金文?小篆是秦统一六国之后以秦国文字为主、六国文字为辅创造出的一套工整严密的秦朝官方书体。其将金文中蜿蜒的笔画适当简化,去除了金文中的古朴与沧桑,形成了秀丽优美的形态,与碑派书风有些南辕北辙。因此我倾向于认为碑派书风主要是受到了金文的影响。

金文的鼎盛在西周,那碑派书风主要就是受到了西周青铜器铭文的影响。这种影响可以从"书法"二字来看。"书"即书体,特指一些特殊的隶书与楷书;"法"即法则,特指笔、字、章、墨四法中

的笔法。①

先从隶书与楷书两方面来看：

隶书（特指摩崖）方面，西周青铜器铭文与摩崖隶书都有共同特点——在毛笔书写之后用刀刻在硬物上以保留于世。这就使得在某些特定状况下，如铸造青铜器时的高温状态和摩崖石刻的高空状态，会出现与原手写稿严重不符而更多体现了持刀者书写意图的情况。从字形看，隶书与西周青铜器铭文完全不同，呈左右舒展状，名曰"八分"。但是在某些字中，则隐隐约约让人感受到了西周青铜器铭文的影响：《石门颂》中的"𥄂（高）"字同《墙盘》中的"𩠐（高）"字压扁以后十分相似，都有重心下坠感，将"口"半包起来的结构都有左倾趋势，由于李斯《峄山刻石》"𪚥（高）"没有这样的问题，所以不能将这种现象归结为当时使用竹简书写。更合理的解释应该是：由于多以右手写字、刻字，所以某些特定状况或条件下，人们会有意无意地左偏，而秦小篆多刻在光滑平整的石碑上，所以不存在这种现象。摩崖隶书继承了西周青铜器铭文二次创作，即共同体现刀锋与笔锋的特点。

楷书（特指魏碑）方面，其继承了隶书，因此也存在二次创作的特点。除此之外，魏碑楷书也有从西周青铜器铭文中直接获取的东西。再以"高"字为例，"𪚥"（《张猛龙碑》"高"字）字在其两竖最顶上与横连接之处存在笔画胀开的现象，这是对铭文浇筑过程中高温导致的笔画连接处范体小规模损坏的模仿。除"模仿"之外，还有两个方面可能影响这种现象：刻工能力的有限和石片的自然崩裂。第一个方面，通过与东汉碑刻"𪚥"（《曹全碑》"高"

---

① 笔法、字法、章法、墨法是书法学中重要的四个方面。笔法，每一个笔画的书写方法；字法，每一个字的整体结构；章法，每一幅作品的整体布局；墨法，每一次沾墨与用笔的浓淡干枯。

字)对比,不难发现东汉时期就已经可以达到对原手稿比较精细的复制;第二个方面,绝大多数的碑刻都是"阴刻",这可以解释在笔画连接处会因石头较低的延展性而崩裂产生膨胀之感,但魏碑中有些"阳刻"的作品却也显示出了笔画连接处向外膨胀之感,这就很难解释了。因此,这两方面都不是产生这种现象的主要原因,那只能说魏碑楷书的二次创作刻意效法了西周青铜器铭文。

再看笔法部分。之所以说西周青铜器铭文对于碑派书风的影响主要在笔法,是因为金文属于先秦的"蝌蚪文字",以青铜为文字载体,没有用墨的痕迹,即字法、章法、墨法与后世都有较大差别。其对于后世碑派书风笔法的影响主要可以概括成九个字:锥画沙、屋漏痕、印印泥。

"锥画沙"主要指用笔像一根锥子插入干沙子之后向下滑动一样,中锋用笔明显,力度大。最早出自褚遂良:"用笔当如锥画沙、印印泥。"(《论书》)这种笔法强调了书写者用笔时的力度感,将力全部集中在中锋而非侧锋处。其是受了西周青铜器铭文浇筑的影响,来源于古代工匠在模上刻字。

图2 《始平公造像记》局部
(图源:中华珍宝馆 APP)

"屋漏痕"主要指用笔要像雨天沿着墙壁流下的水丝一样自然曲折,用笔出现以中锋为基础的顿挫之力,为颜真卿所创。虽然这种笔法在草书中使用较多,但是其根源也在西周青铜器铭文。铭文是浇筑出来的,在将青铜汁浇入范的时候,高温会使得文字周围出现一些不均匀的自然曲折，也就是所谓的"屋漏痕"。

"印印泥"主要指用笔要像古代封泥那样有一定的深度和力度，最早也出自褚遂良的《书论》。封泥是古代防止信封被别人拆开而在信封口封的一坨泥，其上大多有印章。形式上来看，这种封泥与西周青铜器铭文的铸造十分相似，都是硬物与泥的组合。因此，"印印泥"的笔法受到了铭文铸造的影响。

总的来说，西周青铜器铭文对碑派书风的影响体现在一些细节和神态上。《石门颂》作为碑派的代表之作，清代张祖翼评价其"胆怯者不敢学，力弱者不能学"，其看似笔画纤细，写起来却像用刀在刻硬物一样累。碑派书风对于西周青铜器铭文来说就是：神似而形不似，笔法细节处似而外在总体上不似。这使得碑派书风博大精深并起到了承上启下的作用，从而使后世许多书家都从碑派书风中汲取了灵感。

参考文献

[1] 郭旭东：《走近殷墟——殷墟考古发掘与研究》，北京：中国文史出版社，2003年。

[2] 唐际根：《殷墟：一个王朝的背影》，北京：科学出版社，2008年。

[3] 王立新编著：《夏商周考古学》，北京：科学出版社，2013年。

[4] 丛文俊：《中国书法史·先秦秦代卷》，江苏：江苏教育出版社，2009年。

[5] 吴鸿清：《中国书法史图录简编（第二版）》，北京：中央广播电视大学出版社，2004年。

[6] 徐林义，王玉池编著：《石门颂》，南昌：江西美术出版社，2011年。

[7] 周汝昌著,周伦玲编:《永字八法:书法艺术讲义》,桂林:广西师范大学出版社,2015 年。

[8] 上海书画出版社编:《金文名品》,上海:上海书画出版社,2015 年。

[9] 唐兰:《西周青铜器铭文分代史征》,上海:上海古籍出版社,2016 年。

[10] 唐兰:《殷墟文字记》,上海:上海古籍出版社,2016 年。

[11] 唐兰:《天壤阁甲骨文存并考释》,上海:上海古籍出版社,2016 年。

[12] 唐兰:《古文字学导论》,上海:上海古籍出版社,2016 年。

[13] 李峰:青铜器和金文书体研究》,上海:上海古籍出版社,2018 年。

[14] 郭静云:《夏商周——从神话到史实》,上海:上海古籍出版社,2013 年。

[15] 黄德宽:《古文字学》,上海:上海古籍出版社,2019 年。

[16] 王双强编著:《老虎来了·金石美学清赏》,杭州:西泠印社出版社,2016 年。

[17] 厦门市绍南文化传播有限公司编:《中国书法经典导读·草书类》,杭州:西泠印社出版社,2013 年。

[18] 何大齐:《万有汉字:〈说文解字〉部首解读》,北京:生活·读书·新知三联书店,2018 年。

[19] 张光直:《中国青铜时代》,北京:生活·读书·新知三联书店,2013 年。

[20] 徐无闻等编:《甲金篆隶大字典》,成都:四川辞书出版社,2008 年。

［21］李智贤等编：《中国篆书大字典》，上海：上海书画出版社，
　　　2006 年。

［22］孙宝文编：《王羲之兰亭序三种》，上海：上海辞书出版社，
　　　2010 年。

［23］孙宝文编：《楷书实用字典》，上海：上海辞书出版社，
　　　2010 年。

［24］过大江编：《篆书实用字典》，上海：上海辞书出版社，
　　　2013 年。

探究感想

　　本课题研究期间，我曾多次参观上海博物馆的青铜器展馆。虽然文章中很少以上海博物馆馆藏文物为例，但是通过对上海博物馆所藏青铜器的参观，我学到了如何研究铭文的许多方法，再加上之前在宝鸡青铜器博物院的学习，写成了这篇文章的前半部分。

　　因为疫情原因，上海博物馆的书法馆在我去的时候并未开放，所以我只能根据以往的一些参观印象和文字资料来学习。好在我一直练习书法，也去过一些如故宫博物院、南京博物院等书法藏品丰富的地方，所以后半部分的写作也比较顺利。

　　我认为"进馆有益"活动对于我们高中生来说是十分有意义的。我们应该在高中阶段找到自己的人生目标，"进馆有益"就是一次机会。我非常珍惜我在故宫博物院、中国国家博物馆、宝鸡青铜器博物院、西安碑林博物馆、周公庙风景名胜区、周原遗址博物馆、南京博物院、上海博物馆等场馆的学习机会。感谢这些场馆，我从中看到了、学到了许多关于我的研究课题的一手史料和知识。

　　这篇文章的完成,首先要感谢我的导师钟明老师。钟明老师在我的研究过程中给予了我许多宝贵的意见,从文章构思和框架到修改,到成文,当我在写作过程中感到困惑的时候,钟明老师总是可以解答我的疑虑,再次表示由衷谢意。

课题作者:上海市闵行中学
**　　　　　张宇晨**
指导老师:钟　　明

潜藏在编钟里的古代之音

探究缘起

　　十年前,我跟随父母来到了上海学习生活。成长在魔都的我渐渐体会到上海的海纳百川、追求卓越、开明睿智、大气谦和,适应了上学匆忙的快节奏生活。我更在多彩的课余生活中,大街小巷边、文史博物馆里、生态公园中感受到:上海不仅是新兴科技之城,更有其独具魅力的古文化之根。

　　神秘的历史和新奇的故事激发了我的好奇心。无意间,我收看到《国家宝藏》这样一档文博探索节目,被其中曾侯乙编钟演奏出的美妙音律所深深吸引住。

　　国人皆知的高雅名曲《茉莉花》被庞大威严却古迹斑驳的一排编钟缓缓奏响,悠扬悦耳,我仿佛悠闲地漫步在街道中,沉浸在那弥漫着清韵淡雅花香的茉莉树下。我惊诧,冰冷的青铜古器抵过了岁月和泥土的腐蚀,竟然能敲击出现代乐曲,演活了洁白胜雪的茉莉花。

　　上学期暑假前,班主任黄老师给我们布置了"进馆有益"调研课题项目,推荐我们去各类博物馆参观。本就喜爱人文历史的我,对"编钟"课题项目一见钟情,萌发了去上海博物馆一睹编钟真实容貌的想法。我把想法和同班好友郑宇豪一说,我俩一拍即合,开始搜集关于编钟的知识、新闻,在调研中看清它们的前世今生。

　　编钟在古代到底是如何演奏的? 这是我们主要的研究目的。

首先,我们需要从它们的大小、材质等外在元素探究其特性;然后,从它们的音阶发声的方式进行研究;其次,大小不一的编钟该怎样排列组合;再者,学习演奏方式与技巧也格外重要;最后就是明白它们的制作意图及文化内涵。

古人制造了编钟,它在夏朝兴起,又在春秋战国直至秦汉盛行。编钟是由青铜铸造的,不同大小的扁圆钟按音调高低,在一个巨大的钟架上依次排开。当你用丁字形的木锤和长形的棒分别敲打铜钟,可发出不同的乐音,因为每个钟的音调、音色各不相同。一组音调高低不同的铜钟引在木架上,由古代侍女用小木槌敲打奏乐。

编钟虽然是一种较古老的打击乐器,但其音色、音质、音准等方面,丝毫不逊色于排鼓、大锣、大镲、钵等这些民族打击乐器,也绝不逊色于定音鼓、马林巴、铝板琴等西洋打击乐器,更不逊色于架子鼓等爵士打击乐器。

我们前往上海博物馆,青铜器馆内暗淡的环境下再用灯光照亮各个展品,提升了观赏效果和神秘感,形态各异的青铜器透露着神秘色彩。《阳关三叠》旋转着,飞舞进我们的耳朵,古朴悠远,千古绝响。"叮——咚——"我们寻声而去,果真发现了陈列在玻璃后的编钟,有成一排的,也有单个的。可以通过扫下面的二维码了解展品,避免了参观者聚集观看简介牌的麻烦。

据观察和介绍,西周晚期的四虎镈的两侧各有两只虎头向下,前后有突出的鸟纹,表面突起的菱块以及刻的花纹,外形相当酷炫。钟与镈都是商周时期常见的乐器,两者外形极为相似,但仔细观察,钟口呈弧状,镈则为平口,正如与四虎镈比较,编镈为平口,编钟为弧形口。西周厉王时期的晋侯苏钟上面的铭文是用利器刻鎏而非与器物一同铸造的,共 16 件,上海博物馆在中国香港发现此套编钟14件并购回入藏,后两件小编钟在被盗挖过的山西晋侯墓地8号中发掘出土,非常难得。

一、编钟的大小与材质对编钟的音调和音色产生的影响

我们可以运用物理常识来解释,音调的高低与编钟的大小有关,有的编钟宽大且厚,发生振动时就慢,所以频率会低,同样的音调也就低,但是音量大,敲打后发出的声音低沉稳重、有力;有的编钟个小且薄,发生振动时就快,频率高,音调也就高,随之音量也小,敲打后发出的声音清脆悠扬、尖锐,当然前提条件是要保证材质相同的情况下。正如我们日常生活中可以用敲击碗来发声,碗内无水时碗的大小也会影响音调的高低;同样大小的碗内装水时,水位的高低会影响震动的频率,也会影响音调的高低。

编钟作为演奏乐器,材质选择上有很大的学问,这关系到声学的性能方面的问题。例如湖北随县出土的曾侯乙编钟,其锻造的材料是青铜。青铜是一种合金,主要成分是铜,又加进了少量的锡和铅元素,各种金属成分的微妙的比例变化,对于编钟的特性有不小的影响。编钟内加入锡元素,提升硬度,加入过多的话会变脆,不耐敲击;将铅加入铜中,可以减弱因加锡导致的脆性,并增加熔铸时的流动性,恰恰抵消了不耐敲击的缺点。曾侯乙编钟里的铜、锡、铅的含量达到了最佳比例,可见在春秋战国时期,人们已经对合金成分与乐钟性能的关系有精确的认识,正因为如此,铸出的钟才音色优美,经久耐用。

二、编钟的音阶发声

中国古代的基本音阶分为五音,指宫、商、角、徵、羽五个音阶。这五音中各相邻两音间的音程,除角和徵、羽和宫(高八度的

宫)之间为小三度外,其余均为大二度。五音相当于现行简谱上的1、2、3、5、6。唐代以后叫合、四、乙、尺、工。五音在音韵学上的五类发音部位,即喉音、牙音、舌音、齿音和唇音。

以湖北随县出土的曾侯乙编钟为例:音域可以达到五个八度,音阶结构接近于现代的 C 大调七声音阶。中声部约占三个八度,由于有音列结构大致相同的编钟,形成了三个重叠的声部,几乎能奏出完整的十二个半音,可演奏五声、六声或七声音阶的音乐作品,从这可以看出我国古代对音律学就有很深的研究。

三、编钟的铭文与排列组合的联系

例如珍藏在上海博物馆的 14 件晋侯苏钟,一类是大钟,一类是中小型钟,每一组均大小成编,按照大小排列为两列八度音音阶与音律相和谐的编钟,工艺先进,制作精巧。第一排最大的两个钟,看起来比较朴素,有着很浅的格线,里边有简单的花纹。后一排最大的两个,钟上有甬,甬中有旋,旋上有半环,也就是古人所称的"斡",通过它方便用绳子将钟悬挂起来,更利于悬挂敲击。剩下的其他钟有似卷云状的花纹,且每个钟的右下角还铸了鸟纹,可谓是画龙点睛之笔,这些标记也起到表示能发出两个音的双音钟的第二敲击点的作用。而这套钟的铭文,不像一般青铜器的铭文是一件上写完整的,钟比较特殊,由于面积小,是两三件连着写的。

首先,这一套钟的铭文是顺的,其中没有一串铭文是重复的。经过专家测音,音律也是顺的,和铭文的方向一模一样,由此可知,古人并不是完全按照尺寸,而是根据音律特地把三种钟选配到一起,成为音律和谐的一套,然后再刻上通篇的铭文。

四、编钟的演奏技巧

演奏编钟需要演奏者较高的控制敲击的快慢频率与力量大小的技巧，这两者相辅相成，敲击编钟的正鼓或侧鼓音部位，达到音准清晰。这与其他一些打击乐器不同，例如三角铁是随意敲击任何部位；与一些西方乐器，例如钢琴有着直接固定的乐键更是天壤之别。一套大型的编钟需要多人配合敲击，演奏者除了要拥有丰富的经验，还得与其他演奏者达到一定的默契程度。因此，我们认为演奏编钟，技巧与熟练相对是重要的两点。

五、编钟的文化价值内涵

那编钟的文物价值有多大呢？中国是制造和使用乐钟最早的国家，早在两千多年前就出现了恢宏浩然的编钟"阵势"，展示了中国古人高超的制作工艺，体现了他们的工匠精神。1997 年 7 月 1 日，沉睡了 2400 多年的曾侯乙编钟出土，编钟震惊了音乐界，震惊了考古界。编钟是上层社会专用的乐器，是等级和权力的象征，展现了中国古代音乐文化的先进水平。编钟之音动听悦耳，清脆悠扬，仿佛歌唱般的旋律，故有歌钟之称。

编钟在我们心中留下了深刻的印迹，希望编钟的声音能响彻中国，传播到世界各地，让美妙的古代之音再次流传。枝上编钟万科垂，越古咏今音悠扬。巧技雅情凝匠心，我辈自当奏华音。

参考文献

[1] 田可文：《中国音乐通史》，重庆：西南师范大学出版社，2018 年。

[2]《远古时代的天籁之音——晋侯苏钟》，北京：文物出版社，2019 年。

探究感悟

我们有同一个目标,带着信心参加了"进馆有益"活动,收获了快乐和友谊,受到中国古代气韵的熏陶,以及对中国传统的喜爱。我们跟随历史的脚步,追寻着编钟的魅力,那浓厚的历史气息,那动听的古音古韵指引着我们继续探索。

这次的调研活动锻炼了我们的观察、分析能力,培养了我们的综合能力和兴趣。当我们遇到困难时,通过询问他人克服了一些存在于我们内心的害怕、担心与紧张。

上海蕴含着许许多多的传统文化元素,只需善于发现,它们就在你我身边。我们很庆幸参加了此次的实践活动,感谢指导老师给予了我们许多构思与意见,同样也要感谢上海博物馆给了我们这样一个有意义的探究地点。

课题组成员:上海市西南工程学校

　　　　储志国　郑宇豪　赵一鸣　王亦晨　周梓瑄

指导老师:黄　琳

浅谈敦煌文化的传统传承与创新发展

探究缘起

敦煌文化受到了世界各地的瞩目,作为青年学生,在日常生活中我们也或多或少接触到了敦煌文化,比如绘本故事、影视作品以及电子游戏等,这些由敦煌艺术所衍生的周边产品往往都会令人不由自主地去关注敦煌文化。

在这个背景下,结合"进馆有益"微课题活动,我们成立了一个四人课题组,在指导老师的带领下参观了"千年绮华——从敦煌到高昌宝石壁画沉浸式展览"。课题组参观了纵横千年、从中原到西域的数十件壁画作品。其中,有超过60%的壁画是经由太舍千佛洞美术馆的潜心研究和匠人的不懈努力,以数以万计的宝石矿物为颜料,重拾千年前的古法技巧,花费近十年时间得以复原的,让这些毁于战火与天灾的瑰宝能够重现人间。对于敦煌文化而言,如何更好地传承传统、创新发展,这次展览已经给出了一个答案。当然,还有更多的答案值得我们去深思和寻找。

现任敦煌研究院院长赵声良先生在其所著《敦煌艺术十讲》的开篇中提到:"一种艺术的产生和发展,绝不会是一项孤立的活动,必然会与它的历史传统、地理位置以及当时与之互动的各种社会因素相关联。敦煌艺术的意义已经远远超出了单纯的宗教或者艺术的范畴,而是多元文化的集合体。"正如赵院长所说的那样,从历史角度看,从北凉到元朝,整个敦煌艺术经过千余年的营造,囊括了多个朝代的文化背景,反映出了许多形式各异的特色;从地理角度看,敦煌是河西走廊最西边的一个城市,是朝西的一个出口,亦是古代各个民族交往的十字路口。因此,敦煌文化是印度、西域诸国、中原(黄河的中游地区)等不同地域的艺术传承与交融,是交流促进繁荣的产物。

一、敦煌文化的历史及背景影响

(一) 敦煌文化的历史

敦煌南枕祁连山,西接塔克拉玛干大沙漠,北靠北塞山,东峙三危山,在这个群山拥抱的小盆地里,蕴藏着无数的文物遗迹、典籍文献以及石窟雕塑,它们所反映的艺术形态以及承载的人文历史共同构成了敦煌文化。

根据记载,敦煌莫高窟始建于前秦时期的公元 366 年,经过历代的兴建,造就了今天的巨大规模。它不仅是佛教艺术的典范,更是建筑、彩塑、壁画组成的综合艺术体,被称为东方世界的艺术博物馆,被列为世界文化遗产。

(二) 敦煌文化的影响

1. 兼容性,通过文化交流促进多元艺术的形成与发展

敦煌文化因其兼容与多样,使得中国、印度、希腊以及伊斯兰等各民族文化都能站在同一个舞台上展现、交流、碰撞乃至融合,"敦煌飞天"便是其中最广为人知的典范。根据研究,"敦煌飞天"是印度佛教天人和中国道教羽人、西域飞天和中原飞天长期交流融合为一的产物。敦煌文化的兼容性在此得以充分的展现。

2. 延续性,通过艺术传承使得东西方文化得以丰富发展

敦煌所蕴藏的典籍文献与雕塑壁画包含了上至佛教故事、天文地理,下至医学典故、史书记载,甚至还有地方官员的任命书、因无钱而将儿子过继的保证书,这些题材不分高低贵贱,一一呈

现在世人的眼前。因此,世界文化的丰富度与延续性在敦煌文化中得以充分的展现。

正如习近平总书记在致首届丝绸之路(敦煌)国际文化博览会的贺信里所写的,"敦煌是历史上东西方文化交汇的重要枢纽,不同文化在这里汇聚和交融,塑造了独具魅力的敦煌文化"。敦煌文化对人类文明进步具有重大的影响,它们不仅仅是中华文化的结晶,更是东西方文化的丰富发展,现代社会中诸如交流、理解、合作、包容、共赢等文明价值都能在敦煌文化中找到。

3. 现实性,通过艺术创作反映社会生活

古代河西地区繁荣的经济文化、充分的对外经济文化交流以及中华民族海纳百川的广阔胸怀等因素共同造就了恢弘的敦煌文化。可见,敦煌艺术的产生是基于当时社会生活的真实反映,而这一点也再次告诉了我们应以史为鉴,正确地认识当下:在现有的地域条件与经济环境的基础上,更好地推动文化交流是促进和平发展的重要渠道。

这就是敦煌艺术的现实意义。目前国际形势发生了重大的变革,我们应采取怎样的方式让一些国家与人民放下抵触与偏见,欣然接受我国的和平崛起呢? 也许,敦煌文化的输出是一个有效途径。

二、敦煌文化的传承与发展近况

(一)敦煌文化的传承

在敦煌莫高窟诸多艺术形式中,壁画形式最广为人知。1961年,动画片《大闹天宫》中仙女的原型来自敦煌飞天壁画;1981年,动画片《九色鹿》根据敦煌壁画《鹿王本生》改编;2015年春晚的《千手观音》同样也是来自敦煌壁画。在课题组所做的调研中，"敦煌飞天"壁画的熟识度与"九色鹿"壁画一起占据首位，这些数据可以印证通过多样的创新形式可以更好地传承敦煌文化。

（二）发展近况

近些年来，敦煌研究院利用计算机虚拟技术建成了"数字敦煌"，让敦煌文化搭乘"互联网＋"和"数字化"的工具，在世界范围内实现了更高效便捷的传播。在课题组所做的调查中亦可发现，人们在网络中了解敦煌文化的比重较高，占到了 50％。

以"敦煌飞天"为例，通过数字化处理，我们可以在很多作品中看到她的身影，除了"云游敦煌"以外，在国内一款知名手机游戏中也能见到"敦煌飞天"的优美身姿。这种与敦煌艺术联通的创新发展通过"数字再现每个人心中的最美敦煌"等文案与动画，吸引了许多游戏玩家关注敦煌艺术。同样，我们还可以在《遇见飞天》中看到集游戏、歌曲、动画等多元一体的创作形式。

可见，我们国家对于敦煌文化的传承已经取得了一定的成绩，那么是否有进一步的创新突破方式呢？

三、敦煌文化的进一步创新思路

（一）调查问卷的数据统计

在本次课题调查问卷中，有 69％的受访人群希望未来有更多的敦煌壁画能够被改编成动画片；有 66％的受访人群希望未来能在更多的生活用品、文具、家具上加入敦煌壁画的图案；29％的受访人群希望未来有相关的电子游戏创新。受访人群认为通过这些举措可以使敦煌文化更加通俗，更加深入人心。

（二）本次课题的创新思路

结合调查数据,课题组提出了本课题的创新思路:结合原有的群众基础,针对不同受众进行区别化设计,以促进敦煌文化进一步的创新与发展。

依照上述思路,课题组在"数字敦煌"平台的基础上,针对不同受众,分别选取了"敦煌飞天""鹿王本生"以及"宝相花"等元素,设计了两款围巾样稿。

1. "敦煌飞天"围巾设计稿

"敦煌飞天"在年轻受众中有一定的知名度,所以课题组选取了敦煌壁画中的飞天形象,尝试打开年轻受众的消费视野。同时还加入了宝相花的底色与花型,给围巾增添了一份圣洁与端庄的寓意。

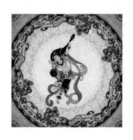

图1　课题组设计的敦煌飞天围巾样稿

在宝相花典雅底色的衬托下,飞天唯美的身姿跃然呈现于眼前,容易吸引年轻人的眼光。

2. "鹿王本生"围巾设计稿

1981年根据敦煌壁画《鹿王本生》改编的动画片《九色鹿》可以说是我们父母一辈的童年印象,因此课题组又选取九色鹿为主角设计了一款围巾,如图2所示。

图 2 课题组设计的"鹿王本"生围巾样稿

九色鹿与宝相花等敦煌元素的有机结合,大气又不失柔和,完美契合了中老年受众的审美。

可见,课题组通过区别化设计的理念方式,针对不同年龄受众进行设计,可以将敦煌文化更好地推广并融入我们的日常生活中。以此类推,通过针对性地创新与再融合,可以将敦煌文化的输出变得简单而又生动。

参考文献

[1] 赵声良:《敦煌艺术十讲》,北京:文物出版社,2017 年。

[2] 常书鸿、池田大作:《敦煌的光彩》,北京:人民日报出版社,2011 年。

[3] 赵声良:《敦煌石窟艺术简史》,北京:中国青年出版社,2016 年。

探究感想

本次"进馆有益"活动期间,课题组在指导老师的带领下参观了"千年绮华——从敦煌到高昌宝石壁画沉浸式展览"。通过将近 4 个小时的沉浸式参观,课题组切实感受到了敦煌文化的灿烂多姿。在随后的几周里,课题组又一同"云游敦煌",通过数字敦煌技术,身临其境般地观赏了各个洞窟的壁画、雕塑,从而进一步加深了对敦煌文化的了解,也对敦煌艺术所承载的历史与现实意义有了更深刻的认识。在此,感谢线下场馆与数字敦煌所提供的支持以及指导老师所给予的帮助!

课题组在此次进馆学习中增长了阅历,学会了计划先行,用科学、严谨的方法开展研究。在团队合作中取长补短、互相协助,体会到了集体的力量。

课题组成员:上海市第十中学
            陆嘉仪   陈添玙   张文仪   吴封翊
指导老师:李祎凡

探究志丹路元代水闸遗址

探究缘起

游玩路上、归家途中,我总会经过家附近的上海市元代水闸遗址博物馆,这是国内目前规模最大、做工最好、保存最为完整的元代水利工程遗址。在社区组织的节约用水参观日活动中,我已在该馆内初步了解到了水闸的由来及作用、水闸的建造过程以及总工程师任仁发的相关事迹。为了进一步探究水闸遗址,深入了解其建造流程、运作方法,遗址的保护和上海水文化之间的联系,借着本次课题探究的机会,我再次走进元代水闸遗址博物馆,希望能够在进一步探究中找到新的思索方向。

一、志丹路元代水闸概述

(一)志丹路元代水闸遗址的发现

志丹苑小区修建时,施工队发现了一处水闸遗址。考古专家根据木桩上发现的"八思巴文"、地层堆积年龄,判断这处遗址建于元代,并且根据志丹路水闸遗址周边地理环境的实地调查和资料查证,最终确定为元代时吴淞江南岸的一处水闸。

整个水闸遗址用工量之大、做工之精,为国内同类遗址所罕见,并且上海的遗址大多位于市郊,位于市区的是极少的。

2002年志丹路元代水闸遗址的发掘为上海的考古事业谱写了新篇章,为上海的发展史提供了实例,为了解中国古代水利工程建造技术流程提供了直接的依据。它是在宋代《营造法式》总结之后的官式工程。在长江三角洲特殊地貌环境下,这个水闸遗址是印证水利工程大发展的实例;对研究吴淞江流域的历史变迁、长三角地区的经济发展等都具有非常重要的学术价值,是上海地方史研究中的一个标志性重要物质文化遗产。

作为目前国内规模最大、做工最好、保存最完整的元代水利工程遗址,志丹路元代水闸遗址被评选为2006年度"中国十大考古新发现",是第七批全国重点文物保护单位。

（二）志丹路元代水闸的诞生及其主要功能

古书中曾写到:"三江既入,震泽底定。"三江即为吴淞江(苏州河)、东江与娄江。北宋郏侨在《水利书》中曾说:"吴淞古江,故道深广,可敌千浦。"由此可见吴淞江对周边地区发展的重要性。

到北宋时,娄江与东江已经因淤塞不复存在。不少古书中都有记载,如"今则二江已绝,唯吴松一江存焉"。吴淞江的淤塞也日发严重,江面逐渐萎缩。吴淞江的淤塞严重影响到了长三角地区的经济发展,因此历朝历代都想方设法加以治理。元代时,都水监任仁发受命疏浚吴淞江,他设计了这一工程,以限潮沙。在吴淞江上建造水闸,能够蓄水冲沙、拒咸保淡。

任仁发利用水闸的里外水流落差,用闸内的清水将闸外的泥沙冲走,成功疏浚吴淞江,促进了周边地区的农业、经济、航运事业的发展。

（三）志丹路元代水闸的建造流程

志丹路元代水闸的建造流程可分为约12个步骤(如图1)。

图1　志丹路元代水闸遗址建设流程图(笔者绘制)

水闸的选址并不是任意而为的。据《水利集》中记载,选定建造水闸的地址,必须通过挖井先辨别土壤的性质、有无流沙层、是否厚实,才能"扦定界址"。

定基线则是为了确认闸门的位置,保证工程的精确性。铺衬石坊这一步十分严谨,拼缝处还需用铁钉加固。铺衬石坊完成后,就要铺底石,这种方法最早记载于《宋史·河渠志》:"石纵缝以铁鼓络之,其甚固。"

前面几个步骤都是为了打基础,基础打好了,就要开始建造闸门和闸墙了。"立闸门柱",就是将横卧的两根青石柱由人工使它立直。接着要砌筑石闸墙,这一步有严格的要求,需要以闸门为中心,自下而上堆砌。为加固水闸,石闸墙外还建有砖墙,砖墙外还需堆助荒石。

志丹路元代水闸遗址中出土了一万根5～7米长的木柱,并且每一根上都有编号,工程的质量非常高。可见,志丹路元代水闸是一项十分精密的工程,它体现了古代人民的智慧。这样精密的水利工程对我们如今的水利事业发展也有一定的参考价值。

二、水利工程师任仁发与元代水闸遗址

(一)任仁发水利事业方面的成就

任仁发(约1254～1327年)是志丹路元代水闸遗址的总工程师。他将一生的精力投入水利事业,继承了范仲淹、苏东坡的治水理论,总结了前人治水经验,并结合了实际情况提出自己的治水理论,志丹路元代水闸遗址就是他一生治水理念的体现。

元大德四年（1300年），开始吴淞江治理，吴淞江海口段首次成功开浚。

至大年间（1308~1311年）及泰定元年（1324年），对元大都通汇河扬隐闸、汴梁黄河、镇江练湖运河、杭州盐官海塘等修建治理。

大德十年（1306年），治理通惠河淤积，以功升为都水少监。

泰定元年（1324年），被任命疏浚淀山湖、吴淞江水利工程。

图2　任仁发治水时间轴（笔者绘制）

起初，任仁发提出治理吴淞江，但未受到朝廷注意。大德年间(1297~1307年)，浙西地区遭大水，政府才重视此事。大德四年(1300年)，任仁发受命开始吴淞江的疏浚工作，但却遭到极大的阻力，政府又下令撤除行都水监，工程只能半途而废。直至他已成为70岁老人时，才再次被委任，继续完成年轻时治理吴淞江的梦想。三年后，任仁发去世。他一生坚持梦想的精神值得我们学习。

（二）任仁发的艺术成就

同时，任仁发也是一位小有名气的画家。他尤其擅长画人物和鞍马，作品生动传神。任仁发在其艺术世界中所领悟到的从大到小，从整体看局部的处事精神也被他运用于水利事业中，可以说，他在水利与艺术上的成就是相辅相成的。

三、由水闸遗址兼谈上海水文化

（一）上海与水

6000 多年前，上海市内只有青浦、松江、金山三地基本成陆地。这些陆域都属于古太湖淤浅后形成的湖沼与湖滨平原。距今 3000 年前，嘉定、闵行、奉贤三地的西部大部或局部形成。此时，包括市中心区在内其他区域仍处在海平面之下，现在的滴水湖区域 100 年前还属于海。由于长江携带的大量泥沙流到河口，才不断扩延成陆。随着古代上海的海岸线日渐东移，吴淞江在北宋时期就穿过了如今的上海市区。

根据上海市水务局于 2017 年 8 月 31 日公布的河湖数量统计显示，上海共有河道 43424 条（段），湖泊 40 个，其他河湖 5170 条（个）以及微水体 55864 个，分布面积十分广阔。

再纵观上海的地理位置，位于长江之箭与弧形海岸线的搭接处，背靠太湖，面临东海，北挟长江口，南濒杭州湾，内有黄浦江和吴淞江穿城而过。可以说上海是因水而生，上海与水息息相关。

（二）志丹路水闸遗址与上海水文化

1. 水闸遗址保护实现水资源循环

在进入志丹路元代水闸博物馆内，我便感受到了场馆内较低的气温，并且看到木闸周围有许多喷洒装置间断工作。

起初，专家认为博物馆中的木构件都属于饱水木质文物，因此，取出后首先需要用真空冷冻干燥法进行处理，并对遗址进行隔水处理。但随着深入研究，他们发现"干保护"无法起到保护遗址的目的，会导致土壤疏松而造成遗址坍塌。

最后，专家决定采用"湿保护"方案，每天通过定时喷洒保护液以保持木质的湿度，以防止木闸开裂或腐烂。喷灌技术原先广泛运用于农林业，技术成熟，但从未被用于文物保护，志丹路水闸遗址首次引入喷灌技术。在喷灌的同时采用了回收管道,经过过滤系统后重新进入水源系统,实现水资源的系统循环,既节约用水,又逐步将整个遗址的木质文物与土壤内的盐分去除。

这是喷灌技术首次被运用于文物保护中,这对于我国文物保护有很大的学习、参考价值。同时,这一转变也启示我们要注重科技的发展,将科技运用于文化遗产的保护与传承。

2. 水闸遗址与中国水文化

从远古部落到现代的都市,上海水文化不断发展,经历了"人水相争""人水相融""人水和谐共处"三个阶段。志丹路元代水闸是古人治水的经验总结,重视保持吴淞江的畅通,成功地控制了水患,这是从"人水相争"转变为"人水相融"的见证。同时,它也见证了元代时的上海已具有一定的航运规模,经济文化有了较大的发展。

水利部部长陈雷在题为《保护水文化遗产,弘扬先进水文化》的讲话中说:"保护和继承水文化遗产,其本质是要充分发挥水文化遗产的教育、启迪、激励和凝聚作用。要妥善处理保护与利用的关系,在保护传承的基础上科学合理利用水文化遗产,通过科学合理利用促进水文化遗产的保护传承,实现水文化遗产资源的可持续发展。"他将保护和继承水文化遗产作为维护水文化的重要部分。上海市元代水闸遗址博物馆是上海水文化的代表之一,是上海历代治水经验的体现,能够帮助我们提升对于水文化的认识。

我们从志丹路水闸遗址可以学到,人类应当将水环境对人的危害降到最低,达到"人水和谐"的境界;同时,减少人类活动对水环境的影响,节约用水,减少水污染。

四、问卷调查与建议

上海市元代水闸遗址博物馆是一处十分值得参观的遗址博物馆,我学习到了古人的精密、严谨的工匠精神以及伟大的建筑智慧;学习到了任仁发几十年来坚持梦想的精神;学习到了上海水文化。

我通过问卷星开展了上海市民对元代水闸了解度的调查问卷,却发现水闸遗址在民众中的普及度并不高。本次共收到了192份有效问卷。192人中只有21人知道志丹路水闸遗址博物馆;参观过该场馆的人仅有8人,仅仅只有三分之一不到的比例;了解水闸运作方式的有8人,仅占到了4.17%;了解任仁发的仅有2人,仅占到了百分之一。

根据调查结果可见,上海市民对上海市元代水闸遗址博物馆的认识和了解度不高。遗址所处地段较好,位于普陀区,可听说过的人却极少,因此可以得知该博物馆的知名度很低,大多数人并不知道这个博物馆。其次,参观过并了解其中内容的人是少之又少,可见博物馆的内容对于普通民众来说较为小众。

为解决这些问题,我认为可以通过以下措施让上海市元代水闸遗址博物馆成为市民学习的场所。首先,博物馆可以录制宣传片,让市民了解上海市元代水闸遗址博物馆,知道其中的内容是有意义并且有趣的。其次,社区鼓励家庭一起参观,并张贴海报,使家家户户了解志丹路元代水闸遗址。再次,学校通过开展教育讲座、组织参观等方式加强青少年对志丹路元代水闸遗址的了解。譬如历史课堂上,老师在讲到航海之谜或元代历史时,可以提及上海市元代水闸遗址博物馆,鼓励学生走进博物馆自主深入学习。希望有更多市民接受上海文脉这方面的教育,完整地了解元代时上海的社会风情、水利事业,对我们生活的这片土地有深入的了解,从而产生热爱之情。

参考文献

[1] 佚名:《尚书·禹贡》,长春:吉林出版集团股份有限公司,2005 年。

[2] 褚绍唐:《吴淞江的历史变迁》,《华东师范大学学报(自然科学版)》,1980 年第 2 期。

[3] 郏亶:《太仓市水利志——吴门水利书原著节选》,苏州:古吴轩出版社,2009 年。

[4] 任仁发:《水利集十卷》卷二、卷一,四库全书存目丛书编辑委员会编:《四库全书存目丛书》221,山东:齐鲁社,1996 年。

[5]《宋史·河渠志》,北京:中华书局,1957 年。

[6] 中国水利学会水利史研究会学术年会暨中国大运河水利遗产保护与利用战略论坛文集,2013 年。

探究感想

我很感谢我的指导老师唐华真老师。在研究过程中,我遇到了许多的问题,例如确定课题名称、研究重点,以及如何拔高文章立意等,她给予了我中肯的建议及指导,不断地启发我,让我想到了水文化这一研究方向,帮助我最终成功地完成了课题。

同时,我也感谢上海市元代水闸遗址博物馆给我提供的资源,如馆内的语音讲解与精彩的展品。尽管在疫情期间,工作人员仍旧在工作岗位上尽职尽责,做好防控措施,保证了场馆的正常开放,为我提供了一个学习的机会,并且提供了专业的讲解。

通过研究这一课题,我不仅对志丹路元代水闸遗址有了更深的了解,也学习了基本的研究方法:文献研究法、实地研究法、问卷调查法等。我将把我在研究过程中所学习到的知识运用到我的学习、生活中。上海市元代水闸遗址博物馆已开展了"家门口的文化宝藏"系列活动,越来越多的中小学生以及市民在此展开了学习。诸如此类的上海文化遗产的推广还需要更多的努力。我也会继续深入研究,做得更好。

最后,我还要感谢"进馆有益"这一活动,评委们为我提了十分有帮助的建议,让我的文章结构更加合理,并且更具有现实意义与学习价值。

课题作者:上海市风华中学
       张晶洁
指导老师:唐华真

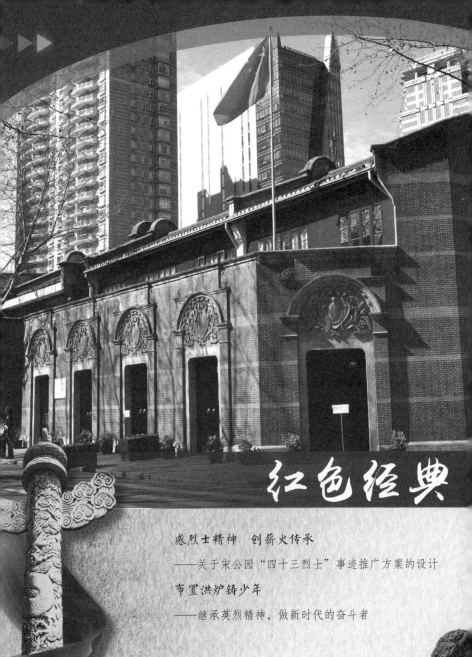

红色经典

感烈士精神　创薪火传承
——关于宋公园"四十三烈士"事迹推广方案的设计

布置洪炉铸少年
——继承英烈精神，做新时代的奋斗者

感烈士精神　创薪火传承

——关于宋公园"四十三烈士"事迹推广方案的设计

探究缘起

　　当今不少青少年对我们国家曾经经历的苦难没有特别深刻的感受,对这些历史也不够理解。了解自己国家和民族的过去是必要的,这样我们才能够以史为鉴。学习优秀的民族精神,可以通过了解革命烈士们的事迹来自我激励,树立正确的历史观。

　　我们通过对"四十三烈士"事迹的了解,以及采访身边同学、老师、朋友、家长对于这些事迹的了解来判断当代人对这些烈士事迹的熟悉程度,并对这类优秀英雄事迹的宣传方式提出一些建议。

一、追根溯源

——宋公园"四十三烈士"个人事迹及其历史地位

　　1949年5月,上海解放前的十几天,国民党反动派在宋公园分6批先后杀害了43位革命者。5月30日,上海解放后第四天,陈毅市长下达指示:"重新安葬烈士遗体。"6月5日,除交通大学两位烈士遗体被迎回交通大学外,其余烈士被安葬于虹桥公墓,后迁至龙华烈士陵园。

　　黎明前牺牲的"四十三位烈士",有在开展群众运动中不幸被捕的中共党员(13人)和民主进步人士(22人),有在国民党党、政、军、特系统及政府要害部门从事情报、策反工作被暴露的爱国官兵。以下为宋公园"四十三烈士"英名录:孟士衡、谢超逸、方志农、张达生、王文宗、朱大同、陈尔晋、王曼霞(女)、冯德章、王培华、方守燮、冯瑞祥、田芥平、莫香传、许建民、梁玉言（女）、崔太灵、秦步云、杨新、樊莆堂、陆自成、吴浦泉、黄培中、王克仁、徐海峰、郇锡瑾、方元明、姜汉卿、方云卿、方干卿、刘临沧、穆汉祥、史霄雯、蒋志毅、钱文湘、刘家栋、钱凤岐、钱相摩、曾伟、虞键、陈潘旭、郭莽西、刘启纶。

从革命斗争的意义上，"四十三烈士"在中共上海地下组织的领导下，从事着革命斗争活动，直至因叛徒泄密被捕，英勇牺牲。他们牺牲在上海解放前夕，正是因为他们对解放军的协助，才使得敌人被彻底消灭，从而加快了上海的解放。

从后世影响的意义上，"四十三烈士"的坚毅忠贞和高风亮节依然能够让今天的人们受到震撼，他们的英烈风范也是我们学习的楷模，激励年轻的一代奋勇向前。

二、探其究竟
——调查走访"四十三烈士"隐蔽在历史中的原因

（一）调查走访

我们实地走访了闸北公园（原宋公园及其附近荒地）。闸北公园周边非常繁荣，其中的宋教仁墓地面向游客开放，但是"四十三烈士"牺牲地却没有任何碑记。我们也询问了公园内的游客、工作人员，而他们都无法指明烈士牺牲的确切位置，也对"四十三烈士"的事迹不甚清楚。

为了对烈士状况进行更多的了解，我们来到了龙华烈士陵园。我们发现参观龙华纪念馆的多为老年人和带着儿童的家长，而参观烈士纪念馆的学生以初一、初二年级居多，参观时间集中在清明节、建军节、建党节等特殊日期。可以看出，青少年对烈士纪念馆的兴趣不高。

（二）问卷调查

我们通过问卷的制作和数据的统计,大致了解了人们对"四十三烈士"的认知概况。

由于本次问卷采取网络问卷形式,填写人群以青年人居多,有44.09%的高中生,22.04%的大学生和29.03%的在职人员。

受调查者中,只有4.3%的人对"四十三烈士"极为了解,10.75%的人较为了解,31.18%的人不甚了解,35.48%的人完全不了解。可见大家对于"四十三烈士"知之甚少。

60.22%的人没有听说过"四十三烈士"中的任何一位烈士,39.78%的人听说过一些。在研究过程中,我们发现有一些人听说过这些烈士,但是并不知道他们是宋公园"四十三烈士"之一。

图1 您通过哪些途径了解过烈士陵园?

从图1可知,人们通过网络等媒体和学校或公司了解过烈士陵园,而社区的宣传作用不是很大。

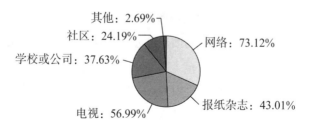

图2 您希望通过以下哪些方式了解宋公园"四十三烈士"?

从图2可知,在希望通过哪些方式了解"四十三烈士"的回答中,73.12%的人选择了网络,56.99%的人选择了电视。可见人们对通过新媒体了解宋公园"四十三烈士"抱有期待。

目前的烈士宣传方式不够新颖,同时社区不够重视在烈士宣传方面的教育。我们应该利用网络等媒介向人们普及历史知识和烈士事迹,使人们先知国再爱国。

三、他山之石
——探访龙华烈士陵园推广烈士事迹的方法

我们于8月5日前往龙华烈士陵园进行参观和采访。龙华烈士陵园于2017年进行了陈列的更新和翻修,将许多高科技运用在了陈列与展示中,按照时间线对众多烈士的事迹进行了科学的划分。龙华烈士纪念馆的场馆设计理念定位为"以史叙事,以事待人,以人见精神",其配置科学周全。

我们采访了龙华烈士陵园的讲解员翁老师,向她了解了龙华烈士纪念馆的内容设计与龙华烈士陵园推广宣传烈士事迹的方法。

从采访中我们了解到,龙华烈士纪念馆在推广宣传烈士事迹方面有许多别出心裁的设计。

在讲解方面,纪念馆特别配有适合青少年的讲解词,以故事为主,强调具有代表性的人物形象(如小英雄欧阳立安),结合了历史课本上的内容(如时局图),贴近青少年生活。对于年龄较小的参观者,讲解员还安排了问答和奖励机制来调动积极性。

在展览布置方面,纪念馆增添了现场多媒体的展览方式。这些现场多媒体有"飞鹰行动特殊电台""永不消逝的电波"游戏体验设施、与油画相结合的全息多媒体雕塑剧场等,增添了趣味,也让不同年龄段参观者了解烈士们的事迹。

在活动举办方面,纪念馆设置了爱国活动课程,将学校课堂搬进烈士陵园,让学生们近距离了解烈士的生平事迹。在疫情期间,纪念馆则推出了线上直播班课,学生们足不出户就能够接受爱国教育。讲师还会进入校园,为学生们带来青少年党课,分享烈士的故事。在建军节、建党节、烈士公祭日等特殊节日,纪念馆则会举行征文活动,让青少年亲笔写下对烈士的追忆与对历史的思考。对于来现场参观场馆的游客,纪念馆将亲子手工活动与参观结合,吸引了更多参观者。此外,纪念馆也设置有书签墙,参观者可以挑选书签留念,也可以进行留言。

在公众号推广方面,公众号"龙华英烈"结合馆内文物,推出烈士微型纪录片。在保证纪录片中的史料准确的同时,龙华纪念馆还增加了展现烈士事迹的多种方式,如场景还原、文物介绍、互动交流等,内容翔实,通俗易懂。

龙华烈士纪念馆通过多样的宣传方式满足了不同年龄的不同对象的参观需求,使参观者"先知国,再爱国"。

四、继往开来
——设计推广"四十三烈士"事迹的方案

通过前期的探访,我们认为推广烈士事迹的方案核心在于让原本不了解烈士事迹的公众对于烈士的事迹具有基本的了解,这样才能够进行下一步的推广。因此,我们设计了一系列推广方案。

(一)旅游线路的设计

鉴于"四十三烈士"就义地点位于闸北公园内,我们考虑从旅游线路的角度来推广"四十三烈士"的事迹。在闸北公园的游览线路图上,可以特别列出"四十三烈士"的就义地点;对于希望参观宋公园和宋教仁墓的游客,也可以在周边增加"四十三烈士"的事迹介绍。

(二) 文创产品的设计

文创产品越来越受到青少年的喜爱。我们设计了样式简洁实用的书签,上面分别印有不同烈士的照片与生平,能让青少年清晰直观且便捷地了解烈士,如同集邮式地收集不同烈士的书签也有一定的趣味性。对于在课堂中接触到中国近代史的初高中生,这些信息能够让学生对烈士精神有更深的理解。

关于书签的设计,我们把烈士的肖像放在最显眼的位置,增强辨识度和历史感,选取精简版本的烈士介绍,增加形似红丝带的边框。在书签正面,我们选取烈士的名言,加以背景图设计,增强美观感和教育意义。根据烈士从事的革命工作,我们设计不同系列的书签以方便收集。学校和班级也可以举行设计烈士书签的活动,让学生们亲手设计并制作书签。

图 3　书签设计方案

(三) 宣传册的设计

我们结合相关史料,设计了"四十三烈士"相关的宣传册。小型的宣传册携带方便,便于宣传。

我们还考虑学习愚园路街道的做法,通过居委会向沿街商铺发放宣传册等资料,通过社区街道的力量弘扬烈士精神。

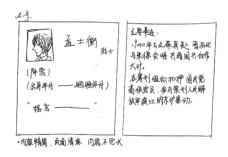

图4　宣传册设计方案

(四) 微信平台上公众号和小程序的设计

很多学生对于新媒体宣传的方式感兴趣,可以在面向学生的公众号上发布关于"四十三烈士"事迹的文章和纪录片。微型纪录片可以用多种方法进行制作,如复原场景、展示文物等,内容相对简略,但是史料详实,也方便普通大众了解,不会占用太多时间。

图5　微信小程序设计概念图

（五）场馆学校联动

对于初中生和高中生,可以用举办学生讲座的方式对"四十三烈士"进行介绍。以市西中学为例,学校给予学生开设微型讲座的平台,学校也会在大屏幕上宣传讲座内容,可以鼓励对相关历史知识有所了解的学生报名并开展讲座。

同时,鉴于龙华烈士陵园的讲师会进入校园进行党课教学,我们考虑在党课的授课和学习中穿插"四十三烈士"的事迹,加强教育作用。

参考文献

[1] 张志国:《在黎明前英勇献身——记宋公园四十三烈士》,《闸北区志》,上海。

探究感想

我们希望能通过不同宣传方式使当代人了解自己国家的历史,从而对于烈士精神有更深刻、更成熟的理解,能从中学习可取之处并运用于自己的生活及工作岗位中,成为对社会有用的人。我们设计的不仅仅是推广方案,更是对历史的还原、传承与铭记,最终目的是让公众积极投入其中。只有对烈士有足够的认识和了解,并对其产生敬仰与敬重,方案的设计才会有灵魂,烈士的精神才会在我们的手中代代相传。

在"进馆有益"微课题项目中,我们经历了从迷茫到为目标共同努力的心路历程,锻炼并培养了协商解决问题、团队合作、互相配合的能力,也初步接触了论文的写作方法和技巧。我们学到了很多历史知识和烈士们的优秀品质与杰出精神。参观场馆的过程中,我们也了解了很多以前并不知道的知识,懂得了场馆的一些布展手段,了解了工作人员和讲解员平时的工作和肩上的责任。这次"进馆有益"微课题活动让我们受益匪浅。

此外,还有一些问题是值得我们进一步思考的,比如如何利用现今人们使用频率比较高的平台(如微信、微博等)来进行红色历史的推广? 如何更好地在青少年中进行历史的普及,提升他们对于红色历史的兴趣? 这些问题有待我们进一步研究和探索。

课题组成员:上海市市西中学
　　　　　　李金昕　　徐乐桐　　关钰柔
指导老师:杨俊杰

课题组组实地走访照片

布置洪炉铸少年

——继承英烈精神，做新时代的奋斗者

探究缘起

我们所在的学校——上海市奉贤区曙光中学，是一所具有红色基因的学校，由创校先烈李主一于1927年创办，培育红色精神是学校的特色。学校丰富多元的红色教育课程和内容给了我们比一般高中生更多体验、学习英烈精神的平台。在亲历了这些不同类型的红色课程后，我们对英烈精神有了更深入的学习和领悟。除了学校的课程，如何进一步丰富爱国主义教育的内容和形式，让更多学生真正感悟并继承英烈精神，成为新时代的奋斗者？由此，我们开展了此次探究。

一、李主一其人

（一）布置洪炉铸少年，秘密红角留火种

开学之初，学校就下发了爱国主义教育校本教材《东方曙光》，还开设了"洪炉讲坛"。从中我们了解了李主一等革命先辈办学过程中的故事以及他们的办学初心。

李主一办学，用他的话来说，目的是"布置洪炉铸少年"。

四一二反革命政变的白色恐怖下，中共江苏省委成立了。由于敌人的极力围剿和叛徒的出卖，省委领导机构遭受三次大破坏。根据秘密斗争的需要，中共江苏省委选派了一批干部赴农村各县开展农民斗争，恢复和重建各地党组织。于是，李主一奉命

回到家乡奉贤,为保留革命火种,在白色恐怖下开展地下工作。李主一创办了曙光中学,在此基础上又成立了中共奉贤县的第一个县委,成为奉贤革命先锋。

1927年8月,李主一与刘晓等同志来到奉城,为了掩护大革命失败后幸存的革命力量,并开展奉贤地区的革命斗争,共同创办了私立曙光初级中学。由于党正处困难时期,无法为学校筹集大量资金,李主一就自己资助学校,带领师生进行募捐,解决了学校的经济困难。

他在曙光中学内建立县级共青团组织,开展青年革命宣传的活动;组织"读书会"等进步团体,倡导青年接触共产主义。随着革命斗争的逐步开展,曙光中学渐渐成了当时浦东的一个革命中心,地下党时不时来到曙光中学召开秘密会议。在学校后院的一间小屋内,秘密珍藏着由中共中央编印的《向导》《新青年》《前锋》《布尔什维克》等书。在这里,可以读到革命领袖的文字与讲话稿,能看到《共产党宣言》最早中译本,师生们亲切地把这小屋称为"红角"。在教师寝室上有一小阁楼,是党内同志轮流阅读党内文件的地方。

(二)继承先辈遗志,发动郊县农民武装暴动

除了办学,当时任职于江苏省委的李主一为延续革命先辈陈延年、赵世炎等人的革命成果,发动郊县农民武装暴动,趁秋收时期实行抗租抗税。李主一等人发动广大农民、盐民和渔民,积极开展各种斗争。1927年春,根据周恩来同志的意见,奉贤县的地下党组织发动里护塘沿线的盐民举行暴动,暴动为上海工人武装起义提供了声援和保障。

曙光中学被查封后,李主一不幸被捕。在狱中被严刑逼供时,他仍咬紧牙关,坚守革命信念。在龙华看守所里,他对妻子说道:"我为革命而死是光荣的。"他劝说战友更好地为党工作,不要离开组织,在被秘密杀害之前,他仍心系革命。

二、英烈精神教育开展现状

先烈们不惧困难,勇往直前,抛头颅洒热血的英雄气概,永远值得我们效仿学习。通过对英烈精神的学习和领悟,我们可以体会到中华民族艰苦奋斗、自强不息的精神;我们可以对英勇就义的烈士们表达崇高的敬意,珍惜当下的幸福生活;我们可以自觉传承他们的精神。"生于忧患,死于安乐",只有传承英烈精神,才能保持中华民族长久不衰,世世代代兴盛下去。英烈精神教育帮助我们深刻理解并践行爱国、敬业等社会主义核心价值观,增强自身的忧患意识和社会责任感。

我们结合学校校史馆资料,一方面,深入探访奉贤区各类爱国主义教育基地和龙华烈士陵园,开展访谈,收集场馆资料;另一方面,通过问卷星向本区高中生发放了关于如何在新时代弘扬和传承英烈精神的调查问卷,了解当代高中生群体英烈精神教育开展现状,最终,收到有效问卷317份。通过分析问卷数据,我们发现当下英烈精神教育的开展存在以下问题。

(一)英烈精神教育开展时间限制

在"您所在的学校或所在单位是否有进行英烈精神宣传教育(爱国主义教育)"一题中,回答"一年两次以上"及"一年两次"的分别占35.19%和33.33%,"一年一次"的占18.52%。我们通过走访调查学校和场馆开展教育的时间发现,英烈精神相关教育的开展多限于烈士纪念日、建军节、清明节等节日,英烈精神教育尚未日常化。

（二）开展英烈精神教育内容和形式方面存在缺陷

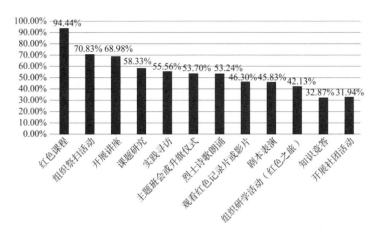

图1　您所在的学校通过哪些形式开展弘扬英烈精神的活动（多选）

表1　奉贤区爱国主义教育基地宣传方式一览表

爱国主义教育基地	宣传方式		有无馆校合作
	线上	线下	
李主一烈士纪念碑	公众号推送	特色红色课程、开放校内洪炉馆、课题研究	有长期合作
上海市奉贤区博物馆	公众号图文推送、线上互动问答（历史知识、"四史"）	宣传点位上布置宣传标语和海报、与其他场馆联办展览、讲解服务、红色讲座	有定期合作
上海市奉贤区档案馆	公众号推送、网上展厅	讲解服务、宣传手册、开展党课、"四史"教育主题档案公众互动体验课程、非遗滚灯制作、"四史"故事系列专栏	无

（续表）

爱国主义教育基地	宣传方式		有无馆校合作
	线上	线下	
上海市奉贤区烈士陵园	无	小小志愿者招募活动、举办祭扫仪式、历史陈列馆、讲解服务	有长期合作
上海市奉贤区志愿军纪念馆	公众号推送	开展讲座、纪念馆讲解服务（抗美援朝战争）、举办祭扫仪式、发放宣传手册	有长期合作
预备役高炮五团长城园	无	纪念馆参观、讲解服务	无
上海警备区海湾女子民兵哨所	无	纪念馆参观（国防教育）、讲解服务	有长期合作
包畹蓉中国京剧服饰艺术馆	无	京剧艺术文化传承（绘制京剧脸谱）、场馆参观	无
上海农垦博物馆	无	入党宣誓仪式的举办、陈列馆参观（上海农垦历史、知青劳动场景）	有不定期合作

　　通过调查，我们发现学校的英烈精神教育资源有限，开展的一次性讲座无法让学生深入理解革命者的初心，缺少沉浸式体验，对学生启示作用有限。而场馆的宣传方式则大都以团体参观、讲解员讲解为主，一般不提供对于个人参观者的讲解服务。此外，学校与各类场馆间缺乏紧密的合作；不论是学校还是场馆，线上方式较少，多以线下为主。

（三）学生进场馆学习英烈精神的意愿较低

在调查中，多数学生表示学习英烈精神对于现在有帮助，但真正在英烈精神教育后走进场馆的，选择"偶尔会去"占 51.39％，"经常会去"只占 35.19％，"基本不会"占 13.43％。

三、开展英烈精神教育相关对策

通过分析问卷数据，我们提出以下对策。

学校可以积极组织课外实践活动、研学，利用假期延长英烈教育时间，帮助学生更好地理解英烈精神。场馆可以积极与学校配合，送教进学校，形成除特定节日外的定期红色课程。

学校在坚持原有的宣传方式基础上要加以改进，首先要深度挖掘烈士革命故事，提高课程深度，丰富课程内容，引导学生发现革命者背后的革命初心。其次，鉴于学校内爱国主义教育资源有限，我们认为可以通过馆校合作，依托场馆丰富的馆藏资源，如影像资料、革命者家书、文献资料等开展英烈教育。

场馆可以开展多样的线下活动，结合"学四史、守初心"主题，主动与周边学校开展合作，建立长期英烈精神教育课程，定期开展"四史"教育等互动课堂；同时丰富线上的宣传活动，如云导览、公众号推送英烈故事等。针对个人参观不提供讲解服务这一情况，可以开设语音导览，为课余参观场馆的学生提供优质的讲解服务。

青年学生作为传承英烈精神的主体，更应该主动探究英烈精神，例如在课余时间走进各类爱国主义教育基地，重走革命线路，感悟英烈初心等，体悟英烈的大无畏精神，增强认同感与使命感；与此同时，积极思考在当下我们可以如何传承英烈精神，将其融入我们的生活，成为新时代的奋斗者。

文化根　民族魂　中国梦

参考文献

［1］杨旼、程立春：《东方曙光》，上海：中西书局，2017 年。

［2］中共上海市党史研究室：《中国共产党上海史》，上海：上海人
　　民出版社，1990 年。

探究感想

　　在"学四史、守初心"这一主题下，我们借助龙华烈士陵园的
场馆资料，结合学校资源，在郭泷阳老师的指导下，确定以创校先
辈李主一为切入点，探寻英烈精神在当下的意义，并由此反思当
下的英烈精神宣传方式应该如何与时俱进。在研究过程中，诸丹
萍老师以曙光中学的英烈精神教育为例，帮助我们开拓思路，逐
步形成较为成熟的思考。

　　这次的"进馆有益"活动给了我们深入挖掘英烈精神的机会。
我们在这次活动中意识到了传承英烈精神乃吾辈之责任，我们应
当深入领会英烈精神内涵，继承英烈精神，做新时代的奋斗者。

课题组成员：上海市奉贤区曙光中学　高三年级

**　　　　　　万　怡　龚芋名**

指导老师：郭泷阳　（上海市龙华烈士陵园）

**　　　　　　诸丹萍　（上海市奉贤区曙光中学）**

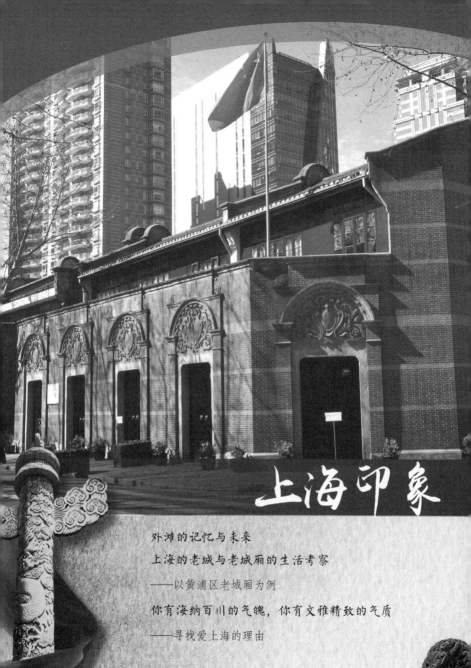

上海印象

外滩的记忆与未来

上海的老城与老城厢的生活考察

——以黄浦区老城厢为例

你有海纳百川的气魄，你有文雅精致的气质

——寻找爱上海的理由

外滩的记忆与未来

探究缘起

自19世纪以来,外滩一直备受世人瞩目,它集万国建筑精粹于一身,融东西文化精华于一体,聚四海商界精英于一地,将一个半世纪的兴衰荣辱和历史风貌呈现于众。上海开埠推动外滩的巨变,近代上海的兴盛也从外滩开始。新中国成立以后,尤其是改革开放以来,外滩的形态与城市功能不断变化。外滩的历史文化积淀与现代化的发展对城市产生了深远的影响,本文围绕外滩的历史变迁与现状展开分析,并对其未来发展趋势进行展望。

一、外滩——近代上海城市发展的起点

上海开埠前,沙船贸易兴盛,县城东门至南门外黄浦江西侧(今十六铺一带)码头林立,店铺鳞次栉比;而外滩却与之相反,当时的外滩仍是一片乡村景象,只有干枯的树木与贫瘠的土地,星星点点的村庄坐落于滩地之上。而在上海被辟为"通商口岸"后一年,众多外商相继抵达,不出两年,《上海土地章程》便将外滩纳入英国人的住所(即英租界)范围内,外滩的面貌开始改变。

1845年的《上海土地章程》正式公布后,外国洋行最先在外滩租地,自北向南依次落户的洋行有怡和洋行、和记洋行、仁记洋行等,其主要收入来源便是鸦片贸易。这些洋行不仅带来了繁忙的贸易活动、西方文化和人来车往的万千气象,也营造着外滩成为金融业发展土壤的氛围。19世纪60年代后,西方资本主义国家逐步改变对华贸易政策,洋行的经营重心随之转移至棉纺织

业、食品、工业原料等，此外，洋行还兴办投资企业，如怡和洋行投资兴建了中国第一条铁路——淞沪铁路，并在1876年顺利通车，为此后的有轨电车打下了基础。

如果说早期的外滩是洋行的天下，那么19世纪70年代以后，银行等金融机构逐渐主宰外滩，汇丰、华俄道胜等中外银行先后在沪设立机构，同时，钱庄、票号也在毗邻的江西路兴起。其中，耗资1000万元建造的汇丰银行大楼，被誉为"从白令海峡到苏伊士运河最华贵的建筑"，同时，这也成为英国殖民者强权的物化象征。当时的《字林西报》称其为"远东最巨大与最雄伟的商业性建筑"。据记载，外滩的中外金融机构最多时曾达600余家，金融市场的规模仅次于当时的伦敦与纽约，成为当时中国最大的金融贸易中心。自此，外滩被誉为"东方的华尔街"，并推动外滩以西至河南路一带发展金融市场，扩大其规模。

众所周知，外滩最令人瞩目之处，莫过于一栋栋沿着黄浦江岸蜿蜒伸展、风格各异的近代优秀建筑。经过开埠后20年的商业积累，各大洋行开始关注自己的身份形象和企业品质，法国古典主义（光大银行）、哥特复兴式（元芳大楼）、文艺复兴（汇中饭店）、新古典主义建筑样式开始纷纷出现，并在随之而来的外滩建筑更新翻建期进行重筑。钢筋水泥、砖瓦石刻堆砌出它们雍容华贵的气势，外滩建筑群享有"万国建筑博览"的美誉。1868年，外滩苏州河口一座专供侨民休憩、游乐的欧式园林正式开放，上海人称之为"公家花园"（即今黄浦公园），这是上海最早的公园。

此外，纪念建筑（如纪念碑、铜像等）也是外滩一道独特的风景，并与万国建筑群相得益彰，是近代上海重大事件的缩影。

由以上分析，我们不难看出在金融贸易与人文建筑两方面，外滩的历史变迁巨大，也反映出上海的发展脉络。

回望中国近代史,外滩的跌宕起伏,是近代上海百年变迁的记录,近代上海从这里迈出了走向现代化国际大都市的第一步。外滩的历史、建筑见证了令人感叹的百年变迁,因而成为近代上海的缩影。

在租界的影响下,上海外滩的优越地理位置得到了进一步的提升,为货物贸易提供了更为方便的交通条件,原先的沙船贸易形式改变,效率提高,还开启了铁路修建,增加了运输工具。

外滩是城市向现代化发展的表征,这种现代性都市文明的物质基础则是与建筑物的品质、高度等密切联系在一起的。近代中国最著名的英文报社、最早的公立图书馆、最早期的博物馆以及闻名亚洲的教堂都汇集于此。因此,如同建筑物的构建,文化与经济的发展同样为外滩的发展奠定了基础。

那么,市民朋友们是否了解外滩的历史呢?我制作了有关于外滩历史文化的问卷调查,有 123 人参与了此次调查。

47.15％的受访者表示自己对于外滩历史不太了解,47.15％受访者"比较了解",各有 3％左右的受访者非常了解或完全不了解外滩历史。不了解外滩历史变迁的原因可能是:参观外滩的机会少;去外滩的目的仅是游览(问卷中有近 93％的参与者选择了此项),对于外滩的发展关注度低等。同时,60％的受访者是通过新媒体与电视新闻来了解外滩文化的,40％的受访者是听长辈或朋友介绍了解有关外滩的历史,少数人阅读相关书籍或购买报刊来获取关于外滩的信息。

二、外滩的现代化发展及现状

今日外滩,地面之下,一条贯通黄浦江的两层巨型隧道正在穿越;南北两翼,规模宏大的北外滩与南外滩地区的开发建设正在延伸;街道两旁,许多优秀建筑被进一步加以保护修复……

外滩如今发展迅猛,在商业、购物娱乐、景观欣赏等方面有了一定的突破。其中,外滩的人文景观尤其引人注目。

尽管上海和大多数城市一样,在快速城市化发展过程中采用"大拆大建"的模式进行了大规模旧区改造,但是从 21 世纪初开始,上海中心区,特别是历史文化风貌区内的许多街区和地段,尝试着以环境改善、功能提升、尊重历史、延续风貌为核心理念的城市保护与更新实践,尤其是上海外滩的历史街区被进一步地开发利用。"历史街区是城市的宝贵财富,对其进行合理的保护、利用和开发,是提高城市竞争力的有效途径,也是加强城市建设和管理的迫切任务。"因此,政府采取了许多有效的措施,例如:充分利用已有资源对街道进行修缮,以人为本,增添更多高质量且便利的公共设施,将尊重历史文化与城市更新合二为一等。

然而,在逐步现代化的过程中,外滩也面临着许多问题,有需要改进的地方。以下是我在问卷中收集到的一些反馈:

(1) 需加强节假日的安全保障(人流控制、缓解交通)。外滩作为著名的城市地标,是本地市民与外来游客在节假日参观的景点,因此需要相关部门控制人流量,避免踩踏事件的发生,为游客的安全做好保障。同时,车辆的拥堵会造成外滩附近居民出行不便以及噪音影响,因此外滩及周边需要限制车辆通行量或是改善双向车道建设。

(2) 需改善周边自然环境(周围船舶停靠太多,影响风景;清理街道,增加绿植)。外滩周围的街道需定期清理,并且需定点设置分类的垃圾桶,同时贴上标牌提醒游客不要随手扔垃圾,最好能够有专人来监督,一起维护外滩周边的清洁卫生。

(3) 过于商业化,需加强人文历史风貌的呈现,营造文化氛围。

（4）外滩周边的停车位较少,可以考虑建设专门用来停车的场地,这样不仅避免了车辆停在马路上而造成的拥挤,也节省了游客寻找车位的时间;同时在每间隔一段距离处增设长椅与遮荫设施,便于游客休息。

（5）多增加可供公众参观的室外展览活动(带有解说、引导员)。外滩的绝大部分文化展览都是室内的展览厅或档案馆,在公众漫步江畔时,也可以适当增加引导员并进行解说,对室外的纪念碑、纪念塔作出讲解,同时也可以将展板置于室外,便于在游客欣赏风景之余了解相关的历史背景。

根据以上受访者提出的建议,我们能够看出:外滩的建设日益完善,这些不断改进的规划是为了满足人民群众对生活的需求,反过来,人民的需求提升,景区的规划设计质量也就稳步提升,这是相辅相成的过程。因此,我们应共同推动外滩的建设工作,将外滩建成更具形象性、历史性、生活性、生态性的"印象滩"。

三、外滩未来发展趋势及展望

2020年9月24日至9月26日,全球高级别金融科技大会——"外滩大会"于上海世博园区举行。这次大会在外滩展开是因为外滩是上海的地标性景点,能够代表上海这座城市所传达的精神理念,同时外滩也起到了桥梁的作用,支撑着城市发展与交流从量变到质变的飞跃。

关于人们对外滩今后发展的期望,从我调查的123位受访者的回答中可以窥见一二。74.8%的受访者认为外滩会向外延伸,形成文化集聚带;65.85%的受访者认为外滩会成为世界的商业地标;25.2%的受访者认为外滩会成为最前沿的科技中心。我认为,对于外滩这一城市地标来说,需平衡好商业、休闲、科技、文化等各方面的发展,将这些重要的部分构成一个更加强大的整体,从而更全面地呈现上海这座城市的精神风貌与价值理念。

百年外滩,既见证了帝国主义列强对中国人民的掠夺和奴役,也凝结了中国人民的智慧和勤劳。新中国成立后,特别是改革开放后,老外滩被赋予了新生命,丰富了时代内涵,焕发出海纳百川、追求卓越的城市精神与品质。今日外滩更加光彩夺目,我们保护的是外滩的历史风貌,铭记的是外滩的历史意义,开发的是外滩的辉煌成就。诚然,在展现历史风貌与经济商业稳步发展的同时,外滩也需根据市民们的需求来调整自身的定位并加以改进(如设置对附近居民楼的防噪音设施、合理安排通行车道与控制车流量、节假日限流等)。我坚信,未来的外滩将变得更加美丽、更加令人向往。

参考文献

[1] 孙玮:《作为媒介的外滩——上海现代性的发生与成长》,《新闻大学》,2011 年第 4 期。

[2] 余佳:《我国金融产业集聚中地方政府行为研究——以上海外滩金融集聚带为例》,上海交通大学硕士学位论文,2015 年。

[3] 刘永广、陈蕴茜:《从"殖民象征"到"文化遗产":上海汇丰银行大楼记忆变迁》,《贵州社会科学》,2018 年第 6 期。

[4] 张鹰:《从上海外滩近代建筑看近代"海派"建筑风格》,苏州大学硕士学位论文,2009 年。

[5] 林敏、洪长晖:《外滩——一个符号的所指变动与空间政治》,《新闻界》2013 年。

[6] 王林:《有机生长的城市更新与风貌保护——上海实践与创新思维》,《世界建筑》,2016 年第 4 期。

[7] 左煬:《历史街区旅游开发研究》,《旅游纵览(行业版)》,2011 年第 7 期。

探究感想

　　在这次"进馆有益"的活动中,我主要探究了外滩的历史、现在与未来三部分,对外滩的历史变迁有了更加全面的了解,并且能够列举出其历史意义并加以分析;同时,我通过制作有关外滩的问卷调查,收到了大众对于外滩的了解程度的反馈与基于自身需求对于外滩的改进措施建议。在查找文献的过程中,我了解到外滩租界的发展历史、周围建筑的风格与特点、如今独特的城市形态与功能、街道的修缮与更新标准,并且与我参观场馆后整理的照片与信息分板块一一整合。最后,我在对外滩历史意义与现状的分析的基础上,对其未来发展趋势进行了预测与展望。外滩作为上海的著名地标,深刻反映出上海这座城市的价值理念,是城市的名片。这次探究中,我独自完成了进馆参观、整合资料、撰写论文的过程,锻炼了我的实践探究能力,让我以中学生的视角较为全面地了解到外滩的记忆与未来,也希望在未来我能够继续深入探究外滩的更多内容。

课题作者:闵行中学　高二(9)班
　　　　　　侯欣芸

上海的老城与老城厢的生活考察

——以黄浦区老城厢为例

探究缘起

上海的老城区有老南市、老卢湾、老静安等,黄浦区老城厢基本属于过去的老南市。上海黄浦区老城厢位于上海城东南,由人民路、中华路围成,占地约 200 公顷。

近几年来,关于上海旧改的新闻屡见不鲜,改造对象之一便是隶属于黄浦区的上海老城厢。老城厢作为上海的城市之根,如今却严重滞后于上海城市发展的速度。我们漫步其间,发现这里的梨膏糖和五香豆已鲜有问津者;明清风格的雕梁画栋、古色古香的老街以及窄窄的弹街路、老虎灶、老虎窗、七十二家房客,都在渐渐地消失……"老城厢老了。"人们喟叹着。

由此,我们开始思考:如何保护上海老城厢的文化,如何妥善处理文物保护与城市现代化建设的关系,老城厢作为上海文化的根,是否正面临着文化坚守与经济发展的矛盾等问题。借助"进馆有益"活动为我们提供的平台,我们试图寻觅老城厢历史演变痕迹,从而得到上述问题的答案。

一、研究背景

(一) 相关研究的国内外现状以及存在的问题

有关上海老城厢的研究多集中于展现其中特定的建筑以及回忆居住其中的生活往事;或是从建筑学和城市规划的角度来分析如何改造老城厢,很少有研究针对老城厢的历史来提出改造老城厢的思路。本课题通过探究老城厢的历史变迁、社会生活的特征来发掘老城厢的发展前景,提出相关建议。

(二)研究内容与价值

帕特里克·格迪斯在《进化中的城市》中说道,"城市必须不再像墨迹、油渍那样蔓延,一旦发展,他们要像花儿那样呈星状开放,在金色的光芒间交替着绿叶。"林立的建筑物纵向地记录着城市的史脉与传衍,横向地展示着它宽广而深厚的阅历,并在这纵横之间交织出每个城市独有的个性与身份。上海老城厢是上海的城市之根,是一代代先人的经历和创造,其独特的文化价值有效地规避了上海独特性的消解,赋予了上海深厚的文化底蕴。

北宋时期,上海出现早期的居民聚落和官方机构——上海务,到南宋时期形成市镇,元朝至元二十八年(1291 年)建立上海县,从此老城厢成为上海的政治、经济、文化中心。唐、宋、元的航运贸易不断推动经济发展,上海建制升格,为老城厢的发展创造了良好的政治环境与经济条件。明初,因黄浦江联通海洋,上海县城常遭劫掠。上海士绅顾从礼上奏朝廷请求筑城,由此,有了"城厢"一说。近代,租界的开辟使上海这座城市内部逐渐出现两个相对独立的区域——租界地区和华界地区。租界地区迅猛发展,逐渐取代老城厢的社会、经济、文化中心的地位。

老城厢独特的文化价值主要体现在:老城厢是江南文化的发祥地之一,且中西方文化交汇,孕育出海派文化。在城市兴起、发展变迁的过程中,上海注重吸收世界最新文化成果,在建筑类型、戏曲改革等方面开风气之先;随着港口的建立和海上航线的开通,中西方优秀文化在上海碰撞交融,为早期城市精神形成提供了客观条件和内在源动力。

700 多年悠久历史,将一个城市的史脉娓娓道来,最终浓缩成了烟火蒸腾的生活,原汁原味地保留了上海最平民化、本土化的生活状态,"走过七百载,不变老城厢",传统而极富人情味的上海生活,在那里凝聚成一股巨大的城市向心力。

二、老城厢的产业变迁

(一) 开埠前:老城厢的兴盛期

由于上海沿海的地理区位和独特地貌,上海老城厢最初形成煮盐业与植棉业两大特色产业。至五代,下沙地区成为盐场,在古籍中已有吴郡"沿海之滨,盐田相望"的记载;植棉业带动棉纺织业,进而促进商业贸易的发展。另外,上海水道交错,这样的地理环境与上海日渐发达的经济共同促成了沙船业的兴起。元代也主要以海运方式将粮棉从江南地区运至国都。从此,上海逐渐发展起以沙船为主体的航运业,号称有"海船数千,梢水数万"。上海老城厢也因此被称为"有舟无车的泽国",客商于此南来北往,老城厢逐渐成为"海商驰骛之地"。繁忙的水上运输、贸易将上海与南北沿岸各港口、长江沿岸各城市以及周边地区联系起来,使得上海出产的棉布走俏国内外,又反过来推进了植棉以及纺织产业的繁荣发展,为老城厢的发展创造了良好的经济条件。

上海城市历史发展陈列馆内有以老城厢为主题的蜡像陈列厅,它清晰地反映了老城厢经济的发展使得当时人口聚集,街巷增多。同时,经济的发展也带来了老城厢文化的繁荣。会馆、书院、私家园林、殿宇建筑大量涌现,豫园、城隍庙、沉香阁等名胜古迹已成为老城厢的一大特色。

(二) 开埠后:老城厢的衰落期

上海开埠后,城墙内依然是房屋低矮,街道狭窄,一些街道两旁鳞次栉比排列着各种店铺。人们生活单调,白天有乡民挑担进城沿街兜卖;日落时城门关闭,唯有沿街巡夜的更夫。老城厢与租界仅有一墙之隔。墙内的人日出而作,日落而息,墙外则是另一番新的天地。城外租界地区人们大多做苦力,替洋人卖命,而城内华界区域传统工业式微,曾承担老城厢经济龙头的沙船业由于轮船与汽车的兴起而逐渐衰落,手工棉纺织业由于租界地区棉纺织工厂的兴起也逐步退出时代舞台,老城厢传统的商贸中心地位受到巨大冲击。但同时,新文化元素的融入使许多新兴行业不断涌现。

同时,城内生活环境逐步恶化,密布的河汊逐渐干涸,原来的水系已无法行船,取而代之的是随处倾倒的生活垃圾和废水。老城厢中大型的产业已基本消失,而小商品贸易等偏个体化经营的产业正不断涌现。

此外,因城内人口急剧上升,原有的老城厢基础设施建设不再能适应城市的发展。上海开埠以前,老城厢的河流的确对上海经济发展和人民生活起到很大作用;然而在上海开埠后,由于陆上交通逐渐发达,河道作用日趋减弱,甚至已成为经济发展的障碍。故而辛亥革命后,人们要求拆城墙、填浜筑路、发展交通的呼声日高,并最终得以实行。

(三)新中国成立后:老城厢的复兴期

新中国成立后,上海工业得到迅猛发展,但由于"先发展,后生活"的理念,上海的许多基础设施并未改善,老城厢内依旧拥挤如初,仅依靠小型手工业以维持生存。1978年改革开放后,老城厢发生了较大变化。政府逐渐加强对城隍庙、豫园等历史遗迹的保护并加以修缮改造,旅游业得以发展。且随着房地产业的兴起,老城厢的市政基础设施得以更新,能够满足居民的部分生活需求。

老城厢是物质文化遗产和非物质文化遗产的聚集地,现有各级文物保护单位 67 处,历史风貌保护街道 35 条,上海老城厢已成为中国城市发展活的历史博物馆。它不仅是上海的地理标志,更是上海的历史标志。老城厢里有着丰厚的弄堂文化。老城厢拥有寓意深远的城门名,朝阳门寓意"若湛露之晞朝阳",晏海门(老北门)寓意"四海晏如",承载着世世代代对未来殷切的期盼与美好的向往,是人类朴素而永存的热望。我们今日依然可以在老城厢窥见居民们富有烟火气的生活,听到走街串巷的叫卖声、大爷们聚在一起下围棋的叫好声,凡此种种,交织成了岁月静好的模样。

目前,老城厢正在被打造提升为商业文化、办公居住等多业态混合,实现外滩金融集聚带与新天地商务区联动发展的综合功能区。

三、老城厢的发展前景调查

我们对老城厢进行了实地考察与采访。我们观察到老城厢内部街道普遍偏窄,房屋略显拥挤;房屋面积小且基础设施条件(如卫浴)较差;交通不便,周围大型超市较少。我们采访到的受访者大多是退休的老年人,他们都表示由于基础设施不完善,生活较为不便,希望在有条件的情况下搬迁。若是老城厢改造为适宜人们休闲娱乐之地,他们亦会表示支持,前来参观游览。

我们通过阅读文献、参观博物馆等对老城厢有了基本的认识后,制作并发布了调查问卷。问卷回收有效问卷 525 份。受访者中,10~15 岁有 3 人,占 0.57%;16~20 岁有 27 人,占 5.17%;21~30 岁有 29 人,占 5.56%;31~40 岁有 123 人,占 23.56%;41~50 岁有 279 人,占 53.45%;51~60 岁有 47 人,占 9%;61 岁及以上有 14 人,占 2.68%。有 280 人知道上海老城厢的地理位置并且去过,占 53.64%;有 128 人知道上海老城厢的地理位置但没去过,占 24.52%;有 114 人不知道上海老城厢的地理位置且没去过,占 21.84%。

表1 您了解上海老城厢的历史发展吗?

选项	小计	比例	
非常了解,有进行过相关研究	30		7.35%
有一定了解	238		58.33%
只听过,不了解	136		33.33%
完全不知道是什么	4		0.98%

表2 您觉得制约上海老城厢经济发展前景最主要的因素是什么?(多选)

选项	小计	比例	
基础设施不完善	283		70.05%
无实在的文化价值可以商业化	91		22.52%
环境恶劣,不够美观	74		18.32%
大多是孤寡老人,无大量劳动力	147		36.39%
宣传力度不够	197		48.76%
其他	9		2.23%

表3 您对上海老城厢的第一印象(多选)

选项	小计	比例	
独特的民居建筑形式	71		17.57%
上海历史文化的根	140		34.65%
商居混杂的建筑,旧区改造的重点	60		14.85%
豫园、城隍庙等商业街	131		32.43%
其他	2		0.5%

文化根　民族魂　中国梦

表4　您会被上海老城厢的哪些元素吸引？（多选）

选项	小计	比例
悠久瑰丽的历史文化	370	70.88%
独特的职业变迁	135	25.86%
烟火蒸腾的上海生活	289	55.36%
繁华的商业街	128	24.52%
没有吸引我的地方	32	6.13%
其他	11	2.11%

表5　您对上海老城厢文化逐渐消失的看法

选项	小计	比例
无所谓,现代发展更重要	25	4.79%
是文化遗产的丢失,要尽量保护,避免消失	465	89.08%
无能为力,很可惜	32	6.13%

表6　对于以下保护上海老城厢的措施,您倾向于哪几种？（多选）

选项	小计	比例
开发成像豫园、城隍庙等旅游商业胜地	228	43.68%
建立上海老城厢历史文化博物馆	304	58.24%
改造成适合居住并加以修缮的住房用地	217	41.57%
开发成供人们休闲娱乐且有文化教育意义的遗址公园等	304	58.24%
亲身体验其中的老上海生活方式	181	34.67%
改造成类似田子坊的商民混居形式	140	26.82%
推倒重建	9	1.72%
其他	9	1.72%

调查发现,年轻一辈,即使是上海户籍,也不太了解上海文化的根,这很大程度上是因为"宣传力度不够"等原因造成的,说明社会先前对老城厢的重视程度不高;对老城厢有一定程度了解的人们普遍认为它是上海的历史之根,认可其历史价值。尽管了解不多,但人们普遍支持老城厢的保护工作,表明了当代人愿意接受传统文化并使之发展的态度。被上海老城厢吸引的人中,选择"悠久瑰丽的历史文化"的比重高达70%,表明分散在旧墙老屋间的古迹、独特的民居建筑及市井文化不仅是上海的瑰宝,更是老城厢的"魂"。关于保护上海老城厢的措施,大多数受访者希望可以打造成展现老城厢历史风貌的公共地带。在各选项中,将之改造成供休闲娱乐且有文化教育意义的遗址公园是最受市民喜爱的。

根据以上调查,我们不禁思考如何加强宣传力度,使老城厢重新进入大众视野。

首先,现有的宣传方式主要是将相关古迹、文物陈列在博物馆中,似乎显得刻板沉闷,不易吸引年轻群体。对此,各大博物馆也已纷纷改进方式,如上海历史博物馆已采用新媒体技术来展现历史。此外,也有博物馆通过制造等身雕塑来还原历史,如上海城市历史发展陈列馆。但是在新媒体时代,年轻人大多愿意利用零碎时间获取信息,因此我们应拓宽宣传的渠道,以人们喜闻乐见的形式来讲述历史。例如从上海古籍、地方志中汲取灵感,以动漫等形式来展现上海老城厢的历史或是年长一辈在老城厢里的回忆。如今动漫产业发展迅猛,这种呈现独特历史的动漫只要优质,就会被大众所喜爱。另外,我们可以利用bilibili等年轻人喜爱的平台来发布动漫或其他形式的作品以推广老城厢。

其次,我们在实地考察中发现,书隐楼、徐光启故居等名人故居缺少宣传,这些建筑虽被认定为文物保护单位,但实际上与普通民宅别无二致。类似地,老城厢被拆除围墙的围墙名以及乔家路等古路名背后大都有值得铭记的历史渊源或轶事,但遗憾的是如今它们却已经鲜为人知。因此,我们要想保护文化遗产,必须落实对名人故居、名园古迹的保护,保留古城墙名、古路名等并加大宣传力度。

最后,我们发现许多人并不希望老城厢开发成像豫园、城隍庙那样的旅游商业胜地。经过一番采访,我们得知虽然豫园等依然是享誉全球的上海标志,但人们并不能从中深入感受老上海文化,那么它未来有可能仅是游客走马观花的旅游景点。因此在发展老城厢之时,应着重研究该地域的历史和文化特点,从延续历史文化和改善环境的目标出发进行旧城改造。我们希望能在如实展现老城厢历史的基础上,为老城厢以及上海其他老城的更新发展提供一些建议或启发。

参考文献

[1] 王依群:《老城厢藏着海派文化独有的精神气质》,《文汇报》2018 年 12 月 26 日。

[2] 王依群:《走过七百载　不变"老城厢"》,《解放日报》,2018 年 9 月 11 日。

[3] 罗苏文:《上海传奇　文化嬗变的侧影 1553—1949》,上海:上海人民出版社,1999 年。

探究感想

在本次"进馆有益"微论文征集活动中,我们通过深入文博场馆,践行活动实践育人的方针,将学习与实践相结合,在丰富自身学养的同时加强社会实践,通过实地考察、路人采访、问卷调查、查阅文献等研究方法,从理论研究到实例研究,借鉴乡村振兴的成功案例,弘扬老城厢的文化精神,探究如何使老城厢与现代社会相协调。这一过程充分地激发了我们的才能和创造潜力,对我们兴趣的培养、志向的唤醒和潜能的发展起着莫大的帮助作用。

在本次活动的启发下,我们开始逐渐发现和思考生活中尚待解决的问题,微课题小且实的特点也使我们避免犯"骛远而遗近"的错误,而将目光投向了我们身边的世界。我们发现,在我们所生活的城市上海,上海老城厢作为城市之根,在营造城市独特性上有着无可取代的重要地位,凝聚着一股巨大的城市向心力。然而,随着时代发展,老城厢也呈现出老旧住房密布、空间狭窄、商居混杂的空间特征,成为黄浦区内居住密度最高、居住条件较差、各类隐患相对突出的区域。老城厢的逐渐式微引起了我们的关注,激发了我们的好奇心和兴趣,志趣潜能悄然萌发。

在此过程中,我们深刻意识到,作为新时代的中学生,我们应当关心民生热点问题,以课内基础知识为抓手深入探究,尽自己所能为时代发展贡献出自己的力量。参加"进馆有益"活动,我们的社会责任感得到了激发,更有为社会奉献的上进心和驱动力,发现了自身的更多可能。

课题作者:上海市奉贤中学

　　　宋元祯　盛　昱　朱笑汤楠

指导老师:陆雨晴

你有海纳百川的气魄，你有文雅精致的气质

——寻找爱上海的理由

探究缘起

作为一个土生土长的上海人，我一直深深爱着这个如母亲般的城市，并且以上海为骄傲。

家中长辈、亲戚朋友之间每每以上海话交流时，我都会感到无比亲切，他们也流露出了作为"上海宁"的自豪；身边的新上海人也常常说着上海这好那好，由衷爱着自己的第二个故乡；我也曾听见路上背着大包小包的外地游客彼此间的对话，称赞着上海的繁荣与高雅，我虽无法完全听懂外国人的语言，但从他们神采奕奕的神情中就可以看出他们享受在上海的生活……

由此，我想借这个课题的机会，多角度、多方面地探寻本地人、中国人乃至外国人爱魔都的理由，并拓展思考，提出自己对海派城市建设的一些想法与建议，让更多人爱上这座城市，也使自己成为一个真正懂这座城的上海人。

一、寻找爱上海的理由

(一) 那是志气

上海是中国共产党的诞生地，党的一大、二大、四大都曾在上海召开。中国共产党的成立是近代中国革命史上划时代的里程碑。这一开天辟地的历史大事件，也预示着上海这座城市始终忠于信念，坚定理想，顺应潮流，勇担重任，开拓创新。那就是上海的志气。

2017年10月31日,在党的十九大胜利闭幕一周之际,习近平总书记带领中共中央政治局常委赴上海瞻仰中共一大会址并重温入党誓词。

上海的志气也体现在立志于引领全国一起发展。改革开放以来,上海作为全国经济中心,人均GDP常年稳居全国第一,为国家经济发展作出极大的贡献。为了全面建成小康社会,自1996年起上海对口帮扶云南,立足产业扶贫、精准扶贫,取得了显著成效。在上海的商场里经常可以看见来自云南的扶贫产品。每年上海也有大量人才援藏、援疆,建设边疆。

而在新时代长三角一体化的大背景之下,国家立志于通过建立城市群来拉动经济发展。上海作为中心城市,发挥着龙头带动作用,与兄弟省市协同推进。上海自由贸易实验区于2013年9月29日挂牌成立,立足于金融与贸易的创新,是中国大陆境内第一个自由贸易区,是中国经济发展新的实验田,此后全国也有多个自贸区以此为范例。

(二) 那是大气

二战期间上海收留拯救犹太难民绝对算得上是国际友谊的佳话。虹口长阳路,提篮桥地区曾接纳了两万多名犹太难民。这里的老洋房、老街见证了那个特殊时期犹太人在上海的风风雨雨,更是拯救了数万犹太人生命的诺亚方舟。

摩西会堂旧址是上海仅存的两座犹太会堂旧址之一,2004年被列为上海市第四批优秀历史建筑。以色列前总理拉宾在1994年到此处参观时,留言感谢。"第二次世界大战时上海人民卓越无比的人道主义壮举"。总理的话很好地表现了上海以它宽广开放的胸怀包容了来自遥远国度的苦难人民。

展示厅展有难民身份证和记者工作证等实物复制品,透过图片我感受到这些物品沧桑的痕迹,这是对那段历史最好的见证。我认为展馆中的一面名单墙是最珍贵的展品。它于2014年9月揭幕,刻有13732个曾住在上海的犹太难民的名字,是世界上唯一一面以"拯救"为主题的名单墙。从中我们可以找出那些不算久远的传奇故事和历史渊源。但在探访过程中我也产生了一个问题:当时的犹太难民为什么会选择上海作为躲避地?我查阅了一些历史资料,了解到当时很多国家对收容犹太人都有限额,而被誉为"中国的辛德勒"的何凤山向犹太难民发放了前往上海的签证。

当时上海作为英、法、美等国的租界,实际上就是一个"国中之国",并不受中国政府的太多约束。而且上海作为租界,对不同民族、不同宗教信仰的人本就有更开放、更包容的心态。此外,当时的长途交通工具是轮船,上海作为一个港口城市,开埠又较早,就成为犹太人逃难的绝佳之地。因此,虽然那一代犹太人离开了上海,但经常有他们的后代来此寻根。

(三)那是洋气

我认为能体现上海洋气特点的重要载体就是花园洋房,"建筑是可以阅读的"这句话运用在老上海洋房上再恰当不过了,通过阅读,体悟上海,爱上这座城。研究中,我选取丁香花园作为例子,通过文献、图片资料查阅和实地考察的方法得到一些成果。

我了解到,这座花园相传是晚清北洋大臣李鸿章的私家花园,后来传给了他庶出的幼子李经迈。从19世纪60年代后期起,作为洋务派首领的李鸿章经常住在上海,随行的是他的宠妾丁香。他在海格路(今华山路)购置2.67公顷土地,特聘美国建筑大师艾赛亚-罗杰斯来沪设计。罗杰斯是现代化建筑的开创者之一,善于将卫生、消防、暖气等新设备与建筑艺术结合。他建造了一座新颖的美式大别墅。

我又产生了一个问题,那李鸿章本人又为什么会到上海来呢?是为了洋务运动。经过我查阅历史资料,我了解到上海是1843年开埠的,当时作为中国的商业中心,上海与外资企业有广泛的合作。当时李鸿章的目的是引入西方先进的科学技术。而从这幢建筑中,我们也能看出李鸿章对西方文化的开明态度。

"丁香花园的花园部分在南面,西式园林、中式园林尽收眼底。花园大门处的楼房间绕以蜿蜒起伏的矮墙,长百余米,起伏18节,素有'一条蛟龙卧半园'之称,故也称'龙墙'。龙墙有洞门通入,称为龙门。内有湖,湖中心有湖心亭,为一素色琉璃瓦的八角攒尖顶,顶上有一凤凰雕塑,故称凤亭,与龙头遥遥相望,寓意龙凤呈祥。湖边上有旱船、假山,皆为传统园林做法,但也有西式花园格调,可谓中西合璧。"

丁香花园作为上海十大优秀花园洋房中的极品,主体为美式建筑风格,花园中又兼顾中华传统文化与西方园林的形式美。吸收外来而不忘本来,这无不透露着上海的洋气。

(四)那是才气

众多文学艺术巨匠都选择在幽美的梧桐荫下定居,他们在自己所热爱的土地上留下了一部部佳作。当我走进思南路、复兴路、武康路等被梧桐树环绕着的道路时,扑面而来的是上海卓尔不群的气质。在本次研究中,我选择实地探访位于五原路的"三毛之父"张乐平先生的故居。

走进故居前,门廊上贴着大量三毛漫画,令我捧腹大笑。走进洋房,品味一代漫画大师不平凡的一生和他笔下栩栩如生的三毛故事。首先映入眼帘的是张乐平先生自己的漫画像,翩翩君子,温润如玉。

这里是三毛的诞生地,一本本《三毛流浪记》《三毛从军记》摆放在香樟木的桌子上,三毛正是 20 世纪初中国儿童的缩影。屏幕上也播放着三毛动画片,这是上一代人童年的回忆。

图 1　　　　　　　　　　　图 2

张乐平先生的画室红木桌上摆放着许多毛笔与调色板,这是他一生的"武器",我感受到的是难以抑制的才气。他也创造了大量讽刺性漫画、年画、连环画,蕴含深意,是那个时代真实的写照。

张乐平先生的人生经历是我此行研究的重点。在故居的展板中我了解到少时的他初到上海是在木行当学徒,他的绘画才能和勤奋的态度让木行老板十分欣赏,他给予了张乐平极大的帮助。我从中感受到了只要有技能,真正努力,上海就有广阔的舞台可以施展才华。

(五) 那是灵气

作为跟着爷爷奶奶长大的上海孩子,我从小耳濡目染的都是上海话。直到现在,在日常交流中我更愿意用上海话,在我眼中这是一种有灵气的语言,更是一代代上海人最亲切的母语。在本次研究中,我希望通过社会调查的方法了解人们眼中的上海方言。

参与调查的人中青少年学生占多数,有一部分是"上班族",已退休的参与者最少;其中土生土长的上海人占大多数。

对于上海本地人的调查中,有一半以上的人表示自己在日常交谈中会经常使用上海话,有四分之一以上的人表示有时会使用,剩下的人表示自己听得懂但不会说。参与本次调查的上海人全部认同上海方言是上海文化中不可或缺的重要组成部分。在新上海人的调查中,绝大多数人都认同听懂、会说上海话是融入这个城市的关键环节。

在新上海人学习沪语的途径中,所有人都认同与身边人交流是必要的,大部分人认为广播电视等媒介对其学沪语有帮助,较少的人会选择沪语培训班。

对于传承上海方言的途径,共有15人选择"从娃娃抓起,从小培养","开展学校社团"与"利用社区活动和信息媒介"分别有10人、15人选择,而有11人认为"多和长辈学说沪语"是非常关键的。我认为多说绝对是学习语言的一个重要途径,而开展学校相关沪语学习社团则有利于改善沪语在青少年群体中普及度较低的现状。

通过以上分析,我认为上海方言是上海文化中的精髓,了解一种文化,语言是最先被我们听到的,没有语言,或许一种文化也就不存在了。

二、拓展研究:梧桐下思考,探求懂上海之路
——以丁香花园及衡复风貌区为例

爱上海的人,不应该仅局限于爱,我希望有更多人可以深沉地爱这座城市。下文我将以当代上海青少年的视角,对海派上海的建筑中丁香花园及衡复风貌区的管理与保护提出自己的建议与想法。

我在参观位于衡复风貌区的丁香花园过程中,经过与工作人

员交流得知,丁香花园曾对公众全面开放过,但由于其中设施被损坏严重,因此现在的丁香花园除了餐厅用餐,已不允许市民入内参观,其中的几座洋房也只作为离休老干部活动场所。但我想,这样一座承载着历史意义的花园洋房如果不能让公众了解,更好地发挥其作用岂不可惜?

我有以下想法:可将其中的1号楼在非老干部活动期间适时对公众开放,同时请相关历史学者讲解李鸿章与洋务运动的那段历史,或请作家来举办相关新书售卖会,从而让更多人了解老洋房背后的历史故事,这是中西文化交融过程的记录,这才是上海洋气之根。而对于其设施保护问题,我认为可将参观时段分为多个场次,每场人数不可过多,参观者首先要进行线上或电话预约,登记身份信息并学习相关保护提示。

而对于整个衡复风貌区而言,现在每一幢优秀历史建筑前都有了"梧桐深处,建筑可阅读"的介绍二维码,使游客得以了解其前世今生。衡复风貌馆中的图文资料也记载了衡复的发展。但我认为,可以结合现代科技进行一些改进,如利用VR技术向观众展现立体的海派建筑,更全面地了解其风格特点、建造历史和中外文化交流的故事,让观众有穿梭行走之感。

对于整个风貌区的保护与传承,不能局限于建筑上。沿途公交里可张贴相关的海报资料、播放老上海音乐和历史纪录片,并增加一辆在风貌区里的环线公交车,采用电动车,既节能环保又少有杂音,可保持风貌区一贯的幽雅宁静。路上的照明灯可根据建筑的风格改为欧式或美式,中西合璧。

为了更好地体验上海的历史文化,我设计了以"从这里,爱上上海"为主题的一日游的旅游方案:

衡复风貌馆(了解这片土地的前世今生)、张乐平故居(探寻一代大师的足迹)、丁香花园(享用精致上海本帮菜)、上海犹太难民纪念馆(感受时代、民族的烙印)。参观路线可邀请一位上海向导用上海话和普通话结合进行讲解。

参考文献

[1] 张云:《中国共产党的上海建党精神》,《上海党史与党建》,2020年第6期。

[2] 梁雯青:《丁香花园的故事》,《上海档案》,2018年第3期。

[3] 吕玉聪:《上海市衡复历史风貌区复兴之路的思考》,《城市住宅》,2018年第9期。

探究感想

通过本次研究,我再一次感受到了上海这座城市的历史渊源与文化底蕴,你像师长,涵养了一位位外来游子;你像母亲,抚育了一代代上海人。上海承载着一段段不一样的历史,才会有海纳百川、大气谦和的气质。上海又有其温柔典雅的风情。海派与传统,身处其中的每个上海人散发出来的气质各不相同。但无论你在哪里,都会遇到喝着咖啡或吃着生煎,说着流利上海话的满脸自信的上海人,接地气而又傲气。在本次研究过程中,我发现了很多人和我一样具有强烈的社会责任感、城市归属感和鲜明的时代感。

同时,我结合"四史"重温了党在上海的发展之路,了解了上海收容犹太难民的历史,以及上海文化中建筑、文人、语言的精髓。更重要的是,我有机会以主人翁精神,对海派城市的建设进行思考,并提出自己的想法与建议。我也实践了实地考察、文献查阅、社会调查等多个研究方法。通过此次研究调查,我发现了自己身上的潜质,为今后的专业选择提供了方向,可以说收获满满。

在此我也想感谢在研究过程中给予我帮助的长辈、老师与所有问卷调查的参与者。

课题作者:上海市市西中学

     焦诗悦

指导老师:王 巍

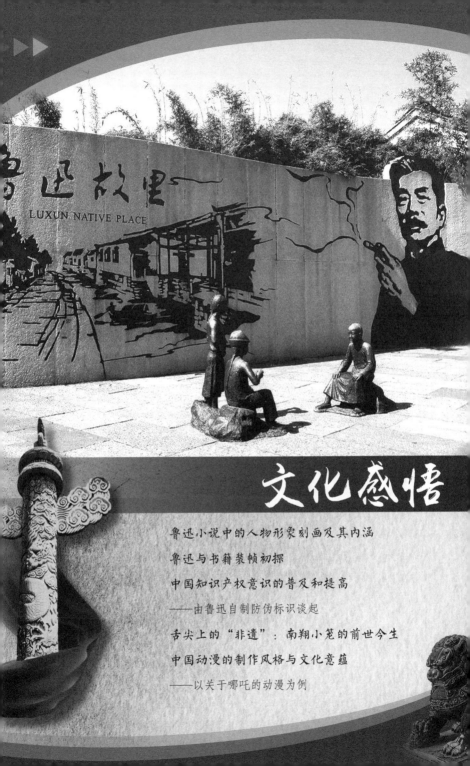

鲁迅故里
LUXUN NATIVE PLACE

文化感悟

鲁迅小说中的人物形象刻画及其内涵

探究缘起

我们学校以鲁迅先生的思想作为办校宗旨,学生从进入学校就接触了很多先生的文学作品。老师说鲁迅先生作品里面的每个人物,在现实生活中都有真实原型。为了深入理解鲁迅先生小说中人物形象的深刻内涵,感受先生对家乡深深的思念和感恩之情,弘扬先生首在立人的育人思想,我开展了这个微课题的探究活动。

一、典型人物形象分析

(一) 让人可悲又可气的孔乙己

1. 可悲的孔乙己

在掌柜每天都一副凶面孔,主顾也没有好声气的咸亨酒店,孔乙己一到店,所有喝酒的人便都看着他笑。人们对孔乙己的取笑,孔乙己"之乎者也"的回答,引得众人都哄笑起来,店内外充满了快活的空气。鲁迅先生在文中多次提到,孔乙己的出现使店内外充满了快活的空气。这种快活的空气,是人们在取笑孔乙己偷窃东西的一问一答中营造的,这种毫不顾忌情面的取笑,成了人们的一种习惯,一种消遣和娱乐的方式。这种快活的空气,是人们看到孔乙己时那种自然放松的心情的映射,是看到比自己更差的人时那种自豪之感的自然流露。孔乙己是这样的使人快活,可是没有他,别人也便这么过。

鲁迅先生表达的是对孔乙己的同情,是对孔乙己好吃懒做习性的厌恶。这种快活的空气,更反衬出孔乙己的悲哀,使孔乙己的悲剧更蒙上一层令人窒息的悲怆之感。

2. 迂腐的孔乙己

孔乙己对人说话,总是满口之乎者也,教人半懂不懂的,连他的绰号,也是别人从"上大人孔乙己"这半懂不懂的话里给他取的;更让人可悲可笑的是孔乙己偷书后的辩解:"窃书不能算偷,窃书! 读书人的事,能算偷吗?"就连偷窃这样的事,好像打着读书人的旗号,就可以理直气壮了。人们对孔乙己的取笑中包含着同情,也包含着痛恨,所有人都希望他可以自食其力,希望通过这样善意的提醒,让他醒悟,让他成为一个真正的读书人,而不是好吃懒做。而孔乙己替人抄书,做不了几天,便连人和书籍纸张笔砚一齐失踪。因此,孔乙己便失去了依靠读书人身份谋生的手段,但他又舍不得脱下象征着读书人身份的长衫去从事体力劳动,便只有过着贫困潦倒的生活,迫不得已也会铤而走险去偷窃。

3. 可爱的孔乙己

孔乙己保持着童心,相信生活会很美好,相信所有人都像书上描述的那般纯真;喜欢孩子,因为他们天真无邪,像书本描述的那样单纯;乐于分享,即使自己穷得叮当响,偶尔可以买点茴香豆,也会与孩子们分享;相信孩子不会像大人那样嘲笑他,即使温酒的小伙计内心十分看不起他,不愿意让孔乙己教写字。孔乙己的单纯善良得不到小伙计的认同,他虽然相信人与人之间应是互助的,人与人之间的关系是美好的,可现实的残酷却将他内心的那点美好憧憬击得粉碎。

(二)让人特别痛心的祥林嫂

1. 幸运的祥林嫂

刚刚死了第一任丈夫的祥林嫂,"年纪二十六七",脸色虽然

"青黄","但两颊还是红的",模样儿"周正","手脚壮大","顺着眼","很像一个安分耐劳的人"。事实证明,她确实安分耐劳,"抵得过一个男子",能完成"彻夜的煮福礼","竟没有添短工",这从另一个角度说明了劳动强度大,但最起码祥林嫂得到了主人的信任,自己可以放开胆子去做事情。她很满足,嘴角渐渐有了笑影,脸上也白胖了,虽然失去了丈夫,但有了可以寄身的工作,可以自食其力,光明正大地劳动。

2. 生死两难的祥林嫂

然而,好运不到半年,夫家的人便把祥林嫂捆绑着抢回家了,逼她改嫁。深受封建三从四德思想毒害的祥林嫂为反抗改嫁,甚至不惜自己的生命,把头撞向香案角,撞出一个大窟窿,鲜血直流。"坏到了极处便往好处走"吧,真是不幸中的大幸,祥林嫂"真是交了好运了",她嫁给了第二任丈夫。

可是,第二任丈夫年纪轻轻就断送在伤寒上,真是"祸不单行",儿子又被狼衔去了。这样,族权这条绳索又绞到祥林嫂的脖子上了,"大伯来收屋,又赶她","她真是走投无路了,只好来求老主人"。

二次丧夫又丧子的祥林嫂,手脚没有先前灵活,记性也坏得多,死尸似的脸上又整日的没有笑影,主人变得越来越不满,祭祀的事情不让她沾手。突然清闲下来的祥林嫂只是直着眼睛,和人们讲她日夜不忘的阿毛的故事,连"最慈悲的念佛的老太太们,眼里也再不见有一点泪的痕迹"了。

悲伤过度的祥林嫂一心想着她的阿毛,自己发自内心的念叨招致旁人的讨厌和嘲笑,而她竟然没有察觉,一直沉浸在自己伤心的世界里无法自拔。试想这样的悲剧发生,谁能承受得了?

柳妈是一个善心人。柳妈在和祥林嫂讲了一番"好心人"的话后，祥林嫂“非常苦闷”，“两眼上便都围着大黑圈”。

这个悲剧的可悲，就在于柳妈是以“好心人”的姿态来劝告祥林嫂解脱苦难的，而实际上却把祥林嫂往死路上用力地推了一把。柳妈认为祥林嫂犯了不可饶恕的罪行，认为她有洗不清、赎不回的罪过。柳妈认为，二婚的祥林嫂要像土地庙的门槛一样，被千人踏万人跨才能抵罪。

祥林嫂用自己两年的工资捐了门槛，认为已经赎了罪，“神气很舒畅”，眼光也分外有神。祭祖时节，“她做得更出力”，“便坦然地去拿酒杯和筷子”。但她从土地庙那里得到的信心和希望，被四婶的一句话给扫光了！“祥林嫂，你放着罢！我来拿。”这是对祥林嫂精神的莫大的打击。

一次又一次精神上的打击、肉体上的折磨，把祥林嫂逼上了求生无门、求死不敢这条绝路。

脸上“黄中带黑”，“消尽了先前悲哀的神色”，说明她已没有什么表情了，“只有那眼珠间或一轮，还可以表示她是一个活物”。在离开这个“把她往死里赶”的人间的前夕，她想到了魂灵，她想到了阴间，她想到了两个“死鬼的丈夫”，她想到了阿毛，她终于向“我”提出了一个猝不及防的难题：“人死了之后，究竟有没有魂灵的？”她既希望有阴间，可以见到自己的阿毛，又害怕有地狱，被阎王锯开分给两个丈夫。真是求生不得，求死不能。

（三）让人敬佩的阿长

1. 烦人的阿长

中国封建社会，穷人家的女孩是不用取名字的，结婚后就叫什么姑娘，例如父亲姓李，就叫李姑娘，父亲姓张，就叫张姑娘。更可怜的是，这个阿长，人们连她姓什么都不知道，阿长这个名字也是上一任女工的名字。

阿长由于出身贫穷,从小没有受什么家庭教育,睡觉的姿势实在太难看。但是她也知道很多生活的规矩:大年初一早上,必须恭喜别人;要吃福橘乞求平安;说话要有避讳,说人死了要说是老了;死了人和生了孩子的屋里不能进去,为的是自己的平安;不能钻晾晒的裤子等繁文缛节。成年后的鲁迅也知道这些都是长妈妈对他的爱,长妈妈希望鲁迅平安健康,一年到头,顺顺溜溜;长妈妈教给鲁迅的道理,也是中国的传统礼节。但在小孩子的眼中,真是繁琐的礼节。

2. 神通广大的阿长

最令人惊喜的是,阿长买来了儿时的鲁迅念念不忘的绘图《山海经》:"有画儿的三哼经,我给你买来了!"我们不知道不识字的阿长,怎么给人解释这个"三哼经"的,可能连说带比画,还要描述人面的兽,九头的蛇,三脚的鸟,生着翅膀的人……不知道她要受多少店老板的嘲讽和耻笑,不知道她到底跑了多少地方,终于找到了懂书的店老板,给她推荐了这本"三哼经"。但我们知道,这份惊喜使谋杀隐鼠的仇恨释怀了,使年幼的鲁迅又对她产生了新的敬意,又叫她长妈妈了。

从字里行间,读者可以深深体会到鲁迅对长妈妈深深的爱,对长妈妈无时不在的思念。当发自内心地思念一个人时,与之一起生活的点点滴滴就会一一浮现,不管事件发生时作者是什么心情,但在思念一个人时,这些琐碎的事情都变成一种美好的回忆。

二、通过人物寄托的思乡之情

(一) 人文描述

在描写这些人物时,鲁迅先生描述了家乡的人文环境、风俗习惯、生活方式、思想观念等,字里行间无不透露着对家乡的思念,对家乡赋予自己一切的感恩之情。

不管是哪一个人物,在鲁迅先生的笔下都是活灵活现,有血有肉。但经过鲁迅的描述,又得到了深层次的提升,这些人物形象已经不单单是一个具体的人,而是一个个社会形象的缩影,每个人物的局部性格,都可以在现实生活中与真实的人物重影。这就是鲁迅先生的伟大之处,他笔下所刻画的人物形象经久不衰。

(二) 寻找别样人生

可爱质朴的家乡亲人,历久弥香的醇厚乡情,无时无刻不在鲁迅的脑间萦绕。虽然冷酷的社会现实让鲁迅体会了人间冷暖,也让鲁迅决定离开家乡去寻找别样的人生道路。在鲁迅极力批判家乡的鬼神信仰、人情冷漠时,字里行间依然流露着对家乡深厚的文化蕴涵的感激和对家乡一草一木的眷恋之情。

例如在《社戏》一文中,儿时的鲁迅在外婆家看戏,小伙伴的天真可爱,双喜的写包票,阿发的"偷我家的吧,我家的大得多",我的一句话"豆很好吃",六一公公竟然非常感激起来。家乡亲人的可爱质朴,醇厚的乡情在鲁迅心中留下深刻的印象。这些人物的描写,透露着鲁迅温柔的一面,这里没有对黑暗势力痛恨的犀利,没有对帝国主义欺凌的反抗,有的只是一个内心温柔的游子对家乡的牵挂,一个坚定不移的革命者对养育自己的家乡的一草一木的眷恋和感激之情,对家乡深厚的文化蕴涵的赞扬之情。

鲁迅观察社会,思考人生,总结升华,塑造了一个个经典的人物,重现了一个个鲜活的生命,让我们在回忆中体会人间冷暖,在冷暖中认知人世百态,在生活中回味身边人对我们的爱,用心体会幸福和温暖。

参考文献

[1] 鲁迅:《朝花夕拾》,北京:中国文史出版社,2020 年。

[2] 鲁迅:《阿长与〈山海经〉》,《朝花夕拾》,武汉:长江文艺出版社,2015 年。

[3] 费孝通:《故乡》,北京:中国文史出版社,2020 年。

[4] 鲁迅:《鲁迅全集(第 11 卷)》,北京:人民文学出版社,2005 年。

[5] 鲁迅:《故事新编》,北京:中国文史出版社,2020 年。

[6] 鲁迅:《祝福》,《彷徨》,北京:人民文学出版社,2005 年。

[7] 鲁迅:《社戏》,《呐喊》,北京:人民文学出版社,2005 年。

[8] 鲁迅:《寄〈戏〉周刊编者信》,《鲁迅全集(第 6 卷)》,北京:人民文学出版社,2005 年。

探究感想

在微课题论文完成之际,我要先感谢指导老师卞文文老师和邢魁老师。卞老师在课题的材料收集、论文撰写等各个环节都做了详细指导。鲁迅纪念馆的邢魁老师也在论文选题、研究方向分析等方面给了我很多指导性意见。同时,也感谢鲁迅纪念馆在疫情防控期间,精心组织、耐心讲解,为我更加深入地体会鲁迅先生笔下的人物形象提供了详实的图片资料。

回顾研究之路,我感觉既辛苦又充实。从确定课题题目后,我就开始查阅大量的资料文献,在上海图书馆、虹口图书馆查询文献,然后再在网络上搜集比对有关鲁迅人物形象的评价,结合自己的理解,形成了本文对人物形象的分析研究。在整个写作过程中,我广泛收集契合本课题的素材与资料,并利用假期时间实地考察。

　　通过本次课题的探究实践，我不仅拓宽了知识面，更逐步掌握了一些科学研究方法。我通过查阅各种文献史料，结合实地参观考察，书本和实际相互印证，理论和实践相结合，加深了对当时社会生活状况的理解，比单纯地读课本更加印象深刻。

　　我重新领会了鲁迅先生笔下经典人物形象的深刻内涵，理解了当时的社会状况，加深了对先生的"救国救民之道首在立人"思想的理解。今后，我将继续探索研究鲁迅的作品，体会作品中的立人思想，践行鲁迅精神，并为传播鲁迅精神做出积极的努力。

课题作者：上海市民办迅行中学
　　　　　　黄雅真
指导老师：卞文文（上海市民办迅行中学）
　　　　　　邢　魁（鲁迅纪念馆）

鲁迅与书籍装帧初探

探究缘起

青少年对鲁迅先生的了解常常局限于他的文学成就,其实鲁迅在以书籍装帧为代表的艺术设计领域也是很有成就的。本课题研究了鲁迅在书籍装帧上的成就,希望唤起初中生阅读鲁迅相关书籍的兴趣,了解鲁迅在艺术设计上的成就,进一步体悟鲁迅身上所蕴含的精神与品质。此外,新中国成立以来,科技的进步使我们欣赏鲁迅的文学作品及鲁迅书籍装帧的艺术成果有了更多的渠道,也方便我们传承发扬鲁迅精神。

一、书籍装帧艺术的起源

在中国古代,出版的书籍并没有"装帧"这一概念,古代的书籍式样为线装书。而今天我们看到的各种琳琅满目的书籍封面,在民国之前都还未出现。

可以说在民国之前,并没有封面设计这一概念。20世纪初,随着西方科技的传入,带动了中国印刷技术的进步,书籍的装帧艺术也逐渐出现。随着新文化运动的兴起,白话文逐渐取代文言文,成为人们阅读的首选,这也逐渐带动了以白话文为主的出版物的兴盛,旧有的线装书籍也逐渐被现代书籍所替代。

以上改变促进了新的书籍设计方式的出现。1928年,在上海出版的《新女性》上,第一次引进和使用了"装帧"这一词汇,指代书籍封面上的设计,由此,"装帧"这一词汇发展成了书籍艺术设计的专用名词,渐渐被大众所熟知。

二、鲁迅与书籍装帧的不解之缘

1909年,东京出版的《域外小说集》是鲁迅参与书籍装帧设计的第一部作品,从此鲁迅便开启了他和书籍装帧设计的不解之缘。

在鲁迅的一生中,他参与设计的书籍封面多达六十多种。鲁迅曾经对封面设计师陶元庆说过:"以前出版的书的封面设计,不是用的名人的题词,就是用普通的铅字来排版和印刷,这些都太过陈旧了,我想改变这些陈旧的设计方式,书籍的封面设计由我自己来亲自设计和排版。"对于书籍的装帧设计,鲁迅有着自己独特的认识。从书籍的封面设计到插图设计、开本选择、排版、纸张的选择、印刷、价格等,他都有具体的要求。更为重要的是,鲁迅非常注重书籍装帧设计和书稿整体内容的关联性,他将它们看成一个整体,而不是独立分割的两个部分,书籍的装帧设计无一不是一本书品质和内涵的体现。在当时的社会,鲁迅的这种格局就远远超过了同时期的大部分作者,体现了鲁迅注重内涵与创新、精益求精的品质。

三、鲁迅书籍装帧设计的特点

(一) 形象的封面设计

鲁迅一生中参与过众多书籍的封面设计工作,给我们留下了许多脍炙人口的作品。其中,最具有代表性的还属1923年鲁迅为自己所作的小说集《呐喊》的封面设计。在《呐喊》的封面设计中,鲁迅选用暗红色作为封面用纸,暗红色象征着血迹。字体颜色为黑色底内加白色字体,"呐喊"两字周边附有白色矩形线框,整体布局效果类似中国文化中的印章。但是细看,黑底方框包围着白色的字体,让人感觉到一种压抑感,仿佛一人被囚禁于铁笼子中在不断挣扎的感觉。在书名"呐喊"两个字的设计上,鲁迅没有采用千篇一律的印刷体,而是经过了精心的艺术加工,"呐喊"两个字的部首"口"位置偏上方,而"喊"字中位于右侧的"口"则有意地放在了偏下方的位置,构成了一个稳定的三角形。这样就突出了文字的象形功能,就好像一个人正在发出自己内心深处的呐喊一般。如此意味深长而富有内涵的设计,正是书籍装帧设计上的经典之作,反映了鲁迅对现实社会的深刻理解,鲁迅正是借助着这样的艺术设计理念,通过书籍的装帧将自己对现实生活的理解传递给读者。

(二)重视中西文化交融

新文化运动抨击旧道德和旧文化,打开了新思想涌流的闸门。受到新思想的洗礼,人们的思想观念也发生了一系列变化,不少西方的先进文化被引入中国,推进了中西文化上的交融。正是在这一背景下,鲁迅的文化观念也受到了西方文化的影响,并体现在他的书籍装帧艺术上,在此基础上形成了自身的特色。采用西方的图画和装饰物,是鲁迅在设计书籍封面中的一大特色,如《小约翰》《在沙漠上》《接吻》的封面。在鲁迅的译作《小彼得》中,鲁迅亲自为其作序并设计了封面。《小彼得》的封面上,图案设计带有西欧风味,"小彼得"三个字则是鲁迅采用美术字所写,字体像是英文的花体字,由此烘托出了本书的童话趣味。

(三)重视插图的设计

鲁迅十分注重书籍的插图设计。当时,守旧的观念认为,书籍的插图仅仅只是起到装饰书籍的作用,增加读者兴趣。但在鲁迅看来,插图能和文字互补,弥补文字在视觉表达上的不足之处,同时也能起到宣传的作用。

因此,在这一理念的引导下,鲁迅参与的书籍装帧设计总是注重图文并茂,不少都印有多幅插图,如《铁流》《毁灭》《不走正路的安得仑》等。此外,鲁迅编写的刊物也有不少都附有插图页,如《奔流》每期中的插图至少有四至五幅,多则超过 10 幅。鲁迅还编辑出版了以版画为主的外国美术丛书——《艺苑朝华》画刊。鲁迅的这一做法也得到了后人的认可和延续。如鲁迅编辑的《译文》前三期,每期均有插图 10 幅左右,鲁迅作品后来的编辑者也始终保持着这一风格。

（四）对开本的创新

在鲁迅所处的时代,市面上出版的杂志开本多是 16 开,鲁迅本着方便读者阅读、携带、收藏的原则,对书籍、刊物的开本也进行了大胆的创新。鲁迅编写的刊物既有通行的 16 开的《前哨》《朝华周刊》等,也有更为方正、大方的 23 开、25 开本的读物《译文》《奔流》《文艺研究》。鲁迅的《毁灭》《铁流》,初版是 23 开本,配以厚布纹纸作为封面,更显大方、庄重。而《朝花小集》采用的是较小的 40 开本,适于刊登篇幅较小的文章,方便读者携带。

（五）以读者为本的目录与版权页的设计

对于书籍的目录与书籍的版权页,鲁迅也进行了认真的构思与设想。本着方便读者阅读的原则,在鲁迅主编的《莽原》的初版中,本是上部印刊物名称,下部印目录,但鲁迅认为目录如果在书本的边上,方便查阅,又不会影响到文章的整体排版。因此,鲁迅主张将目录印在下角边,方便读者与后页查对。

在书籍的版式设计与编排上,鲁迅也十分有新意。那时印刷出版的书籍多以直版为主,文章中的每行、每字都是紧挨着的。后来虽有改动,但也只是变动了题目。鲁迅受到日本的影响,简化了版权页的印刷项目,同时印上同套书的书名。以《十竹斋笺谱》的版权页为例,不仅追求了"别致",还起到了尊重原版藏书人和刻工的作用。还有,鲁迅在《凯绥·珂勒惠支版画选集》的版权页上一改当时的图书一般都印"版权所有,翻印必究"字样的惯例,而是印"欢迎翻印,功德无量"。虽然鲁迅当时自费印的几种画册都是赔钱的,但他仍旧鼓励翻印的行为。

(六) 对印刷质量的严格要求

鲁迅对书籍的印刷质量也有着非常严格的要求。1926 年,他在写给他的学生李霁野的信中谈到《苦闷的象征》的再版,希望使用原稿的画作,并交由财部印刷局印制,从中可以看出鲁迅对印刷品质的精益求精。同样在给李霁野的另一封信中,鲁迅也提到了《朝花夕拾》的印刷问题,信中"在北京印刷""怕印不好"等字眼无不显示了鲁迅对印刷质量的严格要求。1935 年,鲁迅在写给《译文》杂志编辑黄源的信中也对书的版心、木刻、制图提出了自己的要求。在鲁迅的装帧设计生涯中,像这样的书信只是其中一个很小的缩影,从中就能看出他对书籍出版印刷质量及版式设计环节的重视与严格要求,体现了鲁迅严谨执着的精神。

鲁迅对书籍印刷所用的纸张也非常重视。他非常注重书籍印刷所用纸的品质,曾多次高价购买中国的宣纸来印刷书籍,绝不会为了压低成本而粗制滥造。鲁迅这么做,是为了保证书籍本身的质量,也表达了对作者和读者的尊重。甚至,部分书籍如瞿秋白的《海上述林》和他编的《引玉集》等,都是在日本完成印制的。鲁迅对于不同类型纸张的特征与利弊都有较全面的了解,因此,他能在印制不同类型读物时做到恰如其分地选择用料。加上鲁迅熟知印制技术,他总能在印制要求和原设计风貌之间找到最佳平衡点。

四、新中国成立后鲁迅书籍的装帧

新中国成立后,人们生活水平的提高和科技的迅猛发展,带动了鲁迅书籍装帧上的变化与进步。鲁迅书籍装帧设计在保留鲁迅注重印刷品质的同时,通过引进西方先进的印刷技术、工艺理念,借助先进的媒体技术、制图软件、激光照排和现代化印刷等技术不断推陈出新。如今,随着文化教育水平的提升,市面上关于鲁迅的出版物琳琅满目,印刷品质与纸张质量不断提高,各种精装版的书籍层出不穷,不仅提高了书籍的质量,也使得广大读者对书籍有了更多的选择。

民国时期,鲁迅出版的书籍文字均为繁体字。如今我们看到的出版物都换成了简体字,在排版上也由民国时期的竖排字换成了横排字,越来越精益求精,阅读起来也更加方便。新中国成立后,出版机构还陆续修正了原先鲁迅书籍中的部分错字和标点。

民国时期,鲁迅的书籍封面多由他本人亲自设计,而现如今关于鲁迅的出版物的封面和配图设计也是百花齐放,各种精美的封面与插图使得读者在阅读文章时更加心旷神怡。但是在增加美观和提高印刷品质的同时,我们也希望能够保留鲁迅亲自设计的封面与插图,这体现了鲁迅的文学理念及他所处时代的历史缩影,更代表了他的思想和精神,是值得我们继续传承和发扬的。我们可以通过如今发达的多媒体技术对鲁迅亲自设计的封面、插图加以高清修复,让这些宝贵的资源以更完美的形式呈现在广大读者面前。

鲁迅在书籍的装帧设计中非常注重读者的阅读体验,从书籍的开本大小,到版权页的设计、目录索引的编排等,都体现了鲁迅关爱读者、以读者为本的理念。如今鲁迅的理念也被我们所继承,市面上既有完整编辑的鲁迅全集,也有各种精选的鲁迅文集,适合不同年龄段的读者阅读。此外,便携版和精装版的各种鲁迅作品,也方便了读者选择、阅读与收藏。网络的发达使我们查阅鲁迅的文章更为便利了,通过网络搜索我们就可以知道鲁迅文字的具体出处。通过相关的文字注解,即便是中学生也能对鲁迅的文章有更进一步的了解。

随着科技的不断发展,电子书走进了人们的生活,读者可以在手机和电脑上阅读鲁迅的书籍,随时随地都能欣赏到鲁迅的作品,不用再携带笨重的纸质书籍了,电子书的排版和设计完全按照原本纸质书籍的要求,既精美又方便携带,还能在网络上和其他读者互动,因此深受广大读者的欢迎。

鲁迅终其一生都在做一件事,就是不断引入世界先进文化,来改变中国旧社会的精神风貌。在那个水深火热的社会大背景下,革新成了常态,只有革新才有机会找到社会新的发展点。同样的,如何去其糟粕取其精华地发扬中国传统文化?如何在书籍装帧作品中启迪民智?鲁迅一直在探索、践行和引领着。在那个时代,他的书籍装帧设计不仅较好地融合了传统与现代,而且着力于在本土化的基础上充分融入西方的先进思想。

新中国成立后,科技的进步带动了装帧技术的不断发展与突破,审美观念的进步也带动了鲁迅书籍在艺术设计和载体上的不断推陈出新,使我们能更好地领会鲁迅留给我们的精神财富。

参考文献

[1] 倪建林:《书籍装帧艺术设计》,重庆:西南师范大学出版社, 2007 年。

[2] 李明君:《历代书籍装帧艺术》,北京:文物出版社,2009 年。

[3] 上海鲁迅纪念馆:《鲁迅与书籍装帧》,上海:上海人民美术出版社,1981年。

探究感想

通过此次课题研究,我感悟到,随着中国科技的飞速进步,鲁迅书籍装帧的艺术成果也会被发扬光大。科技的进步让我们更好地了解鲁迅的精神和品质,虽然时代在变迁,但鲁迅精神永远不会消失,永远值得我们传承和纪念。最后,感谢高阳老师对本文的悉心指导,也感谢场馆和主办方为我们提供了宝贵的学习和体验的机会。

课题作者:上海市曹杨第二中学附属学校
　　　　　郑云天
指导老师:高　阳　(上海市万里城实验学校)

中国知识产权意识的普及和提高

——由鲁迅自制防伪标识谈起

探究缘起

作为中国近代伟大的文学家、思想家和革命家,鲁迅先生为我们留下了大量的文艺佳作,其中蕴含的深邃思想恒久地滋养着我们的精神世界。

在暑假参观鲁迅纪念馆的研学活动中,我进一步了解到:鲁迅先生曾经为出版书籍制作防伪印花,用以保护自己的作品知识产权。而与西方国家相比,中国在知识产权保护这一领域起步较晚,鲁迅先生生活的那个年代几乎没有此类先例,所以他制作防伪印花的这一举措开创了中国在保护无形资产,著作权乃至其他方面的知识产权的先河。这一点引起了我的注意,继而研究我国在保护知识产权方面的发展与成就。

一、鲁迅先生书籍出版防伪标志的运用

2009年12月5日,当代儿童作家郑渊洁在自己的博客上写道:"我被隐瞒印数后,正好看到了鲁迅先生'贴防伪'的伟大创意,于是如法炮制,从那以后,我的书出版前,由我向出版社提供高科技的防伪标识,出版社收到防伪标识后,按防伪标识的数量当月向我结算版税。"

1929年,鲁迅先生的《呐喊》出版之后,他就十分信任地将北新书局当作自己的"专用出版社",把自己的部分著作先后由北新书局出版或发行。根据学者陈树萍统计,北新书局翻版次数最多

的十四种新文学著作中,鲁迅先生的书籍就占了其中的六种。尽管依托北新书局,鲁迅先生出版的作品受到欢迎并热销,但他仍然遇到了一个很大的难题。通过很多渠道和消息,鲁迅先生得知北新书局有向他隐瞒印数的行为,还经常拖欠版税,他最终聘请律师,向北新书局提起了版税诉讼。由此,鲁迅先生与北新书局在之后的合作中便开始使用他自己设计并印制的防伪"印花票"模式。

防伪"印花票"是一张如常规邮票大小的宣纸,上面印有作者的名印,还要印上一个代表这本书的一个字,例如《呐喊》就印一个"呐"字。鲁迅先生曾在日记中记载:"得友松信并铅字二十粒。"其中"铅字二十粒"就是准备印在印花上的二十种著作的简称。

自版税诉讼后,北新书局所出版的鲁迅书籍必须贴上鲁迅先生亲自盖印的防伪"印花票"才能上市出售。如此一来,鲁迅先生就能确切地掌握自己书籍的销售量,以防出版社拖欠或少付版税。

鲁迅先生把防伪印花作为自己的武器而勇敢斗争,成功地保护了自己的作品知识产权,既为自己和著作赢得了应有的尊严,还促进了原创者领域的良性循环和积极发展,更由此开了中国保护知识产权的先河。

二、中国保护知识产权的发展历程

与西方国家相比,中国在保护知识产权领域起步较晚。早在15世纪,威尼斯共和国就颁布了世界上第一部专利法,被称为《发明人法规》,并据此颁发了世界上第一号专利。两个世纪后,英国颁布了"垄断法",被人们称之为现代专利法之始,其基本原则和一些具体规定被许多国家制定专利法时仿效与借鉴。而中国对知识产权的保护则始于新中国成立后。

（一）初期探索阶段

1950 年,新中国成立之初就制定颁布了知识产权法规,对实施专利、商标制度作出了初步的探索。

1979 年,中美正式建交后,签订第一个包含知识产权内容的协议《中美高能物理协议》。同年的 3 月,中美又签订了《中美贸易关系协定》,该协定第 6 条规定了双方相互保护对方的知识产权。这些协议的签订,加速了国内知识产权立法的进程。

1980 年,我国成立了中国专利局,同时正式加入了世界知识产权组织。

1982 年,第五届全国人民代表大会常务委员会第二十四次会议审议并通过了《中华人民共和国商标法》,标志着我国知识产权法制建设进入了一个崭新的阶段。

1984 年,邓小平作出了"专利法以早通过为好"的果断决策,终于打通了我国专利制度的建立和发展的经脉。同年 3 月 12 日,第六届全国人大常委会第四次会议表决通过了《中华人民共和国专利法》,并定于 1985 年 4 月 1 日起实施。1992 年南方谈话中,邓小平又一再重申并点名高科技企业,要解决好知识产权问题,知识产权保护要走向国际化。由此可见,邓小平十分尊重科技人员的创造性劳动,保护知识产权和智力劳动的成果。

1984 年 4 月 1 日,航天工业部第二研究院 207 所的胡国华向中国专利局递交了第一个专利申请书,并获得了专利号"85100001.0",成为新中国成立以来国家刚成立专利局就为自己申请到专利的第一个受益者。

（二）发展调整阶段

改革开放后，我国相继加入了专利、商标、版权等领域的多个知识产权国际公约，在很短的时间内实现了知识产权制度与国际接轨、同步，并努力提升了在国际保护知识产权组织中的地位和名次。

1990 年 9 月 7 日，第七届全国人民代表大会常务委员会第十五次会议通过了《中华人民共和国著作权法》，为智力的成果提供了更多的保护措施。

1992 年，我国与其他相关国家签署了关于保护知识产权的谅解备忘录，为履行其中的承诺，我国相继对专利法、商标法、著作权法进行了修订，直接推动了国内知识产权立法的第一轮修订。

1997 年，我国修订的《刑法》列有专章，规定了对严重侵犯商标权、侵犯版权、侵犯商业机密及假冒他人机密者将进行刑事制裁。我国知识产权保护的法律体系基本完备。

1998 年 3 月，中国专利局正式更名为中国国家知识产权局，并成为国务院直属机构。这是我国政府为加强知识产权保护而采取的重大举措，也代表着我国知识产权事业进入了一个新的发展时期。

2000 年前后，为满足世界贸易组织关于《与贸易有关的知识产权协定》的规定，我国又修订和完善了相关知识产权的法律制度。

（三）自主变革阶段

这一阶段，我国顺利实现了知识产权从无到有、从小到大的历史性发展，商标、专利申请量连续多年稳居世界首位，成为名副其实的知识产权大国，取得了巨大的成就。

2008年6月5日,随着《国家知识产权战略纲要》的出台,我国又将知识产权上升为国家战略。国务院常务会议经过研究,建立了知识产权战略实施工作部际联席会议制度,批准成立全国打击侵犯知识产权和制售假冒伪劣商品工作领导小组。

《2009年中国保护知识产权行动计划》于2010年正式印发实施。在立法方面,要求修订或制定23项涉及商标、版权、专利以及海关知识产权保护等方面的法律、法规、规章和管理办法,起草制定了3项司法解释。

2012年6月26日,世界知识产权组织保护音像表演外交会议以正式签署《视听表演北京条约》为标志,在北京圆满落幕。此条约填补了视听表演领域全面版权保护国际条约的空白,成为首个在中国诞生的国际知识产权条约。

党的十八大以来,习近平总书记多次对知识产权工作作出了重要的指示,首先是关于审查效率和提高知识产权审查的质量的重要指示,其次是落实国务院"放管服"的改革部署要求,全力缩短商标和专利审查的周期。在2018年"一带一路"知识产权高级别会议上,发布进一步推进"一带一路"国家知识产权务实合作的联合声明。

2018年,党的十九届三中全会通过了《深化党和国家机构改革方案》,为知识产权事业发展作出了很好的顶层设计。全国两会后,我国组建了国家市场监督管理总局,重组了国家知识产权局,并完善了版权的管理体制。

持续优化的营商环境,让外商在华创新、创业的同时,结出了可喜的知识产权的"硕果"。据统计,截至2018年年底,中国累计设立外商投资企业超过96万家,实际使用外资2.1万亿美元。2013年至2018年,国外申请人在华申请发明专利累计超过 79.8 万件,年均增长 3.9％;申请商标累计超过 108.8 万件,年均增长 10.5％,充分体现了外商对中国市场和中国经济发展的信心。

2019 年,我国新修订的《专利代理条例》《专利代理管理办法》《专利代理师资格考试办法》等陆续实施,《商标法》也进行了第四次修订。国家发展改革委《产业结构调整指导目录(2019 年本)》将知识产权服务业纳入鼓励类产业。

截至 2019 年年底,我国国内(不含港澳台)发明专利拥有量共计 186.2 万件,每万人口发明专利拥有量达到 13.3 件,提前完成了国家"十三五"规划确定的目标任务。世界知识产权组织发布的《2019 年全球创新指数》报告显示,中国名列第 14 位;世界银行发布的《2019 年营商环境报告》显示,中国营商环境在全球的排名从 2017 年的第 78 位大幅跃升至 2018 年的第 46 位。

2020 年中国专利申请量同比增长 16.1％,以 68720 件稳居世界第一。同年 12 月,第十三届全国人大常委会第二十四次会议通过设立海南自由贸易港知识产权法院的决定。

目前,我国已经加入了几乎所有主要的知识产权国际公约,建立起了门类较为齐全的知识产权法律法规,全面履行知识产权保护职责。我国知识产权保护在各方面都获得了举世认可的巨大成就。

四、研究思考与结论

为了解鲁迅先生出版书籍"印花票"的历史影响和中国保护知识产权的知晓度,我设计了一份调查问卷,面向身边的老师和同学们采样了 40 份样本,通过分析问卷结果可知,尽管人们对于鲁迅先生出版书籍的防伪印花知之甚少,但是对一些知识产权法规和条文有大致了解,并认为保护知识产权的确非常必要。同时,通过初步了解,对于鲁迅书籍出版防伪标志的运用对中国保护知识产权起到的启蒙作用也都表示认同。

从鲁迅先生出版书籍的防伪印花的运用,回望新中国成立以来知识产权保护的发展历程和取得的成果,可以发现:

创新已成为经济发展的巨大动力,作为创新发展的基本保障和重要支持,中国知识产权的发展也越来越受到重视。展望未来,我们有理由相信,我国将努力跻身于知识产权强国之列,"让知识产权成为驱动创新发展和支撑扩大开放的强劲动力"。

我们要从鲁迅先生的防伪印花贴中懂得保护知识产权的重要性,不仅学会保护自己的知识产权,更不能去剽窃他人的知识成果,依法遵守各项知识产权法。除了做好自己,还要让更多的人了解知识产权保护的相关内容,这恰恰就是对鲁迅先生捍卫知识产权精神的继承与发扬。

我们可以通过学校、青少年活动中心、社会公益活动等加强自身的知识产权保护知识,可以制作关于如何购买正版书籍、保护知识产权的重要性等的小册子,或者拍摄一些如何抵制盗版行为、学习保护知识产权法等小视频,进行分发和宣传,让青少年了解知识产权保护的重要性。

参考文献

[1] 鲁迅:《鲁迅日记全编》,广州:广东人民出版社,2019年。

[2] 李姗蓉:《新中国成立70年来知识产权事业成绩斐然》,《河南科技》,2019年第30期。

[3] 金错刀:《微革命:微小的革命颠覆世界》,北京:印刷工业出版社,2010年。

[4] 凤凰网:张宏杰《鲁迅先生为什么要在每本书上印"印花票"》(http://history.ifeng.com/c/7lRH2wS3mMe)。

[5] 新浪博客:郑渊洁《向胡适的 20％学习》(http://blog.sina.com.cn/s/blog_473abae60100h5tr.html)。

探究感想

从报名参加此次微课题至今,一路走来,有太多值得我感谢的人萦绕心头。因为他们的无私奉献和默默支持,我的微课题才得以顺利完成。我在内心深处非常感谢支持和帮助我的父母、老师和同学们。

首先,要感谢的是我的家人,他们不仅给我无尽的关爱,还在物质和精神上给予了我莫大的支持和鼓励,让我信心倍增。

其次,要感谢我的指导老师徐蓓老师。她从如何选题,如何深入调研,如何搜寻资料等方面给我提供了很大的帮助和指导。论文完成后,她一直利用自己的休息时间来给我修改,就算再晚,有任何问题都能找到她,有问必答。这些指导使我在写作过程中逐渐找到了思路。

最后,要感谢的是鲁迅纪念馆和纪念馆的讲解老师,有了他们的帮助,我才能更方便、更全面地进行资料收集和调研。还要感谢我的同学和老师们,有了他们的积极参与,我的调研问卷才能够顺利完成。

课题作者:上海市复兴实验中学

**　　　　张舒窈**

指导老师:徐　蓓

舌尖上的"非遗"：南翔小笼的前世今生

探究缘起

拨开一层层缭绕的雾气，十个精致小巧的小笼包"白娃娃"静静地躺在蒸笼里。"先将皮咬一个小口，然后蘸点醋，慢慢地吸吮里面的汤汁，再细细品味。"在一旁的外婆告诉我。每次去南翔，外婆总忘不了要去品尝地道的南翔小笼。"外婆，你为什么对南翔小笼那么情有独钟呢？""南翔小笼可是阿拉上海人的骄傲，正宗的上海味道，外婆小时候家里条件不好，能吃上南翔小笼别提有多开心了，现在生活条件好了，但还是不能忘记小时候的美味。"

南翔小笼是上海的一道传统美食，深受广大上海市民的喜爱。南翔小笼究竟有着怎样独特的制作秘籍和历史渊源呢？现如今，面对来势汹汹的"网红"美食和西式快餐，以南翔小笼为代表的传统中式餐饮的地位是否会被超越？又如何能在竞争激烈的饮食市场中立于不败之地？时光变迁，它的品质发生变化了吗？南翔小笼这样的老字号是否也能紧跟时代的潮流？面对市场上各种打着南翔小笼旗号的店家，它的市场经营又该如何规范？……课题组将通过文献查阅、实地走访、问卷调查、个人访谈、对比研究，揭开南翔小笼的"面纱"，并对老字号品牌的发展给出自己的建议，同时也让更多的人了解南翔小笼为代表的上海老字号身上精益求精的品质，传承工匠精神，将老字号包含的精神发扬光大。

提及上海美食,不能不提到南翔小笼。它是上海市嘉定区南翔镇的传统名产,上海地区习惯将包子称为馒头,根据其馅料,含肉馅的称肉馒头,豆沙馅的叫豆沙馒头等。

为了更好地了解南翔小笼的历史,小组成员实地走访了嘉定区档案馆与上海图书馆,通过查询文献资料,了解南翔小笼的历史。

一、南翔小笼的昨天与今天

(一)南翔小笼"诞生"记

据《上海名镇志》记载,南翔小笼原名紧酵小笼大肉馒头,传至今日已有 100 多年的历史。据作家沈嘉禄在《上海老味道》一书中的考据,南翔小笼由当年的南翔镇日华轩点心店主黄明贤始创。1871 年,上海南翔日华轩点心店对大肉馒头采取"重馅薄皮,以大改小"的方法,成就了闻名天下的"南翔小笼馒头"。当时,黄明贤的徒弟吴翔升学会了这门手艺后,把原本的馒头越做越小,放在小竹笼屉里蒸,一口一个,"小笼"由此得名。

(二)南翔小笼"分家"记

日华轩的小笼馒头一举成名后,凭借着良好的品质很快在南翔赢得了口碑,可毕竟南翔当地"镇小人少",要进一步拓展生意,就必须到市区这个大舞台一展英姿。1900 年,其第二代传人吴翔升选址城隍庙九曲桥边的风水宝地,建起长兴楼,在城隍庙开设南翔小笼馒头店。不出所料,长兴楼的小笼逐渐声名远扬,只是店名过于文雅,人们口口相传时都称之为"南翔馒头店",老板也就依了众人的习惯。有了在上海闹市经营的这个高标准"起跑线",南翔小笼馒头开始声名远扬。

至此,南翔小笼又分成古猗园和豫园两派,各领风骚。即今天嘉定区古猗园的南翔小笼餐厅与黄浦区豫园的南翔馒头店。小巧玲珑的小笼包百年前被当时的人赞许为"形如荸荠、皮薄肉丰",时光流逝,小笼制作的手艺和其中滋味也跟随各派传人延续至今。

（三）南翔小笼"上市"记

据《上海名镇志》记载,南翔小笼以皮薄、馅大、汁多、味鲜、形美著称。南翔小笼选用精白面粉紧酵为皮,每两面粉必须制作10只馒头,可见其皮薄;用精猪腿肉做馅,不添加任何味精,做成冻皮后,拌入馅内,馅内加入少许芝麻;根据季节的不同,加入虾仁或蟹粉;每只小笼加馅3钱,每只小笼有14道褶,形态美观。

南翔小笼的制作工艺经过反复推究,流传至今,制馅和制面共有10道工序,从制馅、和面、压面、揉面、搓条、摘坯、擀皮、包捏、成形到最后的成熟。不论是古猗园的南翔小笼店还是豫园的南翔馒头店,都制定了南翔小笼在制馅和制面两方面的制作工艺和质量监控标准。

（四）南翔小笼"品质"记

为了保证质量,南翔小笼的制作都设置了严格的工艺标准。古猗园的南翔小笼规定每一两面粉只能制作10只小笼,每只小笼用肉馅3钱。每只小笼面皮厚1.5毫米,重8克,小笼上笼蒸时需严格控制温度、压力和火候,并根据温度调整3～10层的笼屉高度使其充分受热,一切就绪后,旺火沸水蒸5分钟即可。一个技术娴熟的小笼师傅平均一分钟可以制作6个小笼包,但要成为店内的面点制作师,首先要经历3年的实习期。每一笼小笼包需要在140度的高温下蒸满5分钟,火候必须精确到秒。一位师傅每天制作的小笼包在2000只左右,包一只小笼只需6秒钟。严格的标准以及精准规范的工艺确保了南翔小笼一贯的品质。

（五）南翔小笼"辉煌"记——入选"非遗"，海外展新颜

在如此规范和严格的标准之下，各种荣誉接踵而来。2002年，南翔小笼荣获"第四届中国烹饪世界大赛"金奖。2014年8月，文化部第四批国家级非物质文化遗产代表性项目名录推荐项目名单公示结束，南翔小笼制作技艺榜上有名，正式成为国家级"非遗"，这也是上海市首批非物质文化遗产。

现如今，南翔小笼不仅在国内市场取得佳绩，两家南翔小笼的代表企业也不谋而合地瞄准了海外市场，不仅扩大了品牌影响，而且传播了中华传统文化。

自2003年起，南翔馒头店在日本、韩国、新加坡、印尼、马来西亚等国家和中国香港地区，开出了14家分店。位于日本的第一家海外店，年销售额超3000万元人民币；位于印尼的分店被评为"最好的中国餐馆"；位于韩国的分店被评为"当地最具影响力的中国餐馆"。古猗园餐厅目前在中国大陆以外有三家店，一家在日本东京，两家在中国澳门，在销售上也都取得了不错的成绩。

如今，除了白色传统小笼外，南翔小笼还开发出"红、绿、白"的花色小笼，黑色墨鱼汁混合面粉做成的梅干菜小笼等。发展至今，南翔小笼的原材料上仍以猪肉为主，但也增加了不少品种，如蟹粉、干贝、虾仁，甚至还有鱼翅、鲍鱼馅的小笼。

如今网络购物越来越发达，南翔小笼也与时俱进，开设微信公众号等宣传其品牌与产品。

通过以上研究我们可以得知：(1)南翔小笼历史悠久，从诞生至今已经有100多年的历史。(2)严格规范的制作工艺保证了南翔小笼的品质。(3)面对新形势下的市场营销，南翔小笼在保留传统技艺的同时，也能通过进军境外美食市场，利用网络进行营销，推出新产品等方式，推陈出新，影响力不断扩大。

二、南翔小笼与市民的记忆

那么,现如今南翔小笼在上海市民中又有着怎样的印象和口碑呢? 它的口感和品质又怎样呢?

暑假,我们走访了南翔小笼的代表性餐厅——南翔的古猗园餐厅。通过试吃我们发现,如今的南翔小笼除了传统的鲜肉小笼外,还增加了不少新品种,满足不同食客的需求。有马兰头鲜肉小笼、荷藕鲜肉小笼、五彩全家福小笼、黄瓜鲜肉小笼等。售价也都非常亲民,价廉物美。小笼口感上不甜不腻、味美细腻,赢得了广大市民的喜爱和推崇。

我们还访谈了小组成员的邻居和家人,了解他们对南翔小笼的看法。通过此次访谈,我们了解到南翔小笼凭借着出色的口感、优秀的品质、悠久的历史与品牌知名度,无论是在老上海人还是新上海人眼里,都有良好的口碑,赢得了市民的青睐,即便面对日益兴起的"网红"食品,南翔小笼在市民心目中的地位也毫不落后。

但是,近年来随着西式快餐的兴起,以南翔小笼为代表的传统中式点心的地位是否受到了一定的冲击呢? 为此小组成员又通过问卷调查,了解市民对于以南翔小笼为代表的中式点心的喜好情况。

我们共调查了 198 人,其中,18 岁及以下 65 人,占 32.83%;19～30 岁 68 人,占 34.34%;31～40 岁 42 人,占 21.21%;41～50 岁 9 人,占 4.54%;51 岁及以上 14 人,占 7.07%。上海人 140 人,占 70.71%;其他省市 55 人,占 27.78%;外国 3 人,占 1.52%。

选择中式早餐的有 146 人,占 74%,选择西式早餐的有 52 人,占 26%。其他调查情况见图 1 至图 4。

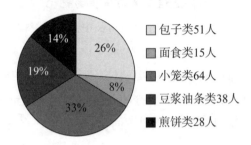

图1　选择哪些食物作为中式早餐

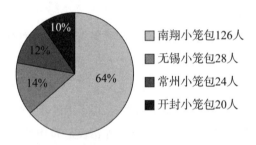

图2　购买小笼,会选择哪种小笼包

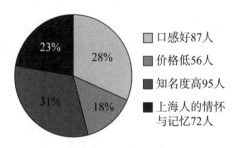

图3　喜欢南翔小笼的原因有哪些(多选)

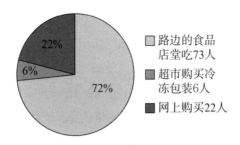

图 4　通过哪些途径来选购南翔小笼

通过问卷访谈,我们可以得知,尽管西式快餐"来势汹汹",但是绝大部分市民依旧选择中式早餐作为他们早餐的首选。我们分析数据判断,无论是上海人还是其他省市的市民,无论是青少年还是成年人,中式早餐较符合国人的饮食习惯,以南翔小笼为代表的中式点心烹饪方式也较为健康。我们对比了南翔小笼和某西式快餐的制作食材和制作工艺,由对比可知:西式快餐大量使用添加剂、防腐剂,多采用油炸、烧烤的烹饪方式,因此带来了高钠、高热量、高脂肪、高糖分,长期食用对健康不利。而南翔小笼原材料的使用、加工方式,无疑比不少西式快餐健康了很多,符合现在市民追求健康、绿色饮食的需求。

此外,相较于西式快餐动辄几十元甚至上百元的定价,南翔小笼以其较为低廉的价格也获得了市民的认可。因此,在上海目前的餐饮市场上,中式餐饮无疑占据了市场的主流,获得了广大市民的青睐。

三、传承与推广

(一)拓宽销售渠道

如今,随着网络销售渠道的兴起,一些老字号食品品牌都在网上开设了旗舰店,如北京的全聚德、天津的狗不理包子、无锡的三凤桥排骨,同为小笼包的无锡王兴记小笼也在淘宝开设了旗舰店。但是古猗园南翔小笼店和豫园南翔馒头店这两家老字号均未在网络开设店铺销售产品。因此,我们建议可在保留传统手工工艺的同时,扩大销售渠道,利用网络途径开展销售,将南翔小笼推向全国乃至全世界;利用网络渠道进行产品的推广和宣传;可以聘请名人作为品牌代言人;制作专题纪录片,利用电视综艺节目等进行宣传与推广;举办传统美食展览会。

(二)注重品牌保护,合作共赢,传承老字号精神

目前市面上各类"南翔小笼"多如牛毛,课题组成员实地走访了南翔古镇,小镇上打着"南翔小笼"旗号的商家有大大小小数十家,如果是第一次来南翔品尝南翔小笼的游客,可能一下子都摸不着头脑,到底哪家才是最正宗的?而这些打着"南翔小笼"旗号的商家,不少都并非由南翔当地人开设,甚至一些不法商家在经济利益的驱动下,偷工减料,采用劣质的原料,不仅口感和正宗的南翔小笼相差甚远,游客得不到完美的体验,而且还破坏了上海老字号的形象。

超市冷冻包装的南翔小笼的实际情况又如何呢?课题组成员实地走访了南翔镇附近的几家超市,发现打着"南翔小笼"旗号的速冻产品,也有多种。课题组成员分别购买了不同价位的"南翔小笼"速冻产品回去试吃,发现这些小笼的口味与正宗的南翔小笼可谓天差地别,完全不像出自同一工艺。

因此,保护老字号品牌,规范制作工艺就成为摆在老字号品牌面前一个迫切要解决的难题。一方面,对品牌的保护涉及商业和知识产权等多个领域,必须另辟蹊径。另一方面,如果不规范南翔小笼的制作工艺,百年老字号就有可能"走样"甚至失传。美食是一门艺术,包括南翔小笼在内的小吃保护,就是要将优秀的民间手艺发扬光大。

就如同大家耳熟能详的"生煎包"一样,南翔小笼是一个饮食种类的称呼。招牌可以假借,但是手艺却不能复制,因此对于民间手艺尤其应该保护。在这点上,嘉定区古猗园南翔小笼店和豫园南翔馒头店已经走出了坚实的一步。由嘉定区与黄浦区的文化部门联合申请"国家非遗",2014年,上海南翔小笼制作技艺正式入选文化部第四批国家级非物质文化遗产代表性项目。最终使南翔古猗园和城隍庙南翔馒头店都成为广大食客品尝正宗南翔小笼的上好选择。而此次申请"国家级非物质文化遗产",申报的并不是南翔小笼这一产品,而是它的制作技艺。

可以通过制定行业规范,规范其制作标准,加大对食品市场的监督执法力度,打击不法商家,完善法律,注重对知识产权和品牌的保护力度。针对老字号品牌缺乏继承人才的问题,可以设立优惠措施加大对青年人才的培养力度。

四、结　　语

站在新时代的路口,除了传统小吃,越来越多元的全球美味如同"旧时王谢堂前燕"一般地"飞入寻常百姓家"。南翔小笼竞争的对手不是减少了,而是更多了、更强大了、更有吸引力了。然而,它还是屹立在那里,这证明了什么呢?

毫无疑问,在外,是日益开放的环境;在内,是精益求精的追求。在更大的层面上看,这样的实例足以打消许多人的顾虑。原先有很多人担心伴随着外来竞争,传统的老字号品牌也许只能慢慢地湮没于人们的记忆之中。然而,南翔小笼,还有其他无数历久弥新的老字号,用它们的亲身经历告诉世人:老字号不是温室里的花朵！这些老字号在追求经济利益的同时,在激烈的竞争中传承优良品质,还能够慢慢发掘充满风土人情的人文情怀,不断地向世人讲好"自己的故事"。相信又好吃、又好听、又好看的本土品牌会越来越多,上海的城市名片夹也会越来越厚实的！

时光流转,吃小笼包的人换了一批又一批,但是南翔小笼在我们每个人心里的记忆却永远不会随着时光的流逝而被遗忘。如今,南翔小笼已经成为上海这座城市的标记和记忆,成为上海海派饮食文化的代表之一,在上海乃至全国不断发扬光大。

参考文献

[1] 严菊明、严健明:《南翔小笼》,上海:上海人民出版社,2009 年。

[2] 方道、方芳、顾子易、蒋峻:《笼香百年:"南翔小笼"风云演义》,上海:文汇出版社,2016 年。

[3] 张承先、程攸熙、朱瑞熙:《南翔镇志》,上海:上海古籍出版社,2003 年。

探究感想

通过本次活动,我们了解到了以南翔小笼为代表的上海老字号品牌的历史和上海丰富的文化底蕴,作为上海人,我们由衷地感到自豪。这篇文章中不仅有着我们对南翔小笼的童年回忆,还有着对上海这座城市的骄傲与恋眷。14 岁的我们,希望用自己的努力,让更多的青少年了解到上海老字号的历史和背后体现的民族精神。

去年我们选择了有关上海老字号——大白兔奶糖作为我们的研究课题,今年我们小组成员又选择了上海的另一个老字号——南翔小笼,课题可以变化,但不变的是我们对家乡,对上海文化的热爱,对老字号精神的憧憬。同饮浦江水,共铸中华魂,上海是我们共同的家,上海文化也需要我们共同传承与发扬。

最后,感谢高阳老师对本文的悉心指导,也感谢在本次活动中耐心帮助我们完成问卷、接受访谈、提供资料的每一位老师、同学和家长。你们的每一份鼓励、支持和帮助,都是我们所收获的宝贵财富。

课题组成员:上海市万里城实验学校

　　　　　　潘梦瑶　吴宇真　林伊惠　施帝文　陶涵卿

指导老师:高　阳

中国动漫的制作风格与文化意蕴

——以关于哪吒的动漫为例

探究缘起

　　对中国而言,动漫是一个新颖的"舶来物",接纳并发扬这种潮流文化是近百年来无数艺术家努力的目标。近年来,《大圣归来》《哪吒之魔童降世》等动漫作品的面世,再次掀起了中国动漫的热潮。我们课题组对于中国动漫有着浓厚兴趣,希望在观赏的同时,挖掘其中的制作特点与文化底蕴,使其得到更好的推广与发展。

　　随着市场经济的快速发展,人们的生活质量也有了明显的提升,因而对文化生活和文化质量也有了更高的要求。动漫作为一种新兴文化产业的代表在近几年内蓬勃发展,有着举足轻重的产业地位,具有很高的研究和创新价值。动漫是世界性的文化,它在一定程度上反映了不同历史阶段的时代背景以及社会风貌等相关特点。同时,动漫独特的艺术特色感染着我们,在我们的文化生活中如此斑斓多姿地绽放,有着广阔的发展空间。

　　哪吒作为典型的动漫人物形象之一,在中国动漫史上有许多作品,如动画《哪吒传奇》、动画电影《哪吒之魔童降世》、漫画《非人哉》等。2019 年,动画电影《哪吒之魔童降世》上映后便广受好评,其与《哪吒闹海》一样,都是具有代表性的动漫作品,在所处时代有着深远影响。本文我们将以《哪吒闹海》和《哪吒之魔童降世》两部动画电影为例,赏析中国动漫的制作风格与文化意蕴。

一、中国动漫的起源与发展

动漫是动画与漫画的统称,动画是集合绘画、漫画、电影、数字媒体、摄影、音乐、文学等众多艺术门类于一身的艺术表现形式;漫画采用夸张、比喻、象征等手法,讽刺、批评或歌颂某些人和事,具有较强的社会性。

中国动漫最早起源于 20 世纪 20 年代。1926 年,中国第一部动画片《大闹画室》揭开了中国动漫的序章。20 世纪 40 年代,万氏兄弟创作了中国第一部动画长片《铁扇公主》,受到了人们的热烈欢迎。中国动漫自此起步。

中国动漫的发展史可以说是历经坎坷。从 1979 年到 1983 年,中国制作了 27 部动画片,其中,《哪吒传奇》和《天书奇谭》是两部长于 70 分钟的动画片。1980 年 5 月,王树忱作为中国电影代表团团长,远赴法国参加第 33 届戛纳国际电影节,却因为送审失误,与荣誉失之交臂。《黑猫警长》《舒克与贝塔》和《三毛流浪记》等动画可谓是中国动漫黄金时期的代表作。之后的很长一段时间,由于没有出彩和创新的作品,中国动漫被贴上了幼稚与无聊的标签,直到 2015 年的《大圣归来》与 2019 年的《哪吒之魔童降世》放映,中国动漫再一次受到人们热捧。

二、中国动漫的制作——以哪吒为例

(一) 问卷调查对两部哪吒作品的观感

我们基于中国动漫的制作与意蕴,使用问卷星设计了一份调查问卷,共收到有效问卷 106 份。其中,男性占比 40.57%;女性占比 59.43%。1～16 岁的人占比 21.7%,17～26 岁的人占比 23.58%,27～36 岁的人占比 11.32%,37～46 岁的人占比29.25%,47～56 岁的人占比 12.26,56 岁及以上的人占比 1.89%。

根据调查问卷,受访者认为,《哪吒闹海》的亮点主要是剧情(73.21％),其次是角色(51.29％)以及画面(42.86％);《哪吒之魔童降世》的亮点主要是画面(74.24％),其次是剧情(71.21％)以及角色(60.61％)。大部分受访者认为《哪吒之魔童降世》这一新作较《哪吒闹海》而言,在画面上有了很大的提升,而两部作品的剧情和角色塑造都有可圈可点之处。

观看《哪吒闹海》的原因,有 37.5％的人选择源于对于哪吒的个人喜好,观看《哪吒之魔童降世》的原因,有 51.52％的人选择源于宣传广告的作用。《哪吒闹海》作为一部较早的动画电影,宣传力度不高,但是 2019 年的《哪吒之魔童降世》的宣传力度远远高于《哪吒闹海》,很明显,中国对于动漫的宣传力度已大幅度提升了。

(二) 两部哪吒作品的对比分析

在两部经典作品中,哪吒的发型与兵器的样式都非常相似。然而,哪吒的性格与面部五官发生了较大的改变。哪吒的不同形象是由时代决定的:在 1979 年的《哪吒闹海》中,哪吒是个“百善孝为先”的有责任感的小英雄;而在 2019 年的《哪吒之魔童降世》中,哪吒是被大家唾弃的善良的孩子,最终却也能挺身而出,拯救家园。

1979 年正值我国改革开放初期,对于英雄,人们都有敬佩与憧憬的心理,因此,哪吒作为英雄人物,五官塑造得十分秀气,活泼;2019 年,中国文化已蓬勃发展起来,国人对于娱乐的追求也更进一步,因此对于哪吒的五官塑造就变成了更有喜感,更加可爱的风格。但是万变不离其宗的仍是哪吒的英雄形象。

表1 哪吒的形象塑造对比

作品名	《哪吒闹海》	《哪吒之魔童降世》
性格品质	为民除害,孝顺有担当,善良的小英雄	调皮,有担当,孝顺,受人排挤但本性善良,珍惜友谊
衣服样式	整体以莲花为基调,以粉色花状为外衣,绿色荷叶为肚兜,内里穿红色肚兜	大红的外衫,棕色的没有兜的裤子,系着金色的歪斜的蝴蝶结
面部五官	丹凤眼,眼睛十分有灵气,额头中间有红色印记,细眉毛	黑眼圈,额头中间有"魔丸"印记,大眼睛,细眉毛
发型	黑发,用大红色的发带系了两个揪揪,短短的齐刘海,不搭肩的短发	
兵器	乾坤圈、混天绫、风火轮	

表2 剧情对比

作品名	剧情	分析
《哪吒闹海》	哪吒抽了龙王三太子的龙筋,龙王用淹没陈塘关来要挟李靖杀死自己的儿子哪吒。哪吒为了不给大家添麻烦,挥刀自刎	哪吒举起刀的那一刻,不仅体现了他的责任感之强,自己犯错自己承担,也体现了他明白父亲的处境,理解父亲,不让父亲在亲情与人民之间做选择,刻画了一个有担当的小英雄形象
	哪吒重生,穿上了自己的莲花外形的战衣,拿着自己的乾坤圈、混天绫,踏着风火轮与龙王战斗	每一帧都做得十分精细,刻画了一个活灵活现的浴火重生的小英雄形象

（续表）

作品名	剧情	分析
《哪吒之魔童降世》	哪吒与母亲难得的亲子时光:踢毽子,却因为哪吒母亲要出门降妖除魔而被迫终止,哪吒一个人躺在围墙上,嘴上说没事,表情却满是无奈与失落	哪吒对于父母关爱的渴求,也反映了当今留守儿童现象
	申公豹训斥徒弟敖丙不能下狠手杀死哪吒时,说道:"人心中的成见是一座大山,任你怎么努力都休想搬动。"	在动画中,我们得知,申公豹十分努力,却因为自己是妖族而无法位列十二金仙,心中满是不甘,这体现了人们看待事情只凭心中成见,也侧面教导着人们为人处事的方法

根据对于剧情的具体分析,我们可以得出:《哪吒闹海》更多体现的是哪吒勇敢、孝顺的英雄形象;《哪吒之魔童降世》则反映了社会现状,用动漫的形式揭示了留守儿童缺乏关爱的问题,借此巧妙地呼吁人们关注留守儿童的成长。

《哪吒闹海》的时代,人们还未步入现代化、国际化,思想存在局限性,因而艺术作品大多体现传统理念。而现代的人们已经有了较成熟且全面的思想,可以更好地融合社会问题于艺术作品中,可以说是当代艺术的一大进步。《哪吒之魔童降世》的剧情不仅融合了潮流文化,同时也有升华的感人情节,展现了"我命由我不由天"等励志思想。这提升了中国动漫的创作高度与深度,受到了观众的青睐。

很多年轻的学生都喜欢日本的动漫,日本动漫自传入中国以来,确实占据了极大市场,不论是以前的《铁臂阿童木》《哆啦A梦》,还是现在的《工作细胞》《海贼王》,都是优秀的作品。中国动漫也正处于上升阶段,有极大的反超空间,但中国动漫在制作方面最欠缺的是剧情创新性。中国动漫多以国风为主,历史故事和神话传说等题材层出不穷。在今后可以多向科幻、奇幻等题材进军,让题材类型更加丰富多样,推动中国动漫更上一层楼。

三、中国动漫的文化意蕴

(一)民族精神的体现

小英雄哪吒的形象可谓是人尽皆知。中国从古至今便不缺英雄人物,正如新冠肺炎疫情期间的钟南山院士、张文宏医生,都是英雄,我们对他们的付出与奉献心存敬畏与感激。自最早的《哪吒闹海》到如今的《哪吒之魔童降世》,展现了中国传统文化,是我们民族精神的体现。

(二)社会现状的反映

动漫作家作为社会中的一分子,在艺术创作时带有自己对社会现状的思考和个人感情,因此动漫中往往折射出社会现状和作者态度。动漫以夸张的手法将社会现状呈现在荧幕上,观众通过动漫娱乐消遣的同时,也能借此去体察社会,去洞悉自我。这也是中国动漫的可贵之处,对于社会问题,中国动漫没有选择逃避,大方地将它展现出来,尽己之力改变社会,这便是中国动漫深厚的文化底蕴。

(三)传统文化的传承

作为拥有五千年历史的大国,中国有自己独特的传统文化,历史故事以及神话故事是中国动漫自发源起的永恒主题。当代社会繁忙喧嚣,人们鲜有机会静下心学习一些或许不常用但却意义非凡的事物。中国动漫将历史融入娱乐之中,让人们在闲暇之余也能了解民族文化,同汉服、文创产品等文化商品一样,动漫文化也成为承载中国传统文化的一部分,将我国的传统文化精神展示于世界面前。

四、关于中国动漫的发展建议

(一) 加强宣传方式的多样化

随着中国文化的日益强盛,文创产品、汉服走秀、线下签售会等新颖而有创意的宣传方式应运而生。我们可以效仿此类途径,举办电影的线下活动,邀请名人"cos"(扮演)动漫角色,吸引更多观众。同时,还可以开展视频剪辑活动,让观众在家也能看到电影片段,对提升电影的知名度有极大的帮助。

(二) 不同年龄段人的普及

为了更好地让大众了解动漫,可以开设绘制漫画以及制作动画的课程,各年龄段都可以报名参加,家长与孩子共同参与还能增进亲子关系。面对老年群体,可以在养老院组织回忆经典动漫,更能引起老人对动漫的兴趣。

(三) 提升制作技术

三人行必有我师焉,向同行学习是中国动漫取得进步的必要过程。相关大学可以组织美术及动画制作专业的学生出国学习动漫,相关公司可以为从事动漫行业的人组建一个经验分享的平台,助力中国的动漫行业发展。

参考文献

[1] 孙思、张明、邓志鹏:《中国动漫发展现状及其转型策略研

究》,《艺术科技》,2018 年第 12 期。

[2] 李梦姝:《中国动漫发展方向初探》,《西部皮革》,2019 年第 20 期。

[3] 孙敏:《比较视野中的中国动漫发展之路》,《徐州师范大学学报(哲学社会科学版)》,2011 年第 5 期。

探究感悟

经历了为期数月的拟题、参观走访、调查分析、总结整理与撰写论文等工作,课题组成员付出良多,更是收获良多。动漫是广受青少年喜爱的文化,也是我们的兴趣所在,因而在拟题之初,大家都怀揣着激动与喜悦之情。然而,完成课题是一个漫长又坎坷的过程,研究动漫文化不同于以往的观看动漫,需要投入更多的心血与精力。

过去,外国动漫以高超的技术与引人的剧情和人物霸占着国内动漫市场。随着我国文化自信的提升,中国动漫必将从模仿学习的被动输入走向主动输出之路,历经曲折后终获重生。这一如本次课题研究,从起初的兴奋,到中途迷茫乃至一度打算放弃,再到最终的"守得云开见月明"。

最后,感谢徐如意老师与张纪元老师在过程中悉心与耐心的指导,感谢参与访谈与调查的伙伴们,感谢课题组成员的齐心协力。中国动漫制作水平的提升众人有目共睹,其富含的传统文化意蕴值得更多人去体验与挖掘!

课题作者:上海市第十中学

　　　耿媛媛　马中杰　朱宜旻　盛日同

指导老师:徐如意　张纪元

社会调查

关于垃圾分类实行对居民以及相关从事人员的影响

连锁水果店与传统水果店的经营模式探索
　　——以百果园为例

游客投喂行为的研究与对策

"疯狂"的路口
　　——老闵行地区非机动车辆路口左转现状和思考

关于当代高中生零钱理财现状分析及引导对策

高中生课堂知识与博物馆志愿者服务相结合的
方案研究
　　——以上海自然博物馆新馆为例

关于垃圾分类实行
对居民以及相关从事人员的影响

探究缘起

　　2019 年 7 月 1 日起,上海市开始实施《上海市生活垃圾管理条例》。北京、深圳等多地也相继出台或实施相关垃圾分类规定。上海的垃圾分类话题频频占据热搜榜,一时间,讨论不断。不过,我们看到许多评论,也问过一些朋友对垃圾分类的态度,有认可,有否定,但大多是"我赞成垃圾分类,但不赞同过快地一步到位"。

　　"2019 年 7 月 1 日至 7 日,全上海市共出动城管执法人员 18600 人次,开展执法检查 10100 次,共检查居住区、宾馆、商场、医院、园区等单位 13513 家,检查生活垃圾收集、运输单位 146 家次,个人 8625 人次。"这是上海市 7 月 1 日至 7 日的检查结果。目前,上海的垃圾分类情况如何? 我们发现,垃圾桶中还是有未正确投放的垃圾,更有甚者都不管不顾地直接扔在一旁,等人去收······

　　是什么导致了这种行为? 人们对垃圾分类的看法又是怎样的? 那些与垃圾打交道的工作人员有没有受到影响? 上海的垃圾分类到底起到了怎样的作用? 许多问题仍等待我们去发掘。于是便有了我们现在这个课题,我们不求能直接改变现状,只求为垃圾分类的推进工作尽自己的一份力量。

一、课题调研与分析

　　我们在查阅了一些文献资料后,讨论制定出一份问卷。问卷内容以垃圾分类与居民关系为主,共收到线上问卷 258 份,有效问卷 258 份。此外，小组负责人何睿有幸获得机会参观了上海天马再生能源有限公司(主要负责上海市青浦区和松江区市民生活垃圾的干垃圾焚烧)。我们根据文献资料、问卷调查和考察结果，经过讨论分析，得出调研初步结论。

在《上海市生活垃圾管理条例》政策出台以前，市民不主动进行垃圾分类的主要原因有三。

一是自身原因，人们大多认为垃圾分类过于麻烦，不必花大量时间和精力进行分类。二是进行垃圾运输人员的不负责，不按照分类要求收运垃圾。三是政府未实行充分的保障措施进行垃圾分类，比如没有分类式垃圾桶等。可以看出前两条是一种恶性循环：市民认为垃圾即使分类了，还是会被混在一起收走，于是就不分类，而运输人员看到垃圾都没分类，便混在一起收走，于是就形成了恶性循环。

现在政府已经做了很大的改善。《上海市生活垃圾管理条例》的出台，许多地区分类垃圾桶的投放，垃圾分类监督员的设置，一定程度上都缓解了垃圾不分类的问题。

然而对我们每个个体而言，对于垃圾种类的不确定，分类垃圾桶离家太远，定时定点投放的模式难以满足我们的便利性需求，以及看到其他人不分类因而自己也不想分类的效仿心理等综合调查情况，现在的垃圾分类仍存在着以下问题：

(1) 基础设施不够完善；

(2) 居民的环保意识淡薄，对垃圾分类的益处了解不够；

(3) 居民不知道该如何分类垃圾；

(4) 缺乏激励和惩罚机制；

(5) 职能部门规划不力；

(6) 垃圾分类宣传力度不够。

二、调研采访

我们采访了上海中学龙门楼楼管叔叔,他向我们解答了作为一个相关从业人员,垃圾分类政策给他带来的好处。

Q:从去年7月1日正式实行垃圾分类条例开始,您的工作有什么改变吗?

A:我认为这个变化还是蛮大的,因为以前没有进行垃圾分类,乱七八糟的垃圾都混合在一起。垃圾分类实行以后就明显好一点了,我的工作量减轻了好多。因为以前不管湿垃圾、干垃圾都是放在一起的。之前上海中学其实也是在按照垃圾分类的标准操作,但是没有那么精细的。还是就是有的同学可能还搞不清楚这是什么垃圾,后来慢慢地分类意识有所提高了。

Q:我们注意到在某些时间段,我们有学生监督员在垃圾桶边监督,请问他们的作用大吗?

A:呃,好像不是太大。有几个同学我觉得还是工作蛮认真的,蛮仔细的,他会跟同学们指点一下啊,提醒这个垃圾要分类放的。有的就是不怎么管的,拿本书自己在那里看,这个就没有什么效果了。

Q:那我们现在投放的垃圾放错垃圾桶的概率高吗?

A:高的,蛮高的。还是有同学会把垃圾混合在一起投放,回收的、不可回收的,湿垃圾、干垃圾,就用一个塑料袋装着,一下子丢在里面,我还要分拣。但是比以前已经好多了。

显然,实行垃圾分类条例以后我们的楼管,即垃圾回收相关从事人员的工作量已经减轻了不少,但一些不自觉的行为依然使得楼管增添了许多工作量,不自觉垃圾分类的原因也集中在以下几点:环保意识差,自觉性低;监督无力;缺少奖惩措施。

对于这些违反垃圾分类条例的行为,我们仔细研究了2019

年7月1日正式实施的《上海市生活垃圾管理条例》，希望从中找到答案。

关于惩罚措施，条例的第九章"法律责任"详细地阐述了违反本条例会受到的惩罚，但其中多数是关于机构违法的规定，如第五十六条中写的"违反本条例第二十二条第二款规定，餐饮服务提供者或者餐饮配送服务提供者主动向消费者提供一次性筷子、调羹等餐具的，由市场监管部门责令限期改正；逾期不改正的，处五百元以上五千元以下罚款"。因此，我们看到现在外卖行业无论是饿了么还是美团外卖，都已经设置了是否需要餐具一栏选项。我们可以发现，政府在对机构的监督上做得还是很到位的。而对于个人，条例上也有说明。如第五十七条中"个人违反本条例第二十四条第一款规定，将有害垃圾与可回收物、湿垃圾、干垃圾混合投放，或者将湿垃圾与可回收物、干垃圾混合投放的，由城管执法部门责令立即改正；拒不改正的，处五十元以上二百元以下罚款"。但目前，对于个人的监管力度显然仍需提高。

关于奖励措施，条例的第四十七条规定，"对在生活垃圾管理工作中做出突出贡献和优异成绩的单位和个人，按照国家和本市评比表彰有关规定，给予表彰奖励"。对于奖励，条例中显然没有惩罚写得那么具体，评判标准也是主观的，并不客观，具体操作上指导性不够，因此奖励措施也还需要细化。

小组负责人何睿在上海天马再生能源有限公司参观时，其负责人介绍："虽然垃圾分类对焚烧厂的垃圾焚烧量暂时不会有太明显的影响，不过这的确在往好的一面发展。"我们仍需在这方面不断努力，严格实行垃圾分类，保护我们的生态环境。

三、他山之石——日本垃圾分类一瞥

课题组成员还实地考察了日本垃圾分类的情况,并与上海的垃圾分类进行了比较,我们从日本对待垃圾分类的态度和方法中学到了不少。

(一)对于垃圾分类的意识

在日本,无论是家庭教育还是学校教育都非常强调垃圾分类意识,同时也配有相应的法律法规。在日本几乎看不到环卫工,当然,路上的垃圾桶也是几乎没有的。只有在大型公共场所才能看到垃圾桶。人们在垃圾桶前并无犹豫,而是很自然地将自己手中的垃圾分别投入了好几个垃圾桶中。我在东京的街头看到一块牌子,上面写的大致意思是禁止随地乱扔垃圾,违者罚款十万日元以上,并视情节轻重拘留十年以下,可见日本对于垃圾分类和正确投放垃圾的重视程度。诚然,日本是一个岛国,国土面积小,资源缺乏,人口密集,针对这样的现状,对垃圾的处理能力甚至可以影响人民的生活质量以及国家的精神面貌。

(二)对于垃圾的分类

日本的垃圾桶基本分为以下几类:可燃烧(以纸制品为主),不可燃烧(一次性制品,塑料制品且不包括饮料瓶),瓶罐(有时两者也分开投放,分成塑料的瓶子和金属制的罐子)。在我看来,这种思路是清晰而明智的。为什么这么说?首先,目前垃圾最有效的处理方式就是焚烧,考虑到塑料焚烧会产生大量有毒气体,所以分为可燃烧垃圾和不可燃烧垃圾两类。其次,对于常见的大量空瓶空罐,可以回收再利用,既节约了成本又减少了污染。

(三)上海和东京的对比思考

上海目前已经全面实行垃圾分类,我认为在垃圾的分类上上海和东京各具亮点。上海的亮点在于单独列出来有害垃圾这一

类,使得我国废电池和旧家电的回收和利用率又上了一个新台阶,而日本的优点在于将塑料瓶和金属罐分开回收,减少了分捡垃圾时的负担,提高了垃圾分类的效率。

日本花了 27 年,让整个国家的每一个角落都干净整洁,惊艳了全世界的人民。而中国的强制垃圾分类刚刚起步,计划在 2025 年前,在所有行政规模为地级市以上的地区,建成规范高效的垃圾分类体系。

四、垃圾分类的意义与完善建议

经济上,垃圾分类为我们带来了一定的经济收入。当我们将可回收物分离出来,无论是将其卖给垃圾回收人员或是通过自动可回收物回收机,都可以换回一些金钱收入。同时,垃圾分类使得垃圾的剩余价值被挖掘,可被用作火力发电或是制成沼气生物能,节约了能源。

环境上,垃圾分类意味着更少的垃圾需要被填埋,因此节省下来的填埋用地可以被利用发展为自然绿化,美化我们生活的环境。另外,有害垃圾集中处理,能够减少对环境的污染及对人体的危害。

垃圾分类的最终成功一定离不开我们每个人良好的自主垃圾分类意识的形成。垃圾分类是国民素质的体现,有助于促进民众的环保意识,节约资源。

在研究了北京实施垃圾分类出现的问题与解决措施后,我们提出了以下几点完善垃圾分类的建议:

(1) 垃圾分类基础设施建设进一步完善。应该增设垃圾投放点并合理布局,使得所有居民的垃圾投放都相对便利;更改定时投放的时间,多安排于早晨与傍晚,使"上班族"也有时间去定点投放垃圾。北京在一些地方设置有智能垃圾分类驿站,配备有休息室、洗手池、智能分类系统等完善措施。

(2)加大对垃圾分类的宣传。政府应通过大众媒体和网络新兴媒体,如电视公益广告、微信公众号推送、小区电梯内屏幕、散发宣传册等方法,向广大市民朋友详细介绍垃圾分类对地球生态保护的益处,增强居民的环保意识;通过小册子印发垃圾分类的具体方法,并可在垃圾投放定点张贴垃圾分类方法,以便于减少错误分类的情况;推送关于分类后的垃圾去了哪里,如何处理的后续追踪视频,让居民直观了解垃圾分类带来的益处,增强居民垃圾分类的积极性;并及时澄清网上流传的垃圾分类的错误谣言。北京的学校通过开展游戏、微课、做志愿者等方式,调动学生家长和老师垃圾分类的积极性。

(3)制定奖惩机制。可以通过颁布相关政策条文,对将设施环保化的企业进行补贴,鼓励企业保护生态环境,节能减排。可以设立有奖举报机制,让居民之间相互监督。北京将商场的垃圾分类情况计入商户的诚信档案并进行奖励与惩罚。

(4)加大监管力度。可以在一些垃圾投放点安排统一培训过的监督员,并在经济上予以补贴,起到监督监管的作用,监督居民垃圾分类情况。北京在检查企业垃圾分类工作时,推进“一点多查,一查多项”的执法模式。

参考文献

[1]《上海强制垃圾分类》,《江西建材》,2019年第7期。

[2] 邵鹏:《你可知未来“垃圾战争”的真相是什么?》,《资源再生》,2019年第6期。

[3] 胡璟:《垃圾分类制度的施行应合法、合情、合理》,《民主与法

制时报》,2019 年 8 月 1 日第 5 版。

[4] 黄锡生:《生活垃圾强制分类的制度困境及其破解》,《人民法治》,2019 年第 14 期。

[5] 张慧超:《上海回应"生活垃圾管理条例"实施情况》,《人民法治》,2019 年第 14 期。

[6] 凌振国:《推动垃圾分类科学规范进行》,《人民政协报》,2019 年 8 月 8 日。

[7]《垃圾分类　准备好了吗》,《人民法治》,2019 年第 14 期。

[8]《上海市生活垃圾管理条例》。

探究感想

任正非曾说:"我们 13 亿人每个人做好一件事,拼起来就是伟大祖国。"我们认为,这件事可以从垃圾分类做起。中国也可以成为一个任何地方都干净整洁的国家,惊艳世界人民。

上海毕竟在垃圾分类方面刚刚起步,还是有许多值得改进和完善的地方。综而观之,中国垃圾分类的前途是光明的,我们有信心,也有能力,在党和国家的带领下打好这场垃圾分类战!

最后,感谢指导老师俞超老师、上海中学龙门楼楼管、上海市天马再生能源有限公司和参与填写调查问卷的所有人。

课题组成员:上海市上海中学　高二年级

何　睿　王臻杰　张一弛

指导老师:俞　超

连锁水果店与传统水果店的经营模式探索

——以百果园为例

探究缘起

党的十九大报告中指出,当今社会的主要矛盾已转变为人民日益增长的美好生活需要和不平衡不充分的发展之间的矛盾。水果这一农副产品在人们生活中的普及,也体现了人们生活水平的提高。买水果,是一种生活状态与生活方式的体现。目前,在传统水果店的基础上,连锁水果店企业开始逐步发展,同时,随着电商平台和外卖平台的发展,水果也加入送货上门的产品行列中,这为消费者购买水果的方式提供了多样选择。这些购买方式各有优势和劣势,消费者如何选择,选择的原因是什么呢?这是我们的探究重点。我们希望发现水果产业现存的一些问题,并对其今后的发展提出自己的建议。

一、关于当下人们购买水果的方式及其原因调查

我们通过网络渠道发放问卷,共收回 244 份问卷,其中有效问卷 244 份,问卷有效率为 100%。

本次问卷调查的对象年龄,20 岁以下占比 44.9%,21～35 岁占 20%,36～60 岁占 33.88%,61 岁及以上占 1.22%。20～60 岁之间代表已经有经济实力的人群以及未来消费群体,他们与目前及未来的水果市场有直接联系。

（一）调查对象的年收入情况

如图1,有将近九成的调查对象个人/家庭年收入在3万元以上,可知大多数受调查者拥有足够的经济实力实现"水果自由"。

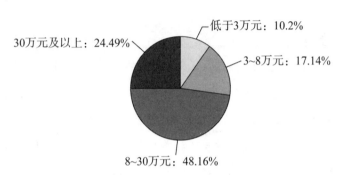

图1　调查对象个人/家庭年收入

（二）购买水果的方式

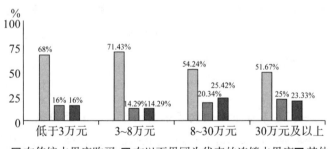

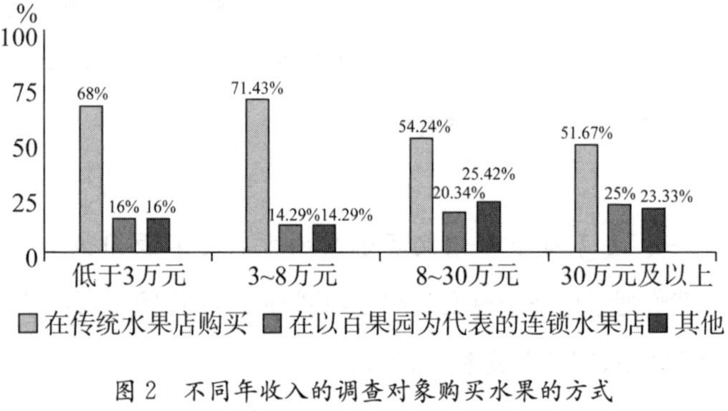

图2　不同年收入的调查对象购买水果的方式

根据问卷调查,大部分中等收入人群更偏向于在传统水果店购买水果,随着收入的上升,选择在连锁水果店及外送服务的受调查者的比例越高。由此推测,连锁水果店的价格相比大多数的传统水果店偏高。同时,高收入人群也许工作比较忙碌,因此相比较亲自到商店购买,网上购物是一个更好的选择。

从图3可以看出,无论是传统水果店还是连锁水果店的消费者,在购买水果时都更偏向于自行挑选,而不是选择由水果店包装处理过的水果。而在对连锁水果店的实地采访中,我们发现店面中并没有散装的水果,于是我们即兴追加了一个问题:既然大家更偏向于自己挑选水果,为什么你们还会以包装好的形式卖水果呢?我们得到的答复是:为了防止顾客不停地翻找水果,在过程中不小心碰烂一些水果。

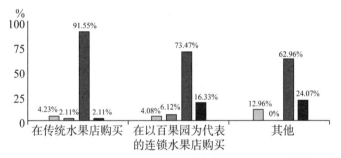

图3 不同购买方式的调查对象挑选水果的方式

如图4,消费者在不同水果店购买水果的需求有所不同。在传统水果店购买时,消费者相对更重视自行挑选的自由度和水果的性价比;在连锁水果店中,消费者更加重视购买的便利性,更偏向于花更多的钱购买质量更好的水果。水果店的地理位置也影响了客流量,由于传统水果店店面多开在居民区,店铺分布较密集、广泛,吸引了一部分不愿离家太远购买水果的消费者。

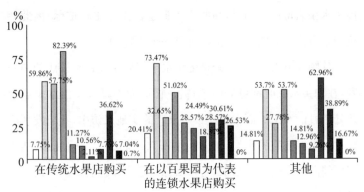

图 4　调查对象选择该方式的原因

(三) 购买水果的满意度及原因

如图 5,消费者对在连锁水果店中购买到的水果更满意。

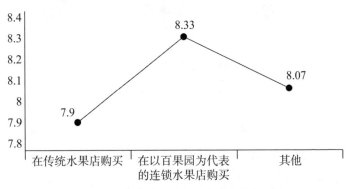

图 5　调查对象对此方式的满意度

如图 6,可以发现消费者对传统水果店购买经历的主要不满为水果质量不高且价格不实惠,导致性价比降低;缺少售后服务;购买不方便等。而对连锁水果店购买经历的不满较少,主要为价

格不够实惠和品种较为单一,可见连锁水果店水果价格偏高,且
由于店面规模小的因素,水果品种较为单一。

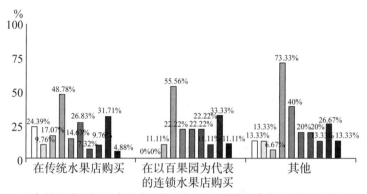

图 6　调查对象对所选方式不满意的原因

　　如图 7,常在传统水果店购买水果的消费者不去连锁水果店
购买的原因为:水果品质不好,对店家不信任,价格不够实惠,水
果种类太单一,家附近没有店面等,其中占比最大的分别为价格
不够实惠和水果品质不好,分别是 46.77％和 28.23％。常在连锁
水果店购买的消费者不去传统水果店的原因为水果品质不好,水
果店环境不好,水果种类太单一,不能送货到家等,对价格的不满
相对较小。可见,无论是传统水果店还是连锁水果店,消费者最
看重的是水果的品质和性价比,其次是购买的方便程度。而且即
使是以水果品质为优势的连锁水果店,也会被认为水果品质不
够好。

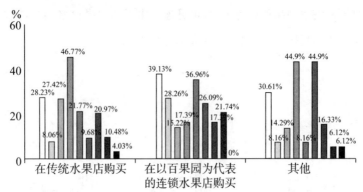

图 7　调查对象不选择其他方式的原因

（四）调查对象对于水果价格和质量的选择

如图 8，无论是选择哪种购买方式，消费者都更看重的是水果的质量而非价格，因此店家在水果交易中更应该注重水果质量的提升，而非将重点放在如何凭借更多的促销活动吸引顾客，品质才是真正能留住顾客的保障。

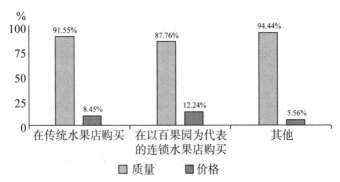

图 8　调查对象更看重水果的价格还是质量？

如图 9，调查对象为更看重水果质量的人群，即使价格相对更高,有半数以上的消费者仍然会选择购买,但也有四成左右的消费者会因为水果价格的升高而选择不购买,可见水果质量虽然很重要,但过多地抬高价格以至于高出市场价,消费者也是不会买单的。

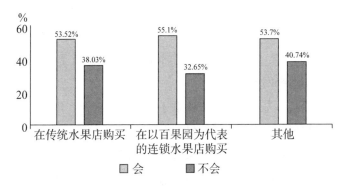

图 9　若水果价格更高,您是否还会购买?

如图 10,调查对象为更看重水果价格的人群,可以看到选择连锁水果店和其他购买方式的消费者是不会买价格便宜但品质不好的水果的。

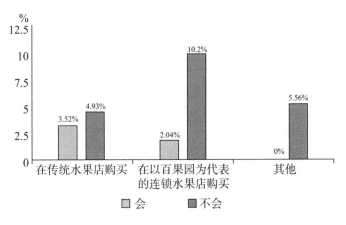

图 10　若水果略不新鲜,您是否还会购买?

（五）问卷小结

由此问卷可以看出,大部分消费者在购买水果时挑选的首要因素为水果的品质。在水果品质的标准之下,还有许多其他的制约因素影响到消费者对购买方式的选择。

不同收入的人群会选择不同的购买方式。中等收入人群更偏向于传统水果店,而高收入人群更偏向于连锁水果店等新型方式,其中部分高收入人群由于工作忙碌等原因,相较于亲自购买,更倾向于选择网上购物。

水果店本身的客观因素影响了消费者的选择。传统水果店多开在居民区,店铺分布较密集、广泛,吸引了更多不愿离家太远购买水果的消费者。传统水果店在进货时选择的货源通常价格较低,水果的摆放便于顾客自行挑选,吸引了重视挑选自由度和水果性价比的消费者,同时也因为装修较差,货源品质较低,失去了部分要求较高的消费者。

连锁水果店一般装修较整洁大方,送货和售后服务齐全,水果的品质也相对较高,以此吸引了更注重水果品质并且购买能力较高的消费者,但也因为挑选自由度较低,水果价格较高而失去了部分更看重性价比的消费者。

二、访谈分析

我们分别选取了三家传统水果店与以百果园为代表的连锁水果店,对其店员进行访谈,目的是找出两者在运营模式方面存在的差异以及对客源量造成的影响。

（一）对店铺访谈实录

问:顾客主要在什么年龄段居多?

（传统水果店）:大多是 60 岁以上的老年人,以女性居多。

（百果园）：以 30～50 岁为主，男性和女性数量差不多。

问：是否会进行宣传？如果有的话，通过什么方式进行宣传？

（传统水果店）：不会进行宣传，来买水果的人基本是住在附近的老用户，都是凭借老店的口碑和与顾客间建立的信任。

（百果园）：会进行宣传，会投放广告来吸引顾客。平时也会开展一些活动，比如打折促销，来吸引顾客购买。

问：是否有外送服务？有的话，顾客主要是到店购买还是直接外送到家？

（传统水果店）：没有外送服务；有外送服务，用的人不多，因为顾客大多都是老年人，不太使用外送服务，顾客还是觉得亲自挑选更安心。

（百果园）：有外送服务，都很多。有很大一部分人为了省时省力直接选择外送服务，这也体现了对我们水果品质的一种信任。

问：如果有水果不新鲜了，会如何处理？

（传统水果店）：一般稍微不新鲜的水果会放在门店的入口处促销贩卖，也会大声吆喝来吸引顾客，一般顾客看到促销的水果都会买一些，如果已经到了影响品质的地步，我们会直接丢掉。

（百果园）：一般水果不会留到第二天，毕竟卖不新鲜的水果是对顾客的不负责任，今天的水果没有卖完就会直接扔掉。

问：您认为自家的水果定价偏高还是偏低？

（传统水果店）：我们定价就是正常的价格，小本买卖。

（百果园）：我们定价就是市场价，我们企业其实是算平价的。

（二）对顾客访谈实录

我们对四位顾客进行了访谈，其中，传统水果店和以百果园为代表的连锁水果店的顾客各两位,不同年龄段的男性与女性各一位。我们听取了他们对于两种水果店的看法及评价,更深入了解了顾客在选择水果店时看重的因素。

问:您认为以百果园为代表的连锁水果店与传统水果店的差异在哪里?

(连锁水果店顾客,60岁女性):百果园店面的环境会更干净,水果更新鲜,种类也更丰富,虽然价格更贵一点,但是会有很多活动促销。比起传统水果店店员的瞎忽悠,百果园的店员会更诚实地介绍水果来满足顾客的口味。

(连锁水果店顾客,40岁男性):百果园的宣传力度很大,用户也很多,水果的包装很精美。但是价格太高,我个人觉得在水果方面花这么多钱没有必要。

(传统水果店顾客,70岁男性):没有听说过百果园,水果平时只会去家门口的水果店买,不会为了店铺的名气专门跑去店面,也用不来外送服务。我觉得水果的品质差别不大,不太讲究。

(传统水果店顾客,20岁女性):百果园进口水果更多,更新鲜,店面也更加干净整洁。价格确实是高了一点,但是毕竟是大品牌,有品牌效应。百果园在我心里就是"奢侈"的代名词,可惜我的经济实力不允许我常年光顾。

(三)访谈结果整理分析

根据以上信息我们了解到,消费者选择水果店时可能会考虑以下方面:

1. 活动宣传和购买方式

传统水果店和以百果园为代表的连锁水果店之间存在的主要差异是:传统水果店不会进行宣传,而是凭借老店的口碑和与邻里关系建立的信任维持客源,这也导致了它们的顾客大多以老年人为主;而以百果园为代表的连锁水果店会花更多心思在宣传上,并且举办很多丰富的促销活动来吸引顾客,使得客源大多以年轻人和中年人为主,同时还有多个渠道可以进行线上购买外送到家,如微信小程序、App、外送软件等。

同时,虽然传统水果店也会举办促销活动,但具有局限性,即使这一家有促销活动,也只能吸引附近的顾客,而不能吸引更多客源。而连锁水果店的会员制不仅可以允许顾客在任一连锁店面使用,且其宣传和促销是所有店面同步进行的,因此面对的客源更多。

2. 店面环境

据采访了解到,百果园在装修时就会考虑到店面的美观度,且百果园的店员告诉我们,在每天打烊后会再打扫一遍整个店面,保持店面的整洁,这一定程度上也会给顾客更好的观感,吸引到一定的顾客。

3. 个人追求

传统水果店会在适当的范围内最大化利用水果的价值,如对不新鲜的水果促销贩卖,而百果园则是把水果品质放在第一位,相对的,价格就会高一点。消费者在品质与价格的选择上,会根据自己的经济实力做出选择,同时也会根据自己的追求做出取舍。有些消费者相较于价格而言不太在意水果的品质,便不会专门去百果园买水果,而选择在家门口的水果店买水果。有些消费者纵然追求水果的品质,然而在百果园较高的定价面前,自己的经济实力不足以支撑自己购买。

同时,消费者选择时也会考虑水果的种类,比如是否有较多的进口水果,甚至会有消费者会专门为了某一水果而选择店面。

三、传统水果店和连锁水果店存在的问题及解决建议

(一)存在的问题及原因分析

1. 水果品质较差

对于传统水果店,经常出现水果不新鲜的问题。原因可能是在进货的过程中,为了节约成本没有选择可靠的货源,且一次性购进大量水果,导致水果的更新周期较慢;并且商家没有认真筛选水果,质量较差的水果也会摆上摊售卖,同时由于水果更新频率较低,有损坏和烂掉的水果也不及时拣出;而在贩卖过程中,有大量顾客在挑选水果时无意间对水果造成一定损伤。以上原因就会导致在贩水果的品质不新鲜,这也影响到了客流量。较少的客流量会导致水果销量变少,而商家会为了节约成本,最大限度地利用水果的剩余价值,不丢弃烂掉和损坏的水果,最终造成了恶性循环。

对于连锁水果店如百果园,它们的水果是由自己种植的,因此货源品质较为稳定。但从调查来看,也有顾客反映对百果园的水果质量不满意,这可能是由于自己种植水果,种植环境较为封闭,水果品种较为单一,难以在品质上有所突破。

2. 店面装修差

一般传统水果店都是开张较久的店铺,因此在开店当时还未考虑到店面装修的问题,营业年份较长也导致了店面有一定破损,而选择翻修的话则会影响营业时间,并且需要一定资金,导致收益减少。其次,传统水果店是个体营业,小本生意,没有足够的资金用来装修店面,以至店面装修稍显简陋;也有店主不看重店面装修,不认为装修店面会对客源造成影响。

而连锁水果店则更注重店面的装修,尽力打造宽敞明亮的环境,对于水果的摆放以及灯光的调控也会更加细致及有条理,从

而吸引更多顾客。

注重店面装修水准的顾客不在少数,若是在店面装修上有所欠缺,会损失一定量的客源,导致收益变少。大部分传统水果店都在装修方面有所不足,使路过的消费者受到店铺外貌的影响而不放心水果的品质,从而没有购买的欲望,甚至还会加深消费者对店家的不信任。

3. 宣传力度不大

传统水果店店家不做宣传,只靠老店的口碑和住在周围的老顾客稳定客源,缺乏新鲜客源,其原因是成本不足,没有多余资金做广告宣传,以及不懂得如何进行宣传;也有一部分原因在于作为一家个体经营的水果店,即使进行了宣传也不能够吸引到距离远的消费者。

然而,现在有许多消费者在意店铺的名声,会去网络评价高或者是宣传力度大的店家购买水果,若是仅凭老店的口碑而不做宣传,来往的消费者群体将极其有限,也很难吸引到新的消费者。这也是传统水果店主要的缺陷,不做宣传,导致客源难以保障,只靠邻居维持生意,这样终究无法把店铺做大做强,很有局限性。

4. 顾客对店家信任度不高

传统水果店店家在与顾客交流时不如实介绍水果,态度不够热情,怠慢消极,在贩卖水果过程中以次充好,缺斤少两。如此下来会失去顾客的信任,从而使固定顾客逐渐流失,人们对店铺的评价也会降低,影响了潜在的客源。若不加以改善,店铺无法长远发展。

5. 没有外卖服务

传统水果店可能认为增添外卖服务需要花费一定的费用,部分水果店不愿在这方面花成本,也有店家是因为不重视外卖服务带来的收益,认为只要依靠线下的交易即可。然而如今的青年人、中年人很依赖网络,大部分人会为了图方便而青睐有外卖服务的水果店。因此,没有配套的外卖服务的传统水果店会失去许多客源。

6. 价格偏高

连锁水果店店家在货源方面花费成本较高,例如自种水果需要一定人工和土地费用,以及进口部分国外的水果,所以售价也会被迫变高;以装修精美、服务态度好和宣传力度大为代价,附加成本(如水电费,租店面及店面装修的费用,人工费用等)高,为赚取这些差价而提高水果售价。

7. 店铺分布不够广

由调查结果看,顾客选择传统水果店的原因之一是家门口就有,购买较为方便,由于连锁店的分布不够广泛,会损失一定客源。而传统水果店在这一方面要优于连锁水果店。

(二) 解决建议

1. 解决资金短缺问题

连锁水果店的企业可以寻找投资方,合伙入股;或是寻找广告商进行加盟,从而增加资金。

传统水果店进货时可以从水果产地直购,减少中间商,降低进货成本;或是加盟外送平台增加收入来源;还可以增加除水果外的其他产品来售卖,如果干、牛奶等,满足部分顾客多种类购物的需求,以此增加收入来源。

2. 改进进货方式,寻找可靠货源

传统水果店可以减少一次性的进货量,少量多次,缩短更新周期,使水果在最新鲜的阶段售卖出去;或者寻找更加靠谱的进货途径,在进货成本上投入更多资金。

连锁水果店企业的水果种植研发团队与高校合作,产学研一体化,促进水果品种的多元和品质的提升,同时可以引进国外的水果品种。

3. 重视店面装修和广告宣传投入

传统水果店店家应提高对店面装修的重视程度,对店面进行适当的装修,使店面更加干净整洁,宽敞明亮,多注意细节,选择合适的灯光以及调整水果的摆放位置,更加有条理,这样才能够吸引更多客源。可以适当做一些广告增加宣传,吸引更多的顾客前来购买。

4. 改进服务态度,及时处理损坏水果

部分传统水果店应改变原有作风,诚信待客,分量充足不作假,服务时改变态度,热情待客,对水果的情况如实回答。为了防止水果损坏,将水果进行一些包装,尽量避免磕碰损伤。考虑到传统水果店资金问题,水果更新频率不必如连锁水果店一样一日一新,但发现水果不新鲜时应该及时丢弃,不累积不新鲜水果。同时可以增添试吃环节,优化顾客的购买体验。

5. 适度降低价格,在居民区附近增加店面

连锁水果店要合理设置水果售价,可以采取"薄利多销"的手段。店面可以更多分布在小区门口。

参考文献

[1] 刘钦:《新业态水果(连锁)店发展分析》,《河南农业》,2019 年第 24 期。

[2] 李慧:《百果园零售拉动型的水果产业化创新经营模式》,《黑龙江农业科学》,2018 年第 2 期。

[3] 林霞:《百果园水果连锁超市的经营状况及营销策略探讨》,《市场论坛》,2016 年第 4 期。

探究感想

　　在研究的过程中,我们对于水果店运作的方式有了更深的了解,并感受到制约水果买卖条件的多样性。在此,感谢在完成课题中给予了我们莫大帮助的席雅娟老师,以及接受采访的各个水果店店主及消费者。

课题组成员:上海市大同中学　　高二(3)班

　　　　　　　唐　曦　　陶可妍　　徐韵佳

指导老师:席雅娟

游客投喂行为的研究与对策

探究缘起

2005 年,汕头中山公园里的一只鸵鸟误食带包装的面包,卡住喉咙窒息死亡。2012 年,北京动物园里的国家一级保护动物金丝猴"泉泉"死亡,胃里全是游客投喂的各种面包、胡萝卜。2015 年,上海动物园 3 头鹿相继死去,体内发现了 3 团重达 6 千克的异物,塑料袋、毛巾和肠胃纠缠在一起。2020 年,因游客投喂造成被撑死的状况,西湖的鸳鸯数量较去年减少 76 只。2021 年 1 月 24 日,江西南昌一只骆驼被喂海苔,连带着干燥剂,呕吐不止。

从新闻中,我们可以发现游客投喂动物的行为对动物会造成一定的伤害,而我们也目睹很多投喂现象的发生,因此我们认为该课题的研究价值很高,它贴近我们的生活又易被我们所忽视,如果能解决游客不当投喂的问题,对动物保护将大有裨益。

一、游客投喂的现状

我们通过在线上发布问卷的方式,将与动物园游客乱投喂相关的问题分为 10 道题开展调查。本次参与对象包括不同年龄段的广大网友。我们并不对调查对象作出严格的规定,希望可以更加深入了解当前各动物园游客乱投喂的治理情况,听到广大网友的心声,同时得到客观有效的数据,发现问题,也有助于我们提出可靠的解决方案。

本次调查就动物园游客乱投喂的不同方面分别提出问题,以了解目前各动物园和政府解决游客乱投喂的措施和成效、游客对乱投喂的看法为主要目的。

通过对调查结果的分析，我们总结出了以下结论：

超半数受访者认为动物园游客乱投喂现象普遍，且57.53％的游客对乱投喂现象会有反感意识，说明大众对目前游客投喂现象的重视度还不高。同时，29.22％的受访者表示自己违规投喂过动物，原因大多为出于对动物的爱，少数是为了满足小朋友的愿望，担心动物吃不饱和单纯的好奇。而当他们知道动物园的饲料是合理的，并且有科学依据的，而自己投喂动物后可能会让动物患肠胃疾病甚至死亡，大多选择了不会再自行投喂。由此可总结出，动物园对这一方面的普及度不够。

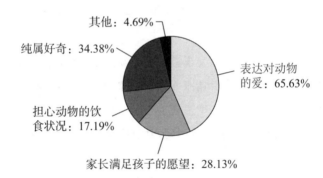

图1　动物园游客投喂动物原因

在此基础上我们进行了实地考察，发现上海各大动物园都受到游客投喂的影响。在动物园内天鹅湖的亲水台上，小天鹅、鹅和鸭子常常被游客们带着的饼干、面包和其他食物吸引；而在一些展区例如熊猫区、棕熊区、长颈鹿区，尽管动物园管理处张贴了"禁止喂食"的告示牌，仍有许多游客用食物投喂动物。由此可见，游客的自觉度不高。可参考成都动物园的做法，它曾斥资近

700万元为馆内的动物们专门设置防弹玻璃,借此来严防游客乱投喂行为。此外,大多数受访者认为加强科普教育、增设志愿者、增设巡逻人员可有效改善乱投喂现象。因此,动物园管理处可经过协商后,与城管执法部门开展针对游客乱投喂的执法,劝阻游客投喂馆内动物,若游客不遵守规章制度则强制没收食品。同时,每周末安排志愿者向游客解说投喂食物对动物的危害,协助园区管理,提高游客自觉意识。

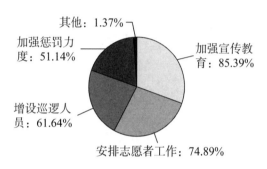

图2　有效改善投喂现象措施调查

二、投喂行为对动物的影响

上海和平公园曾有一个动物岛,动物岛上有两类区域,一是游客购买动物专用食物投喂,另一个就是观赏区域。我们看到这样的现象:在观赏区域到处挂有非常明显的标识,要求游客们不投喂动物。但是,醒目的标识并没有引起游客们的关注,或者说游客们根本熟视无睹,仍然带着各种食品来投喂动物,有些是从自己包里随意拿的,有些是从家里特意准备好带来的,食物品种繁多。从游客们投喂动物时那兴奋的表情和欢声笑语中可以知道,他们全然没有意识到,这些让他们快乐的行为不仅违反了公园的规章制度,更伤害了动物们的身体健康。有时临近中午,游客投喂的食物根本没有引起动物们的兴趣,但是这似乎并没有减少游客们投喂的热情,他们仍然执着地变着花样地往里扔,造成动物们生活的环境一片狼藉,夏天还引来各种蚊虫,观赏区域散发着难闻的气味。2020 年 12 月 30 日起,和平公园的这个承载了几代上海人记忆的"动物岛"不复存在。我们不禁联想,这其中是否也有游客们乱投喂现象的原因?

上海有不少环境宜人的高档小区,小区内绿树成荫、流水潺潺。有些物业公司会在河道里养殖进口的锦鲤鱼,供小区业主们散步时观赏。到了第二年,我们发现锦鲤鱼明显少了。是鱼儿们搬家了? 还是冬季太冷冻死了? 于是,我们带着疑问去物业了解其中的原因。物业人员无奈又感慨地告诉我们,小区居民们看到那么大的锦鲤,开心无比,无论男女老少,都会准备各种鱼食,造成了锦鲤鱼食用过多,活活给吃胀死了,由于进口品种的锦鲤鱼价格不菲,物业损失惨重的同时,小区居民们也再无锦鲤观赏了。

我们可以发现,这些乱投喂的行为给动物带来的危害主要有两方面:一是健康问题,易造成动物饮食上的营养失衡,导致其发育不良或损伤器官。二是安全问题,动物易误食像塑料袋等无法消化的物品,造成肠胃损伤而死亡;动物之间为获取食物而斗争,严重的会造成致命性伤害。

三、大众对游客投喂行为的看法和普遍认知

根据问卷调查,我们发现大部分人认为目前游客乱投喂现象较为严重,但仍有相当一部分人对此行为表示并不反感,认为这是出于一种对动物的爱或认为对动物的影响并不大。游客的乱投喂行为对动物园来说是个令人头疼的问题,从事饲养员工作长

达 13 年的杨先生表示，如果习惯了游客的投喂，有些动物可能会挑食、偏食，造成营养失衡。如果食用不当，还会造成糖尿病、肥胖病等慢性疾病，甚至引发"人畜共患病"。从这位饲养员的话语中我们可以感知大众对游客投喂行为的关注度、重视度并不高。乱投喂动物这种不文明的行为在当今仍需要通过科普教育、增设志愿者来加强宣传管理。同时，为了满足部分游客近距离接触动物、投喂抚摸的欲望，很多动物园会专门设置投喂区域，有时还会通过举办表演活动、科普小课堂等方式给游客普及投喂知识。其实，逛动物园不仅仅是一件游乐趣事，也应该是一次有意义的科普之旅。建立动物园的初衷是希望大众能够科学地认识野生动物、近距离接触大自然，但是，如果人们不能管理好自己的手脚，那么只会让动物与我们渐行渐远。

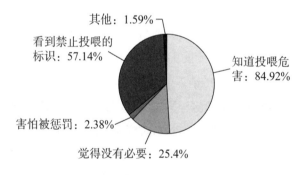

图 3　反感游客的投喂行为原因调查

　　从实地考察中，我们看到很多游客会有投喂动物的行为，特别是在客流量较多的时期。大多数游客是想用手中的食物吸引动物以亲近它们，获得更多乐趣，但有些游客在无意中不仅投喂了食物，还将包装袋一同投入笼中。

　　根据问卷调查来看，74.89％的人不知道投喂动物的危害，一些未成年人由于没有受到这一方面的系统教育,不知道不能乱投喂,或是看到有很多人投喂从而跟风,也没有父母和同行人的劝阻和教育,甚至是他们的鼓励导致了投喂行为。

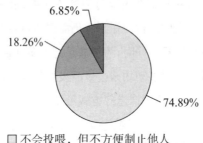

6.85%
18.26%
74.89%

■不会投喂,但不方便制止他人
■不会投喂并制止他人　■可能不会投喂

图 4　当游客知道动物园的饲料是合理的,而投喂后可能会让动物健康受到危害,是否仍会投喂

综合问卷调查与实地考察的结果,我们可以得出游客投喂现象已是十分严重,游客乱投乱喂现象的原因有以下几点:

1. 相关宣传教育的缺乏,尤其是学校教育未谈及这一方面。

2. 法律法规的不健全,执法的难度大。乱投乱喂在很多人看来是件小事,立法难度大,执行难度大,多以劝阻为主。

3. 动物园自身不够重视,管理意愿不强烈。动物园方面可能为了盈利而不阻止游客投喂,因为阻止游客投喂可能会影响动物园的口碑,进而客流量减小。

4. 游客对于投喂的危害性认识不多,对动物园的相关规定不了解。

我们认为,对游客投喂行为的解决措施可以从动物园、政府、游客三方面来进行:

动物园方面的措施:设立投喂物品自弃箱;在人流量大的地

方设立禁止投喂标识;设立"不文明行为曝光台"、实例科普牌示;搭建全园智慧监控系统,在出入口进行人脸识别与记录,并设立警戒线,一旦警戒线感应到有食物被扔出,监控会锁定食物来源方向并记录该投喂人的脸,同时传送到出口的识别系统,当该游客出园时,会被系统识别,从而便于工作人员进一步调查与罚款;加强巡视和增加引导员;可以设置专门的投喂区,允许游客购买动物园准备好的饲料,在工作人员的指导和监督下按时定量投喂。

政府方面,可以设立相关的条例和法规禁止游客乱投喂动物;做好宣传工作,如多报道一些关于动物因乱投乱喂而受伤甚至死亡的新闻,引起群众的注意和重视;加强学校对于不能乱投乱喂动物园动物的素质教育,如在春秋游时对学生进行这方面的教育。

游客方面,要遵守动物园方面的规定;为自己的孩子做出榜样,或者是劝说孩子不要投喂并告诉他们原因;尽量不带零食进入园区。

参考文献

[1] 舒志钢主编:《21世纪初中国生态年鉴——〈绿色中国〉》,北京:中国社会出版社,2004年。

[2] 何娟:《动物园里,切勿有爱乱投喂》,《人民周刊》,2020年第18期。

探究感想

经过一系列的研究之后,我们认为要杜绝游客乱投喂的行为,仍需多方面的支持,比如大众意识和素质的提高,动物园的严加管理等。而作为学生的我们,也可以起到宣传作用,设计保护动物的 logo 徽章向社会推行推广,也可以报名参加志愿服务,为社会献出自己的一份力量。

　　本研究论文是在蒋归鸣老师的悉心指导下完成的。在研究过程中,蒋老师从选题指导、论文框架到细节修改,都给予我们细致的指导,提出了很多宝贵的建议,在此感谢蒋老师的付出。课题组在资料查找、前期调研、问卷调查方面,不怕繁琐劳累,共同完成了此课题研究,收获颇丰。

　　课题组成员:上海市南洋中学　高二(6)班

　　　　　　周　滢　戚美茵　陆　悦　叶心怡　陈旭滢

　　指导老师:蒋归鸣

"疯狂"的路口

——老闵行地区非机动车辆路口左转现状和思考

探究缘起

我经常听到司机抱怨:老闵行地区很多非机动车在路口直接斜穿马路,过路口必须高度警惕,随时踩刹车避让。听多了,我就感到好奇:绿灯时不可以这样斜穿马路吗? 那应该怎么过马路呢? 为什么那么多司机抱怨在老闵行地区开车不安全呢? 由此,我在心里埋下了一颗想深入研究、搞清真相的种子。

趁着暑假,我参观了上海市公安博物馆。在精彩纷呈的 11 个分馆中,我对"交通馆"进行了仔细观摩,从解放初的交通信号灯、岗亭、交警执行任务时的自行车,到现代的摩托警车、先进个人风采及一些交通事故数据分析……印象颇为深刻。我又查阅了一些相关资料,了解了交通法规知识,并实地考察道路路口的现状,进行系统、客观的分析,并提出一些解决问题的方案。

事故隐患是指作业场所、设备及设施的不安全状态。人的不安全行为和管理上的缺陷,是引发安全事故的直接原因,非机动车交通事故是一种非常严重的安全隐患,它占事故发生率的 80% 左右。机动车和非机动车的道路交通违法是导致道路交通事故的重要原因,交通违法与交通事故"密不可分"。据上海市公安交警部门统计,2017 年初至当年 11 月,上海市适用一般程序处理的交通事故中,涉及非机动车交通事故起数占交通事故总数的 60%。

城市道路上发生的交通事故中,交叉口事故占很大比例,联邦德国城市的交通事故 60％～80％发生在平交路口；日本占 33.3％；我国对国内城市的交通事故抽样统计表明,发生在交叉口的交通事故数约为 30％。由此可见,交叉口对整个区域的交通安全水平有着十分重要的影响。

因此,统计和分析当前道路交叉口的非机动车违法行为(特别是非机动车驾驶员,当绿灯亮起时抢在直行机动车之前直接左转弯,同时非机动车驾驶人员对如何在道路路口进行左转存在认知不清的情况),为妥善解决存在的问题和减少非机动违法行为、降低非机动车的交通事故的发生概率具有重要的社会意义。

通过学习和查阅《中华人民共和国道路交通安全法实施条例》,我们可以分几种情形来讨论在道路交叉口非机动车如何安全合法地进行左转通行。

1. 直行绿灯亮起(不论有无左转指示灯)时,非机动车都应分两步:先下车向前推行过路口,等待左侧绿灯亮起,再向左侧推行过马路(如图 1 所示)。

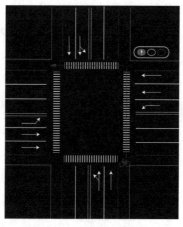

图 1

2. 直行红灯亮,在左侧的信号灯是绿灯情况下,可先下车,在人行横道上向左推行过路口,等前方绿灯亮起后,再次沿着人行横道推行向前第二次过路口(如图2所示)。

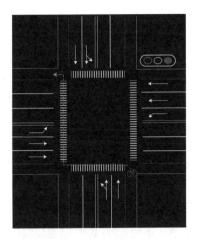

图 2

3. 路口有左转向灯,左转绿灯且直行亮起红灯时,靠路口中心点的右侧直接左转弯过路口(如图3所示)。

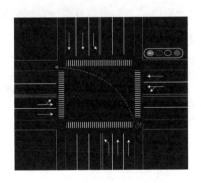

图 3

4. 没有左转信号灯路口,非机动车必须像行人一样等直行绿灯,先直行到对面,再等另一方向的直行绿灯,走的是人行横道。

5. 有非机动车信号灯的路口,按照信号灯指示过路口。

参观完上海公安博物馆,了解了相关的交通法律法规后,我迫切地想实地了解老闵行地区非机动车过马路,特别是左转通过路口的真实情况是怎么样的。为什么把焦点集中在左转过路口?是因为左转过路口,非机动车运行轨迹会和直行机动车运行轨迹在道路中央有交汇,且路口路况复杂,容易产生交通事故。

一、数据采集与统计分析

首先,我制作了一张"路口现场数据收集表"来记录路口的交通信息。记录表中设置了不同人群:老年人(退休或年龄明显大的)、上班族和青少年人群,不同行驶轨迹,不同非机动车种类等信息。

我分次对老闵行部分路口(见图 4)进行实地观察并统计、分类和归纳。不同的时间段在同一路口观察 2 次或 2 次以上。通过拍摄路口视频→非机动车辆筛选分类→登记汇编→数据分析,我共对老闵行地区 13 个道路路口进行了 31 次实地观察,用时391 分钟,观察到 2619 人次的非机动车路口行为。

图 4　老闵行地区实地观察的路口分布图

采集的数据中,左转总车次数为 662 次,其中左转违法行为有 394 例,占左转车次数的比例为 59.5%;占非机动车在路口行为(2619 人次)的比例为 15%。

(一)有无左转向灯的对比

表 1　有无左转向灯(非机动车信号灯)的对比

	有左转信号灯	无左转信号灯
左转违法人数	11	383
左转总人数	199	463
违法率	5.53%	82.72%

在有机动车左转信号灯(含非机动车左转信号灯)与无机动车左转信号灯(含非机动车左转信号灯)时情况有明显的区别,有左转信号灯时,违法左转占所有违法左转的比例为 2.79%,要明显小于没有左转信号灯的路口违法左转的比例 97.21%。

可能的原因分析:

有左转信号灯时,大家都有意愿去遵守;

有左转信号灯的路口相对车道较多,路口较大,非机动车驾驶员不愿冒险过路口;

没有左转信号灯的路口相对较小,机动车也较少,非机动车驾驶员认为很容易通过,希望节约时间省事地通过路口。

(二)非机动车在通过不同车道数的路口违法左转的情况

表 2　双向不同车道数违法左转的比例

	双向 2 车道	双向 3 车道	双向 4 车道	双向 5 车道	双向 6 车道	双向 7 车道
左转违法人数	136	175	1	76	6	0
左转总人数	159	217	38	163	36	49
违法率	85.53%	80.65%	2.63%	46.63%	16.67%	0.00%

通过表格,可以清楚观察到,随着车道数量的增加,违法左转的车次数量逐级降低。其中双向 4 车道的路口违法左转的车次极少,原因是这个路口东川路西向安宁路左转设置了左转向灯;在有 5 车道的路口,将近一半违法是因为路口没有设置左转向信号灯;而有 6 和 7 个车道的路口均设置有左转向信号灯。这也表明设置有左转向信号灯的路口左转违法现象较少。

针对为何不是所有路口全部设置"非机动车左转信号灯",我进行了调查研究和分析,发现增设"非机动车左转信号灯"有以下利弊。

优势:可降低非机动车路口违法机率,减少事故发生率;可增强非机动车过路口的安全性。

劣势:机动车通过率降低(例如:双向双车道路口增设"非机动车左转信号灯",红绿灯交替周期时间增加,会降低机动车的路口通过率约 15%～18%),容易造成堵车;设备成本增加;电费成本增加(一个路口一年需增加 2000～3000 元电费);信号灯安装及维护等人工成本增加。

由此可见,为何只在部分道路路口设置了"非机动车左转信号灯"而非所有路口,交通管理部门在设置信号灯时考虑了综合因素。

(三) 非机动车驾驶员通过路口违法左转的性别对比

表 3　违法左转驾驶员性别对比

	男性	女性
左转违法人数	283	111
左转总人数	470	192
违法率	60.21%	57.81%

道路路口违法左转统计观察,在违法左转上两性没有明显的差异。

(四)非机动车驾驶员通过路口违法左转的不同年龄段对比

表4 违法左转驾驶员不同年龄段对比

	上班族	老年人
左转违法人数	364	30
左转总人数	610	52
违法率	59.67%	57.69%

在不同年龄段分类中未包含青少年组,实际观察中观测到极少数青少年出行,在这些少数青少年中骑行的更少,因此本次观测未发现有骑行青少年左转的。

统计数据表明,非机动车骑行以上班族为主,快递和外卖工作人员更是上班族中的主要群体。从数据观察来看,上班族和老年组人群通过路口违法左转比例相差不明显。

进一步分析违法左转驾驶员不同年龄段与性别对比(见表5)。

表5 违法左转驾驶员不同年龄段与性别对比

	上班族男性	上班族女性	老年人男性	老年人女性
左转违法人数	259	105	24	6
左转总人数	426	184	44	8
违法率	60.80%	57.07%	54.55%	75.00%

综合上述数据表明违法左转不同年龄段与性别没有差异,可以说违法左转不分年龄和性别。

(五)不同种类非机动车通过路口违法左转的情况

表6 不同种类非机动车违法左转对比

	电动车	自行车
左转违法人数	299	95

（续表）

	电动车	自行车
左转总人数	485	177
违法率	61.65％	53.67％

观察道路上行驶的非机动车中，电动车占73.26％，自行车占26.74％。两者违法左转的比例电动车61.65％，略高于自行车53.67％，但差距不大。

（六）不同时间段非机动车辆通过路口违法左转的情况

表7　不同时间段违法左转对比

	上下班高峰	非上下班高峰
左转违法人数	123	271
左转总人数	277	385
违法率	44.40％	70.39％

观察数据显示，上下班时间段违法左转率为44.40％，非上下班时段违法左转率为70.39％。

可能的原因分析：上下班时间段，路口有交警或辅警值守；上下班时间段机动车辆较多，车辆之间的通行间隙相对小，意识到违法通过路口风险更大，不轻易冒险通过。

（七）不同道路路口违法左转的情况

表8　不同道路路口违法左转对比

	沧源路德宏路	东川安宁路	东川路沧源路	东川路沪闵路	鹤庆路兰坪路	鹤庆路瑞丽路	沪闵路江川东路	沪闵路新闵路	兰坪路华坪路	兰坪路江川路	瑞丽路江川路	瑞丽路宾川路	瑞丽路东川路
左转违法人数	27	1	0	0	145	77	6	27	22	3	31	55	0

（续表）

	沧源路德宏路	东川安宁路	东川路沧源路	东川路沪闵路	鹤庆路兰坪路	鹤庆路瑞丽路	沪闵路江川东路	沪闵路新闵路	兰坪路华坪路	兰坪路江川路	瑞丽路江川路	瑞丽路宾川路	瑞丽路东川路
左转总人数	28	38	15	49	169	114	36	28	23	20	34	68	40
违法率	96.4%	2.6%			85.8%	67.5%	16.7%	96.4%	95.7%	15.0%	91.2%	80.9%	

具体分析路口违法集中的几个道路路口的特点和周围的环境：

（1）沧源路德宏路、鹤庆路兰坪路、沪闵路新闵路和瑞丽路江川路的道路路口均呈现丁字路口（或对面为小马路，很少人通行）。在丁字路口，人们普遍认为较安全，不愿意按照红绿灯指示通行。

（2）鹤庆路兰坪路、沪闵路新闵路、兰坪路华坪路和瑞丽路宾川路道路路口附近有菜市场和购物商场，鹤庆路瑞丽路路口附近为第五人民医院，人员来往密集区域，加之有些道路宽，有些为丁字路口，同时没有左转向信号灯，因而造成违法左转和其他违法行为非常普遍。

（3）人员较为密集区域，当第一个人出现违法行为后，很快出现第二位、第三位，形成"破窗效应"和从众心理。

道路上有一个特殊的群体，他们以道路为上班场所，不停地穿梭在城市的各条交通路线上，他们就是快递和外卖小哥们。我在实地观察中，共检测到 190 位快递和外卖小哥，其中有 40 位存在不同的道路违法行为，这 40 位小哥中有 30 位是违法左转。快递和外卖小哥违反道路交通法比率偏高,虽然他们工作辛苦,但也应该遵守法律法规安全通行。

二、解决方案与建议

对老闵行地区道路路口左转违法的统计,可以表明交通违法现象比较严重。为了路口不再"疯狂",结合上述数据和图表观察到的变化和差异,我提出一些减少路口左转和其他违法现象的方案和建议。

1. 在违法集中的路口可考虑增设左转信号灯或考虑增设非机动车信号灯,主要是菜场、医院、学校和消费集中的场所附近的道路路口。

2. 在非机动车车道旁、路面增设警示牌、色标灯、栏杆等。

3. 增强相关的道路安全教育,特别明确非机动车如何正确左转,消除行人认知误区。安全教育开展要有针对性,建议可以实施的措施有:

(1) 社区街道集中向老年人开展出行安全教育;以家庭为单位发放安全出行的宣传资料,普及道路路口安全通行的知识。

(2) 社保单位可落实外来人员暂住证的同时开展道路安全教育,普及道路安全相关知识。是否参与学习作为开具上海外来人员暂住证的条件之一。

(3) 鼓励企业、事业单位开展道路安全教育,特别是快递和外卖的相关单位和个人。

(4) 各类各级学校在开学初上一堂道路安全教育课,规范青少年交通安全行为。

4. 提高道路安全的监管,增加监控设备来甄别道路违法行为。加强违法处罚力度,加大对习惯性、经常性的违法行为人的处罚,开展特定道路安全教育和道路义工服务。

这次调查和研究老闵行地区道路路口左转违法的现状,仍存在不足和缺陷,我今后将在以下几点加以完善:(1)观察点、观察时间和观察对象数量不足,造成偏差;(2)缺少对违法行为人的深入心理调查和研究;(3)只统计了违法左转和直行闯红灯,其他违法行为没有考虑,包括未在停车线外停车,未佩戴安全帽,逆向行驶等。

参考文献

[1] 王锋:《非机动车交叉路口左转分析》,《科技信息》,2009 年第 29 期。

[2] 黄亮:《交通事故隐患点的鉴别方法》,大连交通大学硕士学位论文,2009 年。

[3] 裴玉龙、马艳丽:《寒冷地区城市道路交叉口条件与交通事故关系》,《哈尔滨工业大学学报》,2005 年第 1 期。

[4] 刘轼介:《非机动车安全左转的交叉口条件研究》,《黑龙江交通科技》,2015 年第 4 期。

[5] 潘晓东、马小翔、赵晓翠:《信号交叉口非机动车骑行特性及安全性实验研究》,《交通科学与工程》,2010 年第 4 期。

[6] 王京元:《信号交叉口时空资源综合优化实用方法研究》,东南大学博士学位论文,2005 年。

[7] 冯引军:《公众道路交通安全教育问题研究》,山西财经大学,2014 年硕士学位论文。

[8] 杨慧芳:《中小学生交通安全意识的培养试探》,湖南大学硕士学位论文,2018 年。

探究感想

　　这次社会实践活动给了我实地考察、查阅资料、运用相关知识解答心中困惑的机会。我将利用自己所学到的知识,从自己做起,从身边做起,积极参与交通安全宣传,倡导大家自觉遵守交通法律法规,提高文明交通意识,将生命安全放首位。

　　在实践中,我得到了锻炼和成长,同时也发现了自己的不足之处——没有足够的专业知识支撑。这也激励我今后要努力学习,积累知识,提升综合素养,能更深更广地进行课题研究。

　　在此,由衷地感谢博雅网"文化根·民族魂·中国梦"——"进馆有益"活动,感谢上海公安博物馆工作人员、学校老师、专家组老师及出版社老师的大力支持和悉心指导。

课题作者:闵行中学
　　　　　顾若娴

关于当代高中生
零钱理财现状分析及引导对策

探究缘起

21世纪是"生产与消费"的时代,随着人们物质与精神文化需求的日益增长,人们的理财以及消费观念也在不断更新。我通过实际的调查分析发现,当前高中生的消费欲望十分强烈,但由于缺乏正确的指导,极易出现盲目消费的现象。

我在探访钱学森博物馆时,了解到运筹法可以和社会科学一起作为解决国民经济规划问题的基础,能帮助学生进行理财规划。为此,本研究希望了解当前高中生消费行为习惯和特点,并结合钱学森提出的运筹法,提出有助于高中生养成良好理财和消费观念的建议。

理财是一个人对自身所持有的资产进行合理规划和有效使用的表现方式。掌握有效的理财技巧,可以帮助高中生形成良好的理财观念,科学合理地规划所拥有的资金。

目前,高中生存在的理财观念有:"便宜就是节约""炒股、买基金才是理财"等。高中生中出现了令人担忧的盲目高消费情况:积攒下原本吃饭的钱去购买一些华而不实的商品。吃喝消费向广告看齐、用品消费向名牌看齐等不良的社会风气不断地诱导着高中生。

分析我国高中生理财情况,可以将其归纳为以下三点:高中生对理财没有足够的重视、理财能力差,高中生往往凭一时的感觉消费;高中生没有做好理财规划。

基于以上研究背景,我提出以下问题:

1. 高中生使用零钱的情况如何?

2. 高中生对理财的认识是怎样的?

3. 高中生对如何培养自身理财能力的认识是怎样的?

我在钱学森图书馆了解到钱学森提出的运筹法,它可以和社会科学一起作为解决国民经济规划问题的基础。所谓国民经济规划问题,有三个方面:第一,抽样调查的问题,调查了解国民经济的问题;第二,根据国民经济现况预测将来发展的需要;第三,根据需要作出建设的规划。

一、调查问卷及分析

问卷采用随机抽样调查的方式,调查了上海静安区中等学校在读高中生,发放在线问卷 97 份,回收有效问卷 97 份。其中,受访者以高一高二学生为主,平均年龄 17 岁;男生占 28.87%,女生占 71.13%。

调查问卷包含三部分内容:高中生群体的理财能力、理财偏好及主观评价。第 1 至 4 题是基本信息的收集,第 5 至 7 题是高中生使用零钱的情况,第 8 至 12 题是调查高中生对理财的认识是怎样的,第 13 至 16 题是调查高中生对如何培养自身理财能力的认识。

(一) 高中生零钱来源情况

关于高中生"主要的零钱来源"和"平均每月零钱费用"的调查结果如图 1、图 2 所示,可见高中生主要的零钱来源是父母和长辈给的钱,平均每月零钱数额不多。

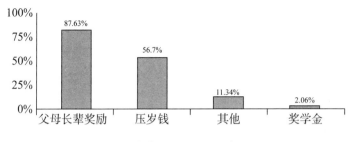

图 1　高中生主要的零钱来源

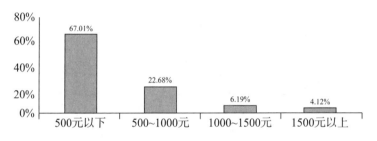

图 2　平均每月零钱数额

(二) 高中生使用零钱的情况

"零钱开销支出的原因"的调查结果如图 3 所示。由此可见高中生的饮食消费占据了零钱的很大比例,娱乐和学习消费相对较少,穿搭和其他类消费最少。

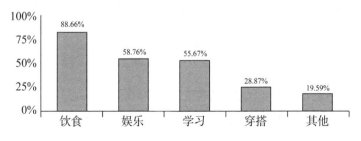

图 3　零钱开销支出的原因

"除去各项支出,每个月零钱剩余"的调查结果如图4所示。在"每月剩余零钱如何支配"的问题中,八成的人选择存到下个月零钱中,结果如图5所示。高中生每月剩余的零钱数量不多,但是绝大多数选择存到下个月零钱中继续使用,少数会存入余额宝、银行等进行理财。

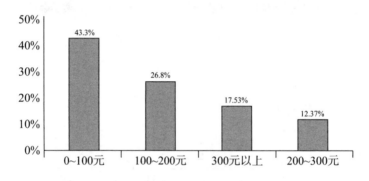

图4　除去各项支出,每个月零钱剩余

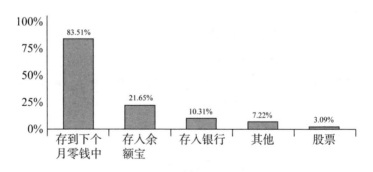

图5　每月剩余零钱如何支配

(三) 高中生对理财的认识

"对各种理财产品的了解有多少"的调查结果如图6所示。"对自己是否有明确的理财计划"的调查结果如图7所示。由此可见,高中生对理财的认识十分模糊,不太了解。

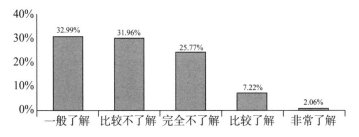

图 6 对各种理财产品的了解

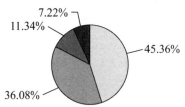

图 7 是否有明确的理财计划

"会选择怎么样的理财产品"的调查结果如图 8 所示。大多数高中生选择"稳健的投资收益",少部分选择"高风险高收益"。可见,大多数高中生偏好的是一种满足自我需求的前提下的稳健型理财。

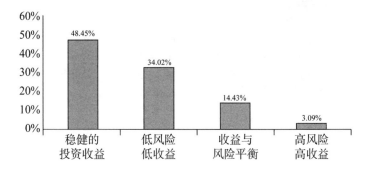

图 8 会选择怎么样的理财产品

"如何看待高中生金融投资的风险"的调查结果如图9所示。高中生看待投资风险呈两极分化,有的激进、有的保守,小部分维持中立。

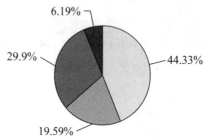

图9　如何看待高中生金融投资的风险

"掌握理财知识的途径"的调查结果如图10所示。总的来说,大多数高中生都有途径掌握理财知识,一小部分高中生对理财知识并不感兴趣。

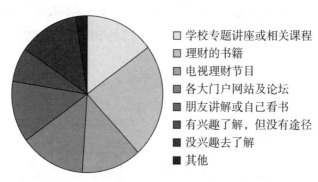

图10　掌握理财知识的途径

（四）高中生如何培养自身的理财能力

"投资知识掌握情况"的调查如图 11 所示。这个结果和上面"掌握理财知识的途径"的调查结果基本吻合，完全不了解理财知识的人占了三分之一，和他们没有获取理财知识的途径或者对理财没有兴趣有关。

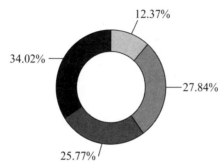

■ 学习过相关课程，并且自学补充理财知识
■ 学习过基础知识，但仅限于课本
■ 学习过一些，但是以应试为目的，不太了解
■ 完全不了解

图 11　自己对投资知识的掌握情况

"为高中生提供一些与零钱理财相关的讲座、培训等的必要性"的调查结果如图 12 显示，大多数高中生表示认可。这一点可以给学校提供参考，开设相关的讲座或者培训。

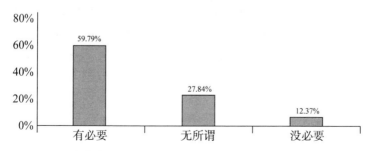

图 12　为高中生提供一些与零钱理财相关的讲座、培训等的必要性

在"如果学校举办相关的活动,你希望了解哪些方面的知识"的问题上,结果如图 13 所示。这个结果符合常理,高中生仍然比较倾向于实务技能和知识,有趣的财富故事也能吸人眼球。

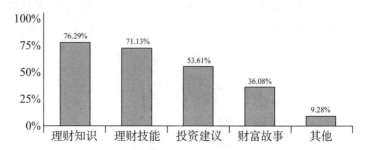

图 13　如果学校举办相关的活动,你希望了解哪些方面的知识

二、对四位学生的访谈

(一) 谈访记录

我还进行了学生访谈,共设计了 3 道题目,内容如下:

1. 请您谈谈自身对零钱理财的认识。

2. 您觉得有必要培养高中生的零钱理财能力吗？为何？

3. 您有过理财经历吗？请举例说明。

学生一:

1. 我认为零钱理财是指将零钱存入银行,根据不同的理财情况(不同的利率、不同的期限),到期收获相应利息,其间钱财不能取出。

2. 有必要,即使自己现在不会去买理财产品,但可以防止以后受骗。

3. 没有。

学生二:

1. 合理规划零花钱,能让我们的零花钱用在应该用的地方,而不是胡乱消费。

2. 有必要,让我们懂得如何更合理地规划零花钱,使我们了解什么钱该花,什么钱是可以节省下来的,避免冲动消费、过度消费。从小培养理财观念也会使我们在以后的生活中懂得如何花钱存钱。

3. 无。

学生三:

1. 我认为零钱理财是指对小规模的零钱进行管理,并获得一定的利息,能够有效地增加个人的财富。

2. 我认为是有必要的。因为理财是我们生活中必须要掌握的技能,很多事情的抉择也可以从理财的角度上做一定的参考。高中生零花钱可能并不多,但也可以通过零钱理财为自己积累财富。

3. 有过理财经历。比如过年时会收到来自长辈的压岁钱,年后会让父母存入银行或者是合理购买一些理财产品。

学生四:

1. 我认为零钱理财对于学生来说,即是将个人收入及支出以简洁明了的方式记下来,明确自己的钱财流向,这是最基本的。然后才是在此基础上使自己的钱财增值,如购买市面上比较靠谱的理财产品。

2. 我觉得是有必要的。高中生已经拥有较高的认知能力,零钱理财可以增强学生的消费自律性,可以有效避免钱财的浪费以及挥霍无度,还可以使我们意识到金钱的来之不易并好好珍惜。

3. 我经常在微信中查看零钱的使用记录,我认为这也是一种理财。如果某一周使用的钱超过了自己心中的标准线,我在下一周就会有意识地减少支出。

(二) 基于问卷和访谈的分析

对于"高中生使用零钱的情况如何"的问题,基于问卷数据分析和访谈结果不难发现,大多数高中生每个月会有一定数额的零钱并有结余,有良好的节约意识,但没有足够的理财意识,这可能是高中生娱乐休闲时间少,花费零钱机会少的缘故。家长大都认为,理财方面,可以等高中生步入社会、有稳定收入后再培养。在这种教育理念的灌输下,大部分高中生认为理财是家长的事,自己只需要努力学习即可,所以现实中许多高中生不善于规划自己的支出。

对于"高中生对理财的认识是怎样的"的问题,基于问卷数据分析和访谈结果可知,高中生对于理财的认知比较模糊,没有明确的概念。高中生将理财局限于控制消费,记录支出。

对于"高中生对培养自身理财能力的认识是怎样的"的问题,基于问卷研究数据分析和访谈结果,高中生觉得有必要培养自身理财能力,这样可以更合理地规划零花钱。高中生比较倾向于理财的实务技能和知识,并且比较青睐线上学习。但由于缺少良好的理财指导,大多数高中生认为自身对投资知识的掌握并不理想,所以学习理财知识,开设理财课程及讲座是很有必要的。

三、相关建议

结合对静安区一些高中生储蓄、理财和消费方面的特点分析,我对改进高中生理财现状提出以下建议:

一是高中生要调整零钱消费比例,减少娱乐、购买垃圾食品等不必要的消费,如每周少喝两次奶茶可以多存 30 元。二是当高中生手上有一点余款的时候,不需要购买有风险的理财产品,可以通过支付宝存入余额宝、微信存入零钱通、办张储蓄卡活期存款的方式理财。三是高中生应该适当转换理财观念,不是将花剩下来的钱存起来,而是先存一部分钱,再将剩下的钱作为自己的花销。四是养成及时记录自身财务情况的习惯,记录一段时间内自己的购物清单、消费记录等,划定标准线控制每周消费额度,明确自己的金钱消费在了哪里,并分析其中哪些是盲目消费行为,避免以后出现此类现象。五是现在理财离学生生活其实很近,父母有必要简单地教授高中生一些理财技巧。作为教育主体的学校也有必要开设一些理财的拓展课,让学生了解最基本的经济知识,有助于提高高中生对理财的认知水平。

当然,本研究只对上海静安区中等学校 97 位高中生进行了问卷调查,并随机抽取上海静安的 4 位高中生进行访谈得出结论与建议,研究的样本不大,代表性存在局限。

参考文献

[1] 向劲熹:《论高中生理财现状与改善策略》,《现代经济信息》,2017 年第 28 期。

[2] 李静阳:《高中生理财和消费观念存在的问题及建议》,《全国流通经济》,2018 年。

[3] 李婉晴:《高中生投资理财现状调查与研究——以天津市高中生 415 份调查问卷为例》,《时代金融》,2015 年第 5 期。

[4] 王梓屹:《高中生理财观念调查研究》,《经贸实践》,2016 年第 19 期。

[5] 赵轩:《如何培养高中生的理财头脑》,《经贸实践》,2017 年第 12 期。

[6] 吴建明:《学生的理财教育与消费引导》,《广西青年干部学院学报》,2001 年第 3 期。

[7] 罗荣桂、原海英:《运筹学教学改革与探索》,《理工高教研究》,2005 年第 3 期。

探究感想

在报名"进馆有益"活动后,我在较短的时间内把选题的方向确定了下来,探究高中生零钱理财的问题。我通过参观钱学森图书馆,开展前期的问卷调查,准备文献综述,实施访谈调查,然后进行数据分析并提出建议,环环相扣,一步一步实施完成。在写论文的过程中,我也获益匪浅,学会将获取的材料进行分类、排列、组合,在深思熟虑中萌生自己的想法,了解了更多金融理财的知识。这些都使我开阔了视野,为自己日常的零钱理财提供了参考。第一次面对正式的课题答辩,我在 PPT 制作过程中又进一步梳理了研究框架,完善零钱理财的建议,对论文进行了进一步的补充。我在探究活动过程中体验到了人文学科的逻辑性和趣味性,运筹学所提到的国民经济规划问题也能与高中生零钱理财相联系。

课题作者:上海市风华中学　高二年级
　　　　　　　王嘉妮
指导老师:孙英博

高中生课堂知识
与博物馆志愿者服务相结合的方案研究
——以上海自然博物馆新馆为例

探究缘起

我们偶然发现了"美国之声"这档广播节目上的一篇文章,叫《在大学取得成功——助人自助》。文中指出,"有些(志愿者服务)机会可以促使学生把课堂上学过的知识应用到现实世界中"。从这篇文章中,我们知道美国的一些大学已经将志愿者服务纳入教学体系,这给了我们启发:中国的高中是不是也能够开设专门的活动让高中生学以致用呢?之后我们就想到了和学校具有类似教育性质的博物馆可能是一个好场所。经过和指导老师的讨论,我们选择了上海自然博物馆新馆作为研究的场馆,主要基于以下考虑:(1)初步上网查找资料后发现,其内容与高中生课堂知识的契合度比较高,符合高中生的认知水平;(2)位于市中心,人流量大(讲解的受众面广)、交通方便;(3)场馆目前的志愿者服务形式中并无讲解活动。此外,我们也希望从研究此场馆中找到普适性方法,使得方案的思路能运用于其他博物馆开展类似的活动。

一、上海自然博物馆新馆介绍

1956年,在震旦博物院和上海博物院的基础上,上海自然博物馆正式成立。而上海自然博物馆新馆于2015年对外开放。新馆是一所包括古生物学、植物学、动物学、人类学、地质学、天文学等多种自然科学的综合性博物馆,主要任务是在收集自然标本及图书资料的基础上,开展科学研究和社会教育。新馆以"自然·人·和谐"为主题,通过"演化的乐章""生命的画卷""文明的史诗"三大主线,呈现了起源之谜、生命长河、演化之道、大地探珍、缤纷生命、生态万象、生存智慧、人地之缘、上海故事、未来之路这10个常设展区及临展厅、4D影院、探索中心等配套功能区域。本课题的研究主要关注上述10个常设展区和探索中心(即实验室)的社会教育功能。

根据场馆自身的定位,前来参观的大部分都是14岁以下的青少年。而场馆中超过一半的科普知识是和我们高中阶段所学内容相关的,而14岁以下儿童想要真正理解这部分知识是很困难的,因为博物馆中的文字介绍部分涉及许多专业术语,以他们目前的知识储备并不能很好地理解。因此,高中生到博物馆讲解,既能解决少年儿童面临的参观后一知半解的问题,又能帮助高中生更好地掌握已学知识,可谓是一举两得。

二、新馆常设展区内容与高中学科知识
(地理、生物、历史)的相关度分析

经过两次实地考察,我们发现10个常设展区中,起源之谜、演化之道、大地探珍、生态万象、生存智慧、人地之缘、未来之路这7个展区中有部分内容和高中科学课课本知识的相关度比较高,符合高中生的认知水平,高中生可以运用课堂知识来进行讲解。而且,展区的文字说明内容更加详细地解释了课内的知识,对高中生进一步理解课内知识的帮助很大。同时,高中生的讲解能够将课本和场馆文字介绍两者相结合,丰富科学教育的内容。

（一）新馆 10 个常设展区内容概要以及与课本相关的知识点

1. 起源之谜

展区内容概要：历史上科学家对于宇宙起源提出的学说与假说，观测宇宙的天文仪器，宇宙中的基本天体，与地球密切相关的一些天体。展品主要有天文仪器、陨石、宇宙中基本天体的图片。

课本中与展区相同的知识点（沪教版高级中学课本《地理》第一册，2007 年 8 月第 4 版）：(1)月球同步自转；(2)地球为什么适合生存；(3)陨石的形成；(4)天体系统、基本的一些天体。

2. 演化之道

展区内容概要：文字介绍物种的演化过程，即生物进化论。展品有各个演化时期的动物标本、模型。

课本中与展区相同的知识点（沪教版高级中学课本《生物》第三册，2007 年 8 月第 1 版）：生物的进化过程以及生物进化史，涉及课本中"适应辐射""种内竞争""地理隔离""生殖隔离"等内容。

3. 未来之路

展区内容概要：文字介绍人口和一些人类活动给生态环境带来的影响，可持续发展的意义。展品为有关各种人类活动的照片，以及人类活动对环境影响的量化图表。

课本中与展区相同的知识点：(1)退耕还林还草（沪教版高级中学课本《地理》第一册，2007 年 8 月第 4 版）。(2)人口：人口过多的不利，以及我国目前的人口国情（沪教版高级中学课本《地理》第二册，2008 年 1 月第 2 版）。(3)生物多样性保护方法（沪教版高级中学课本《生物》第三册，2007 年 8 月第 1 版）。

4. 大地探珍

展区内容概要：文字说明内容介绍了岩石、土壤、矿产、地貌的物质构造和性质。展品有各种岩石、矿物、地貌示意图。

课本中与展区相同的知识点(沪教版高级中学课本《地理》第一册,2007年8月第4版):

(1)化学物质、矿物、矿产、岩石和岩石圈的关系。(2)侵蚀作用。(3)三大岩类的转化,三大岩类的代表岩石。(4)板块和地震带,海底扩张学说:海沟的形成。(5)地震波探测。

5. 生态万象

展区分为极地探索、自然之窗、走进非洲三个板块。

展区内容概要:

(1)极地探索:文字说明部分介绍洋流、极地的特殊自然景观(比如极光)。展品有极地动物的标本、模型。

课本中与展区相同的知识点(沪教版高级中学课本《地理》第一册,2007年8月第4版):①洋流的形成原因,洋流的分类;②水循环的调节作用;③青藏高原的生态特点;④极光的形成。

(2)自然之窗:文字说明部分介绍地球上具有代表性的生态大系统(例如湿地生态系统),重在体会生物与生物、生物与环境之间息息相关的联系。展品是和文字说明部分配套的缩略生态大系统的实物模型。

课本中与展区相同的知识点:①热带雨林的成因(沪教版高级中学课本《地理》第一册,2007年8月第4版)。②生态系统的类别(沪教版高级中学课本《生物》第三册,2007年8月第1版)。

(3)走进非洲:文字说明部分介绍非洲特色生态环境的知识。展品主要是非洲草原上的动植物模型、标本。

课本中与展区相同的知识点:物种迁徙原因——热带稀树草原气候的成因及特点(沪教版高级中学课本《生物》第三册,2007年8月第1版)。

6. 生存智慧

展区内容概要:文字部分介绍自然界中生物的案例,解读生物的取食谋略和繁衍策略,探究它们如何使种群延续。展品有各种动植物和昆虫标本。

课本中与展区相同的知识点:(1)光合作用原理与叶片中的色素(沪教版高级中学课本《生物》第一册,2007 年 7 月第 1 版)。(2)植物叶片结构对水的适应(沪教版初级生物课本《生物》第二册,2008 年 1 月第 1 版)。(3)土壤决定农作物、植物的品种(举例说明)(沪教版高级中学课本《地理》第一册,2007 年 8 月第 4 版)。(4)动物的伪装方式(沪教版初级生物课本《生物》第二册,2008 年 1 月第 1 版)。

7. 人地之缘

展区内容概要:先展示人类文明的发展简史,接着聚焦中国文化地理分区,介绍中国的各种传统文化。展品有古村落模型、器具的仿制品、地图、文明的象征物件等。

课本中与展区相同的知识点:

(1) 中国主要气候带与分界线,二十四节气(沪教版高级中学课本《地理》第一册,2007 年 8 月第 4 版)。

(2) 中华文明区:物质文化与非物质文化(包括:云贵高原、新疆荒漠——绿洲、江南水乡、内蒙古、黄土高原文化区)(沪教版高级中学课本《地理》第二册,2008 年 1 月第 2 版)。

(3) 美洲文明简介,新航路开辟;农业的产生以及对人类文明的推动作用[人教版高级中学课本《历史必修中外历史纲要(下)》2019 年 12 月第 1 版]。

(二)高中科学课本中对知识点的介绍与新馆的对比

由于知识点重合数量较多,不便于一一比对,因此我们选取其中具有典型性和代表性的例子,证明高中生的讲解能够让课本和场馆文字介绍两者的优势相融合,丰富科学教育的内容。

以"起源之谜"展区中的知识点与高中地理课本的对比为例（下文中的"高中地理课本"都是指沪教版高级中学课本《地理》第一册,2007 年 8 月第 4 版）：

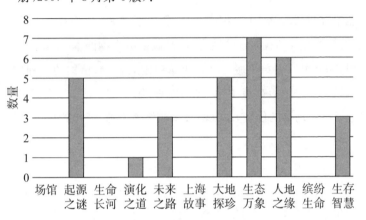

图 1　新馆各展区与课本相似度高的知识点数量

表 1　有关"月球同步自转"的知识点

	"起源之谜"展区	高中地理课本
具体文字描述	地球的卫星月球有一个十分特别的特点,即自转周期和公转周期完全一样,其结果就是月球始终同一面朝向地球,这个现象被称为"同步自转"现象。实际上,同步自转现象是因为地球给予月球的潮汐作用不断地改变着月球的运动状态,经过长期的演化之后,使得月球的自转达到了与公转同步的状态。这种现象实际上在较大质量的卫星中普遍存在,比如木星、土星附近的大质量卫星都处于同步自转的状态,而对于较小质量的卫星,容易受到各种扰动的作用,或是遭遇撞击而改变轨道,因此轨道并不稳定,不太容易处于同步自转状态。	有趣的是,月球的自转周期与公转周期是一样的,而且自转和公转的方向也一致,均为自西向东,因此地球上的人永远只能看到相同的半个月球,我们称之为月球正面。（课堂笔记补充:因此,在月球上看不见地球的东升西落。）

（续表）

	"起源之谜"展区	高中地理课本
优势	分析原因追本溯源,有助于高中生理解课本知识;从月球同步自转知识迁移到其他卫星的同步自转现象,科普性质更强,激发高中生兴趣。	简明扼要,定义清晰(引出了"月球正面"的概念,是展区所没有的)。应用于讲解中,易于参观者快速理解,可以适当补充展区内容。
优势背后的原因分析	博物馆在科普性知识方面,做得比学校课本出色,但是这个优势部分因为课本和博物馆的功能和面向人群的年龄段不同,博物馆要迎合不同认知层次的人的需求。	普及性质,只要求高中生能够了解知识,对于最新的研究成果并没有要求;为了符合高中生的认知水平。

表2　有关"陨石"的知识点

	"起源之谜"展区	高中地理课本
优势互补分析	有课本中没有的陨石实物图片,具有直观性。高中生的讲解可以促进参观者理解陨石的形成过程。	内容详尽,讲述陨石的形成过程,定义清晰,过程简明扼要,可以锻炼高中生用流畅明晰的语言讲解的能力。

　　综合上述两个示例,可以证明展区的文字说明内容在一定程度上能更加详细地解释课内的知识,对高中生进一步理解课内知识的帮助很大。同时,高中生的讲解能够让课本和场馆文字介绍

两者相结合,丰富场馆科学教育的内容。

高中课本是普及型课本,只要求高中生能够了解一些基本的知识,并不要求掌握最新的研究成果,而新馆中的内容在课本基础上加入了一些前沿科技成果介绍,这对于高中生来说有难度。

（三）新馆的实验设施

场馆中的实践活动绝大多数面向小学生和初中生,亲子活动居多,而且是体验性质的活动为主,比如海水触摸池、蝴蝶房、矿物特性鉴别、土壤特性实验、脑容量测量等。新馆的实验中心并没有显微镜等生物、化学、物理学科必备的实验器材,而且有些展区中的操作工具大多已有故障。所以,新馆并不适合作为高中生课外实践拓展的项目,在实验方面并不适合利用博物馆开展实验操作。因此,高中生的讲解可以不包含实验操作的内容。

（四）新馆原有的讲解服务

据网上的招募启事和场馆客服中心工作人员的介绍,新馆中原有的讲解人员是上海高校的学生与社会上有一定相关科学知识的人,他们通过自愿线上报名,经过新馆方面的面试和培训(主要是服务方面的培训,不涉及知识的传授),获得在新馆的讲解资格。他们根据自己学到的知识,结合场馆内容,在各自选定的讲解点为听众讲解。由此可见,场馆原有的人工讲解内容具有不确定性,也没有统一的讲解稿。

此外,新馆有官方的真人语音讲解音频,内容都是和场馆中的动物标本有关,介绍动物的习性和栖息地,科普性质强。我们认为,新馆的展区文字介绍、语音讲解音频和高中生的讲解服务,三者可以结合使用。

三、高中生在新馆讲解的方案构想

（一）前期的讲解团队组织方式

在学校年级层面开展讲解员的招募活动，组成志愿者团队；此外，在新馆许可的情况下，创办一个博物馆讲解的公众号。高中生志愿者们根据自己的学习生活安排，确定讲解时间、集合时间以及招募听众的名额和报名截止时间等事项，由公众号负责人把讲解活动的信息（包括上述的时间节点和名额，以及讲解的大致内容）通过公众号发布出去，同时委托新馆工作人员在官网上同步宣传。听众用扫二维码的方式来填写个人信息报名，由公众号负责人统计信息并反馈给新馆工作人员，馆方再具体安排讲解工作。

（二）讲解活动流程

首先，报名讲解服务的高中生先自行参观新馆，然后高中生接受讲解培训。

我们做了调查问卷，了解我校的高中学生希望新馆提供哪种方式的讲解培训。在 114 份有效问卷中，有 83.33％的答题者希望专业讲解人员进行各展品和原理的介绍，78.95％的答题者希望能够在新馆中做实验，61.4％的答题者希望新馆提供 AI 技术、视频的展示。

对于前面两个需求，面临两个问题：（1）博物馆中大部分的实践活动与高中生的讲解内容关联度不大；（2）有些展区中的操作工具有故障，需要修缮。这两个需求可以作为未来新馆的一个改进方向，为将来在博物馆开展教育学习提供参考。

第三个需求现阶段可以满足。新馆与高中课本重合度大的 7 个展区中，都有许多视频和可操作屏幕，高中生能够更加全面地了解要讲解的知识。

在自行参观与培训完成之后,报名参加的高中生确定所有能够用课堂知识讲解的讲解点,小组合作完成讲稿撰写,并交给指导老师和博物馆方面审阅。

讲解线路规划如下:从新馆底层的"生存智慧"展区开始讲解,直到新馆最高层的"起源之谜"展区结束。每个高中生佩戴讲解员吊牌,上面有编号。

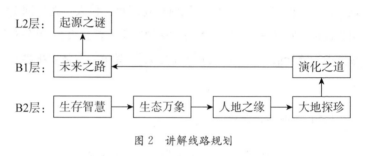

图 2　讲解线路规划

高中生按照上图所示的顺序到每个展区的讲解点讲解。讲解点即含有与高中课本相关的知识点的展出区域。讲解过程中,可以穿插使用新馆的语音讲解音频作为辅助。

(三) 具体讲解点

"生存智慧"展区:高中生在此场馆中讲解叶片为什么是绿色的;植物叶片结构对水的适应;举例说明植物对土壤的适应,再补充土壤作为农业区位条件对农作物的影响;介绍拟态、保护色等动物的伪装方式。

"生态万象"展区:在"极地探索"板块中,高中生讲解特殊的洋流,如季风洋流,介绍洋流的两种分类方式;具体讲解四大渔场的成因与分布;描述水循环的调节作用;青藏高原的多冻土等特点;极光形成的原因。在"自然之窗"板块中,阐述澳大利亚、巴西东侧的热带稀树草原气候成因;讲解森林生态系统的特点及其作用;在东非动物迁徙模型那里介绍迁徙原因。

"人地之缘"展区:高中生可讲述秦岭淮河一线的地理意义;我国农作物分布情况;物质与非物质文化的划分标准;我国和欧美传统季节的划分以及二分二至日的特殊意义;四大文明古国的地理位置以及文化成就。

"大地探珍"展区:高中生在此场馆介绍化学物质、矿物、矿产、岩石和岩石圈的关系;不同侵蚀作用形成的地貌;三大岩类的转化及代表岩石;板块和地震带的知识;讲解海沟的形成原因;介绍震波的分类——横波和纵波以及地震带来的危害和有利之处。

"演化之道"展区:高中生可讲解"变异—自然选择—隔离—新物种"的生物进化过程及生物进化史。

"未来之路"展区:高中生可讲解黄土高原水土流失的原因和措施;整治喀斯特地貌的措施;还可介绍退耕还湖的作用;人口过多的不利和整治措施;就地保护、离体保护等生物多样性保护方法。

"起源之谜"展区:高中生能讲解月球为何同步自转;地球为什么适合生存;陨石的种类和陨星;一些基本的天体。

（四）高中生讲解稿举例

由于讲解点很多,不便于一一写出讲解稿的具体内容,因此,这里只列举两例讲解稿的内容作展示。以下以"起源之谜"展区为例。

1. 地球生命诞生的条件

高中生讲解稿:因为太阳和地球距离适中,所以使得大气圈和地表的温度适中,并且地球的质量和体积适中,使得其引力适中,有合适的大气压,所以有液态水的存在,这也是生命之源。并且,地球的自转和公转周期适中,使得有合理的四季划分和昼夜更替现象,温差的存在形成风,使得岩石风化成土壤覆盖在地球表面,为植物生长提供了条件。

2. 星系

高中生讲解稿:天体系统从范围上可以分为地月系(地球和月亮组成的星系),再大一点的太阳系,再大一些的银河系,到包罗整个宇宙的总星系,就是最高一级的天体系统。刚刚谈到的四个星系是后者包含前者的关系,也就是地月系在太阳系中,以此类推。如果从天体系统的形状和规模上分类的话,银河系属于漩涡星系,太阳系在银河系的一条旋臂上。

高中生讲解员在一轮的讲解全部结束后,请听众在听后反馈本上写下对讲解员的评价和改进建议。高中生讲解员在完成了既定时长的讲解活动之后,可以获得新馆给予的课外实践活动学时。

经过上述的所有讲解流程之后,高中生完成了一次富有意义的社会实践活动。

四、结　　语

目前,上海还未普遍试行过高中生参与博物馆讲解的活动。如果我们上述构想可以实行,作为高中生必修的一门社会实践课程(类似现在已有的学军和学农),将十分有意义。

高中生有了这个讲解任务的驱动,能够激发学习的积极性。这个活动对高中生而言最大的收益之一就是学以致用。活动会在学业较为轻松的寒暑假开展,高中生可以利用这个机会将之前学过的知识及时巩固。在撰写讲解稿时,高中生会发现,想要讲清楚一个概念(比如介绍陨石)时,必然要牵涉到与其他概念的比较(会谈到和流星体的区别)。所以,这也就使原本零散的知识点,逐渐在讲解稿的撰写中梳理成了一定的知识体系,在讲解者脑中留下知识框架。讲解是一种高效的知识内化方式,高中生在讲解的过程中,实际上是将所学知识传授给他人,同时自身巩固了所学知识。

另一个对高中生而言十分重要的收益是,可以培养高中生奉献社会的意识。学习知识的最终目的一方面是提升个人的能力,而更为重要的一方面是服务他人。本课题提出的方案可以让高中生在亲身实践中服务他人。

为了能够更好地实现上文提及的诸多好处,应注重利用社会公共教育资源开展多种形式的教学,并纳入常规的课程体系中作为必修课。本课题所提及的利用博物馆开展教育学的方案,只是其中的一种尝试,仍有很多可能尚待发现,比如进入大学体验专业课等。诚希望本课题能够提供一些这方面的思路启发和实施方法的探索。

探究感想

在这次的课题研究过程中,我们进行了两次实地考察,因为无法得到博物馆的讲解稿,我们只能另辟蹊径,找到了新馆的语音讲解作为替代。实地考察往往会促使我们改变原有的想法,使方案更切合实际。我们对写论文时如何让自己的想法让读者理解而感触颇深:比如在撰写整个讲解方案时,实施过程推进要详细地分步描述,以时间为顺序才能更加有条理。这培养了我们写实用类文本的能力,也让我们体会到了研究的艰辛。

课题的研究离不开老师的帮助,每当我们遇到问题、困惑去问老师时,她总是十分耐心地为我们解答。在老师的指点下,我们的思路渐渐厘清,思维也开阔起来,收获了很多写论文的方法。与老师一起探讨课题,不仅使课题研究变得顺利,也在不知不觉中培养了我们的科研能力,非常感谢老师对我们的指点!也十分感谢上海自然博物馆新馆为我们的探究提供了灵感和启发!

课题组成员:上海市西南位育中学
　　　　　　张誉宸　周奕婷
指导老师:王红妹

城市规划

对于上海城市湿地建设现状及其扩大应用至中
小河道可行性的初步探究

对于未来如何做好铁路上海东站与浦东国际机
场、虹桥枢纽客流衔接的思考

从服务形态角度看智能快递柜的现状和未来

对于上海城市湿地建设现状及其
扩大应用至中小河道可行性的初步探究

探究缘起

　　本次活动我们小组选择的博物馆是上海自然博物馆,与此同时研究对象的范围又局限在上海,所以我们第一个就想到了自然博物馆的上海故事展区。上海故事展区以上海的湿地、绿地建设为主题,其中最先抓住我们眼球的是候鸟展区。所以,我们原先的思路是以湿地作为背景,研究上海自然环境对于候鸟生存现状的影响并提出相关的改进建议。但是很快我们便发现,这并不是很现实,从观测的角度来说,鸟类集群的出现是高度随机的,这就意味着在平均 30℃ 的气温下需要进行长时间高频次的观测。另外,7～8 月份还远没有到候鸟南迁至上海的时间,设备上我们缺乏比较专业的观察设备来获得观测数据,所以我们放弃了这一研究方向。

　　在经过了一段时间的沉寂以及思考后,有两件事直接促成了我做现在的课题的想法。一是我在与父母去世博后滩公园游玩的时候,发现马路上明显比公园的河边要热,于是我想,能不能从湿地本身的作用这个方向入手呢?二是我在家做地理题的时候,第一次注意到了"海绵城市"这个概念,而湿地也是其中的重要组成部分。我立刻查询了上海的河网分布图,上海的河道分布十分广泛,其中有许多中小河道,我就想能不能让湿地公园以更微型,但数量更多的方式扩大影响。于是,我们的课题就在这样的一个突发奇想下诞生了。

在全球变暖与人类活动对环境破坏愈演愈烈的今天,通过生态修复与城市生态建设恢复环境生态的举措已经刻不容缓。湿地作为上海的标志性生态景观之一,在上海城市生态建设中占有举足轻重的地位。近年来各大城市湿地公园的建成也有力地证明了城市湿地公园建设的可行性以及推广建设的潜力。与此同时,我们注意到苏州河沿岸湿地生态廊道建设各路段完工后,对于周边生态修复效果显著,但全城现有城市湿地公园的分布并不广泛。我们认为通过实地的探访调查,总结城市湿地公园建设的现状与挑战,并依此初步推测可以在中小河道进一步建设更微型的湿地生态区域。

一、上海城市湿地公园建设现状

(一) 自然环境特点调查(以上海世博后滩公园为例)

1. 城市湿地公园温度特点实验

实验材料:水银测温计

实验方法:控制变量法

实验步骤/过程:时间点选取下午 13:00 至下午 17:00,在天气晴好的条件下,任意选择公园外围道路旁一处树荫,以及公园水体附近的一处树荫,分别进行温度测量,每隔 2 小时进行一次温度数据记录;选择温度较高的日子进行再次测量,总共测量 3 次。

实验结果与记录如下:

表 1　温度记录表

日期	时间	外围道路树荫处	公园水体附近树荫处
8 月 14 日	13:00	37℃	32℃
	15:00	35℃	31℃
	17:00	32℃	29℃

(续表)

日期	时间	外围道路树荫处	公园水体附近树荫处
8月15日	13:00	35℃	31℃
	15:00	33℃	29℃
	17:00	30℃	30℃
8月19日	13:00	34℃	31℃
	15:00	33℃	29℃
	17:00	31℃	29℃

注:数据均精确到1℃。

2. 城市湿地公园周边自然景观分布特点调查

根据对上海城市规划地图的分析,以及我们查询到的数据,上海市有命名且比较典型的湿地公园有7个,分别为崇明西沙国家湿地公园、吴淞炮台湾湿地森林公园、世博后滩公园、南汇嘴观海公园、明珠湖公园、东滩湿地公园、苏州河沿岸生态廊道(梦清园)。从人工与自然区分来看,其中5个是基于自然湿地改建的湿地公园,2个(世博后滩公园、苏州河沿岸生态廊道)是人工建成的湿地,人工改建湿地多是斑块状小型水域,而自然湿地水域多为完整的大范围水域。

从环境分布特点上看,其中3个(明珠湖、西沙、东滩湿地公园)位于崇明岛的保护区,沿江沿河;剩余4个中3个是沿河而造,1个(南汇嘴观海公园)是沿海湿地。

3. 上海湿地分布与河网分布对比调查

在上海2017~2035年的城市规划图中,可以发现上海水域分布比较广泛,市中心地区也有一定的水域分布。但根据上海1980~2018年的城市湿地统计数据,我们可以发现湿地面积尤其是市中心的湿地面积在大幅度萎缩,城市周边的湿地面积也有相当程度的萎缩。市中心河道与湿地分布脱节最为严重,周边河道也与湿地有一定程度的分离。

4.其他城市湿地建设现状与上海的对比调查

通过对比贵州贵安新区两湖一河 ppp 项目,可以发现当地依水而建的"海绵城市湿地"成效良好,其自然环境与上海具有一定的相似性:地形较为平缓;水域分布广;土质组成也较为相似,都以淤泥土、耕植土等为主。但是二者又有着一定的区别,上海由于沿海,土质盐碱化较为显著,加之绿地土壤来源混杂,土质较贵州的例子要差;同时贵州此案例建设中城镇用地面积非常小,而上海城镇用地较此案例要多得多,城镇用地的中小河道"海绵网"湿地建设处于相对空白状态。

5.城市湿地公园生物多样性与普通城市公园对比调查

我们在世博后滩公园、梦清园、静安公园分别进行了3次持续2小时动态观察,观察时间段内出现的小中型陆地动物数量以及鸟类的数量

实验结果与记录如下:

表 2

地点	日期	水/陆生动物(只)	鸟类(只)
世博后滩公园	7 月 26 日	4	8
	10 月 2 日	2	10
	10 月 5 日	1	6
	总计	7	24
梦清园	9 月 13 日	3	10
	10 月 2 日	0	13
	10 月 5 日	1	9
	总计	4	32

（续表）

地点	日期	水/陆生动物（只）	鸟类（只）
静安公园	8月13日	0	6
	8月15日	0	7
	10月2日	0	4
	总计	0	17

注：调查中的水生动物仅包含在水面活动的动物，不包含鱼类。

6. 上海中小河道环境调查

根据《上海中小河道整治中生态护岸的应用》一文以及组员对于家庭周边河道的随访调查，我们可以粗略地发现，在先前的一轮水质治理中，有一部分河道如徐练村新南港区域已经应用了生态护岸进行水质治理，这种护岸的建设加强了植被与水体的联系；但仍有一部分河道使用的是传统的硬质型护岸，植被与水体分离；还有一部分河道，例如西泗塘，有较长的一部分河段由于距离道路非常近，沿岸几乎完全没有植被。

（二）市民对于湿地公园建设现状了解程度以及看法的调查

我们通过线上问卷调查，收集市民对于湿地公园的了解程度、对于湿地公园建设可行性的看法以及对于居住周边建设湿地公园的意愿这三方面的数据，了解市民对城市湿地公园建设的认可度。

我们总共收到48份问卷，问卷统计结果如下：

调查中近半数的人对于湿地几乎没有任何了解，即使部分人去过湿地公园，也并不了解湿地保护的相关知识以及现有的情况。对于湿地有一定了解的市民80%以上都认为湿地公园对于城市生态的影响优于现有的普通绿地公园，但是60%的人也不过是只闻其名不闻其详。

出于对现有技术条件的制约与保护难度的担忧,大部分参与问卷调查的市民对于扩大湿地建设持保守态度,且有15%左右的市民认为没有必要扩大城市湿地公园的建设,现有绿地已经足以满足自己的休闲需求。

扩大城市湿地公园的影响范围可以加强市民对于湿地与环境保护的意识,但是市民对此的热情并不高,主要原因是他们自身不了解城市湿地,次要原因是安于现状的心态。

城市湿地公园由于临江临河,包含分散但数量较多的斑块化水域,在降温增湿方面有着积极的效果,从中小河道入手扩大城市湿地的面积,可以有效缓解夏日上海的城市热岛效应。

上海近代以来湿地退化严重,出现河道植被分离的现象。基于上海现有城市湿地公园的成功建设,我们认为可以从中小河道入手建设城市湿地公园,进行湿地修复。城市湿地公园相对于普通绿地公园生物多样性更加丰富,会有更多陆生小中型动物出没,对于城市的生物多样性修复有着积极影响。

上海部分中小河道已基本符合湿地化建设的标准,对其他中小河道建设的规划与改进有参考意义。

因此,从中小河道入手扩大城市湿地公园的影响范围,可以有效地加速城市生态保护的进程。

二、对于湿地建设应用至中小河道可行性的推测与建议

(一) 可行性

根据我们的调查结论,现有的城市湿地公园建设技术已经可以在部分河道周边实现,苏州河沿岸的湿地景观建设就是现有试点中最好的例子。近年来,河长制净化水体污染行动中推行的生态护岸建设,证明了湿地建设推行至中小河道的可行性。但由于上海

本身的土质、城镇用地紧张等的限制因素,以及各中小河道两岸情况的不同,各河道要最终建设成可以同时达成休闲娱乐与环境保护两重作用的微型湿地公园,需要因地制宜,规划需要考虑的自然因素复杂。另外,上海城市化发展过程中的植被萎缩也使得部分地区植被与土质基础较差,难以在短时间内治理转化为城市湿地。

现阶段市民对城市湿地的了解程度与保护意识也不够高,我们仍可以看见乱丢垃圾或者其他破坏湿地公园生态环境的行为,微型城市湿地建设完成后可能仍会需要较高的管理成本与维护成本,对于地区造成一定的财政与管理压力,所以现阶段中小河道建设微型城市湿地难度较高。但是随着保护意识整体提高,从长期看这方面的困难在未来会逐渐减少。

因此,短期大范围推行中小河道建设微型城市湿地的可行性不高,但是从长期来看,推行的可行性还是比较高的。

(二)相关建议

从现有已经建设完成的大型人工湿地公园向外辐射,优先选择在前期整治中效果较好且已改造有生态护岸的中小河道进行微型湿地公园的试点建设,对于仍采用传统硬质护岸的中小河道,先进行护岸的改造以及植被的修复,对于河道紧邻行车道或紧邻城镇用地的情况,采取护岸改造加植被向河道内侧倾斜种植的策略。

沿河的步道在可行的情况下尽量选用镂空的形式(如梦清园部分区域的地砖是中心镂空的),从而提高地表泥土植被的面积,增加雨水的下渗,从一定程度上缓解暴雨可能带来的城市内涝情况,减轻城市排水系统的压力。未来还可以在此基础上建设雨水回收系统,达成水资源的更高效利用。

在建设过程中通过施工围栏、沿河设置的挂牌以及网络宣传,向市民普及更多有关湿地保护的理念,提高市民素质以逐步减少市民对于湿地的破坏行为,从而解决管理维护成本高的难题。

由于小组成员收集渠道有限,加上调查中的观察时间较短,实验样本的数量也是一个较小的值,走访调查的专业数据考察较少,所以本课题实验调查得出的结论有一定局限性。社会调查的结论可能会与实际产生较大的误差。本课题阐述了我们小组成员对于城市湿地建设现状的研究与对于中小河道建设可行性的评估,希望能够为社会上参与城市湿地管理与建设的人员提供一个思路与角度。

参考文献

[1] 赵敏华:《从上海河道水系的主功能变化看"人居与水"》,《2018 世界人居环境科学发展论坛(秋季)论文集》,2018 年。

[2] 陈塹香、陈溢晨、刘塴:《日温影响下校园人工湿地生态降温规律研究——以华侨大学厦门校区为例》,《中外建筑》,2015 年第 8 期。

[3] 张小茜、汤晋、张文豹:《城市滨水湿地景观的营造——基于上海炮台湾湿地公园、浦东世博公园和外滩滨水区改造项目》,《科技创新导报》,2014 年第 32 期。

[4] 向赟旭、傅立新、贾易:《上海中小河道整治中生态护岸的应用》,《工程建设与管理》,2020 年第 16 期。

[5] 陈正、陈涛:《海绵城市绿地建设案例——贵安新区海绵城市两湖一河 ppp 项目—星月湖公园建设做法与成效》,《现代园艺》,2019 年第 1 期。

[6] 易阿岚、王钧:《上海市湿地景观格局时空演变与驱动机制的量化研究》,《生态学报》,2021 年第 7 期。

探究感想

这次课题探究算是比较坎坷的。初期的准备上,小组五人空闲时间错位严重,导致团队行动效率低,讨论课题的方向就花费了很长时间,学业上的压力也从一定程度上限制了我们探究的自由度。初期的许多的想法都因为时间不足被舍弃了,而且因为团队基本没有课题研究的经验,研究过程中走过很多死胡同。现在的论文是10月提交后又经过仔细反思的成果,我们能最终敲敲打打完成这样一篇论文,其实心中还是非常高兴与自豪的。这次课题探究论文的内容与文笔还是比较粗浅与稚嫩的,我们觉得还应该有很多的讨论空间。我们真诚地希望我们的一些想法与探究能够最终给我们的城市与生活创造一个更加美好的未来。

课题组成员:上海市市西中学　高二(7)班

　　　　　　王恺文　张乐鹏　蒋亦周　薛靖融　吕　征
指导老师:纪　琴

对于未来如何做好铁路上海东站
与浦东国际机场、虹桥枢纽客流衔接的思考

探究缘起

2020 年 7 月 8 日,基于我们课题组对于铁路的共同兴趣,我们参观了上海铁路博物馆,了解了中国近现代铁路发展的历史以及其他与铁路相关的知识。

2020 年 7 月 17 日,上海市人民政府批复同意《上海浦东综合交通枢纽专项规划》;2020 年 8 月 21 日,机场联络线浦东机场站开始动工……铁路上海东站进入我们的视野中。

我们发现,相比虹桥综合交通枢纽,东站的选址与接入的铁路线其实并不太理想。既然各项工程已经动工,我们考虑有什么方法能让东站在建成后更方便旅客出行,将原先的机场、火车站的客流吸引到东站,这就要在周边商业、旅游发展、市内及跨省市交通运营上下功夫。

一、基本概念与情况

(一) 浦东综合交通枢纽

浦东综合交通枢纽(从西到东分别为:东站、浦东机场 T3 航站楼、第二航站区)是《上海浦东综合交通枢纽专项规划》(下简称规划)中新提出的概念,由上海浦东国际机场[第一航站区(T1/2、S1/2 航站楼)、第二航站区(填海中)]与东站组成,位于浦东新区祝桥区块,建成后将与虹桥枢纽东西相对,共同构成上海两大国际(国家)级客运枢纽。

浦东枢纽将成为辐射全球的亚太航空门户,我国沿海通道的重要功能节点,服务长三角区域的核心门户枢纽和上海市域综合交通体系的重要锚固点。

(二) 铁路上海东站

浦东机场西跑道西侧、浦东机场综合保税区块将新建铁路上海东站,拟接入沪通铁路(上海—南通)、沪乍杭铁路(上海—杭州)等,规模达 14 台 30 线(铁路上海虹桥站为 16 台 30 线),为客运兼货运铁路。上海东站建成后将成为上海第 4 座高等级火车站,我国"八纵八横"高铁网中沿海通道的重要一站。鉴于浦东机场"中间航站楼、两侧跑道"的既有格局,以及规划建设的第二航站区与东站的距离,东站的选址无法仿照虹桥枢纽(机场与车站隔街相望)那样保证机场与铁路"零换乘"。

根据东站的建设规划可以看到,它直通地铁 21 号线,位于滨海快速路、迎宾高速等浦东新区的几条主干道之间,意味着未来上海东站将连接整个浦东到浦西,成为浦东新区除陆家嘴外的又一个中心。

东站未来建成规模建筑面积约 60000 平方米,将不亚于现有的上海虹桥火车站,同时又离浦东机场比较近,可以大胆预测,如果设计得当,未来东站和浦东机场的联合一体化发展能展现出比虹桥综合交通枢纽更大的空间前景。虹桥站建成后和虹桥机场形成的枢纽,很快就成为虹桥区块的城市中心和中央商务区;预计将来东站建成后,由于浦东机场比虹桥机场更大,功能更加全面,航班更面向全球,也会很快成为上海沿海一线的中心,形成沿海的经济繁荣区。

二、现象分析与建议

(一) 上海东站的建成意义

上海东站主要面向浦东机场的国际航班客流。从我们调查问卷反馈数据来看,68.35%的人现住地位于浦西(含整个闵行区),其中有超过3/4的人认为浦东机场远。且东站的列车仅发往长三角省市,所以多数人还是会选择通过虹桥枢纽前往北京一类的大城市。

我们对上海东站建成后周边地区发展的建议是:第一,可以建造更多的高速公路将上海东站包围,加强上海东站辐射整个上海的客流运输能力;第二,能够配合已有的几条浦东新区主干道,发挥以东站为中心辐射的区域经济协作关系,协同发展。

以虹桥综合交通枢纽的成功为鉴,上海东站形成的交通枢纽定能为周边地区带来可观的经济发展。

(二) 机场联络线

机场联络线(西至虹桥站,东端连接浦东机场站、T3站、上海东站)是规划中新提出的概念,属于市域铁路(相比轨道交通,车速稍快、站点更少)。曾计划延伸龙阳路站至浦东机场的磁浮线至虹桥机场,但由于群众意见不一,未被采纳。

在79份有效问卷中,其中18人(34.62%)有在虹桥与浦东机场间转机的经历。超半数的人会优先选择乘坐机场联络线,其余一部分人更倾向于轨道交通2号线直达(15.19%)或换乘磁浮线(16.46%,白天优先),打车或自驾(10.13%,夜间优先),而仅有3.8%的人会考虑机场大巴,因为机场大巴不仅路程耗时长,价格相对较高,而且也有堵车的风险(不过机场大巴班次稳定,不会出现没有座位的情况)。而正在建设中的两大机场之间的机场联络线则比较完美地规避了以上的绝大多数问题。因此,机场联络线能给机场中转带来便利,同时可以推出套票、月卡等助推机场经济。

相比较而言,2号线属于轨道交通,受众面向普通市民,作为日常出行的交通工具,人流量大,有相对集中的客流早、晚高峰。而机场联络线的受众不同,接待的人群更单一,主要为换乘旅客,这类旅客一般会携带较多、较大的行李,与普通市民一同乘坐2号线,不仅乘坐不方便,而且拥挤程度会加大,大大降低舒适度。因此,我们认为机场联络线可以在满足两场中转的前提下增加方便到达另两大铁路站(上海站、南站)的换乘站,作机场与火车站之间的专属连接之用,可以很大程度方便中转的旅客,从而达到方便、便宜、快捷的效用,更大地发挥机场联络线的效用。

未来的上海发展一定会给两个机场带来巨大的客流量,对于客流中转的需求量势必也会越来越大,所以机场联络线的建设是重中之重。机场联络线或能成为一个承上启下的转折点,让沿海铁路及京沪高铁等线路与机场直接无缝接轨,真正做到沟通南北,促进上海两枢纽的市内连接。

(三)上海东站与周边连接的建议

上海东站建成后,2号线可以通往浦东机场,将来搭建快速通道可方便乘客空铁换乘,同时可以借鉴虹桥枢纽已有的售票模式,机票、火车票可以捆绑销售。

根据问卷,80%的人更倾向于打造一个延伸T1、T2航站楼与卫星厅之间的捷运系统至东站,剩下20%的人倾向于接驳车(走申嘉湖高速/15分钟/预计7元)或是在卫星厅与东站间打通地下人行通道(3千米)。因为已有的捷运系统运营效果较好,且耗时相对较短,包括在机场服务中,所以更多人愿意选择它。而就课题组的亲身实践经历而言,捷运系统经常会有班次较少、等车时间较长、上车秩序混乱等问题,运营管理尚不成熟,还有很大的提升空间。投入更多的车辆和车厢到机场的捷运系统中来连接东站将会是一个不错的选择。

东站距迪士尼度假区仅 10 千米,未来可以建设东站到迪士尼的专线,铺设专属公交线路,优化游客前往迪士尼的路径,也可以推出"机场直通迪士尼"的套餐等优惠联动政策,方便游客的出行。

(四) 上海东站与长三角地区其他省市的连接建议

根据上海市城市总体规划(2017~2035 年)、上海和近沪地区综合交通协调图,未来长三角诸机场和枢纽将会是长三角区域经济发展的一项重要保障,而上海两大枢纽将处于主导地位。目前,上海的城市空间无法满足建造第三机场,但我们可以以浦东机场为龙头,以萧山、南通机场为两翼,以虹桥机场等为依托,构成长三角机场体系,让东站提供与这些机场,尤其是萧山、南通机场的铁路连接。

三、结　语

综上所述,我们认为建设机场联络线是关键,让联络线带动两机场、四车站;以浦东枢纽为中心向外扇形辐射发展道路交通与商业经济,形成祝桥中心;在浦东枢纽内部形成捷运体系;浦东机场与上海周边机场形成机场群体系,带动周边小城市经济发展城市化,促进长三角城市群发展。

根据问卷,我们发现很多人不了解或根本没听说过东站,所以,可以加强媒体对其的宣传力度,也可以制作一些东站周边产品用于推广。

以上只是我们作为高二学生团员、上海市民的一些思考和建议。上海东站未来可期,希望政府能把各方面都尽量做到最好,加快建设速度,交给全国和世界人民一份满意的答卷。

参考文献

[1] 上海市规划和自然资源局:《上海浦东综合交通枢纽专项规划公示文件》,2020 年。

[2] 刘武君:《上海东站的功能定位与实施路径研究》,《交通与港航》,2018 年第 5 期。

[3] 国家发展改革委:《上海市城市轨道交通第三期建设规划(2018~2023 年)》,2018 年。

探究感想

通过走访上海铁路博物馆,我们在引导员的介绍下初步了解了上海铁路发展的历史,从晚清时期的起步至中华民国铁路的兴起再到新中国成立与改革开放后中国铁路的高速发展,这让我们意识到了在当今社会快速发展的背景下,铁路运输对于一个国家的重要意义,为我们的选题奠定了方向。在此基础上,我们与指导老师金志琳老师共同讨论,在她的建议下我们确定了最终的选题。

我们的课题不是几位高中生虚无的畅想,而是有其实际意义的。首先,我们设计并发放了有关问卷,让更多上海市民了解到了上海东站建设的相关知识。其次,我们收集了社会人士的广泛意见,整合并交给有关部门对建设上海东站提出了建议。

上海浦东作为全国改革开放的排头兵,正加速建成国内大循环的中心节点,国内国际双循环的战略链接,上海浦东枢纽在未来会承载更多的国内国际客流。而作为浦东机场的配套火车站,其作用和影响力也应和浦东机场配套。我们作为上海市民,作为上海发展的参与者与建设者,希望为上海国际化大都市发展,为上海的长三角一体化建设尽到自己的一份绵薄之力。

　　当然,我们的课题目前而言还有许多问题有待改进。衷心感谢金志琳老师、上海铁路博物馆、上海市市西中学、上海市测绘院等在课题撰写与修改期间提供支持与帮助。

课题组成员:上海市市西中学　高二(6)班
　　　　　　钱易申　沈晨昊　吴思远
指导老师:金志琳

课题组在上海铁路博物馆

从服务形态角度看智能快递柜的现状和未来

探究缘起

本课题旨在通过新闻检索、访谈调查,探寻关于快递柜争议背后不同人群的诉求,并针对这一争议制定可能的解决方案。智能快递柜作为一个新兴行业,其包括服务形态在内的多个方面尚未得到完善,因此,留给我们研究、拓展的空间较大。

无论是快递物流行业,还是延伸出的快递柜行业,都是作为物流服务行业所存在的,它们的服务形态、服务成效都与用户的体验息息相关。作为解决"最后一公里"问题的快递柜更是直面消费者,更是需要将自己的服务形态根据用户的需求不断优化改善。我国人口众多,物流市场广阔,快递柜仍有很大的发展空间,在将来,有望大大降低快递企业的运营成本,形成集多功能于一体的便民快递柜。

一、快递柜使用现状与存在的问题

(一) 调查与研究

在选题之前,我们也在身边的邻居、老师、同学中进行过初步的调查,发现大家对快递柜的观点和态度相差较大:有人表示,自己白天去上班了家里没人,放到快递柜要比扔在家门口要强;也有人表示,自己小区没有快递柜,而快递员会将包裹放在离自家较远的快递柜,造成不便。

造成这种差异的原因我们推测有两点:一是年龄差异,就一般而言,年轻群体使用网购频次会更高,则快递被快递员放置到快递柜中的可能性也就相对更高;二是职业差异,在我们的被采访人员中有少数是在家中工作或是退休老人,相较于普通上班族,快递被放置到快递柜中造成的不便可能会更大。

基于以上推测,我们进行了问卷采访。

受访群体中,学生与上班族占比超 90%,占到绝大多数,对于这类群体而言,大部分白天的时间不在家中或宿舍中,无法及时接收快递,然而在这种情况下,他们的首选仍然不是快递柜,即便快递柜提供限时免费的寄存服务。

1. 小区内是否有智能快递柜?

快递柜离家远近、快递点位置的选取对于用户的体验也有一定的影响。依据调查结果,35.63%的小区未设置智能快递柜。虽然丰巢快递柜在全国范围内已覆盖超过 100 个城市,但是在不少小区内部仍缺少站点,那么其便利程度也会大打折扣。

2. 没有快递柜的情况下,快递员如何寄存快递?

在没有智能快递柜的情况下,更多的人还是会选择由小区或单位的物业暂存。42.05%的人选择放在家门口,并有个别选择放到付费的门店代收点。付费门店代收点也是一种新兴的托管快递的形式,和快递柜一样,都是电商为解决"最后一公里"问题而给出的解决方案。这两者相比起物业代收有着明显的优势:一旦快递出现丢失或损坏,比起物业权责不清,不知道该问谁索要赔偿,新兴的代收方有更明确的问责体系,一旦出现问题,不至于使消费者无处索赔。

(二) 用户取件难

根据有关新闻报道,早在 2018 年因为快递柜的使用而产生的矛盾就已经较为普遍。当今时代,网购已经成为大部分人生活的一部分,收取快递也变成了非常普遍的事情。很多居民反映说,快递员不经同意就自行将快递放到快递柜内,结果造成自己无法当面验收商品质量,还要自掏腰包付超时费用,甚至还有人因此丢失了自己的快递。

也有居民反映,有了快递柜以后,即便自己在家,快递员也会不经允许直接将快递投放到快递柜内,这样除了没法当面检查快递有无破损外,也给一些老人、孕妇之类的用户带来了麻烦。我们也在走访调查中了解到,老年人不会用快递柜的扫码等功能是老年人取快递最大的阻碍。由此可见,取件方式的简易化也是快递柜公司待解决的一个问题。

其实,快递代收服务并不只有快递柜一种形式,与快递柜的功能相类似的,一个是传统的小区或单位门卫代收,一个是新兴的以菜鸟驿站等为代表的门店代收,这两种模式都是由"人"对快递进行代管的。而快递柜模式则是把快递交付给机器,采用自助的模式进行收取,随时可取和更为广泛的分布范围是它的优势。作为快递员和收货人的中间寄存方,它让无法及时被签收的快递有了暂时的归处,它与菜鸟驿站共同成为解决"最后一公里"问题的最有效的办法。

然而,近年来,关于快递柜的争论也是持续不断,快递柜是否成为快递员的"甩手柜"? 快递柜向收取件双方双向收费又是为何? 清华大学互联网产业研究院副院长刘大成认为,智能快递柜虽然较好地解决了快递员的效率问题,而快递员与客户难以实现直接对接,客户的各种需求无法得到保障,特别是对于货物的认定方面,容易产生滞后效应。

对于用户的诸多困扰,快递员也有自己的解释。比如,收件人不在家,又正好无法联系到,快递员认为,为了防止包裹丢失,会存放入快递柜;另外也是为了节省时间,"现在许多小区都设有门禁,特别是疫情期间,外人进去一趟非常麻烦,也没有地方停车,快递只能让客户自己出来拿,经常会碰到客户不在家、电话关机或者客户有别的事,大多数快递员现在都直接将快递放到快递柜或者寄存点,能省去很多等客户取件的时间"。但是一部分用户并不欢迎快递柜的到来,认为快递柜打着便捷的名号,实则是浪费了消费者的大量时间。

相信许多人都遇到过这样的情况:在网上购买了商品后,等待快递员送货上门,却收到了快递柜的取件码,让收货人限时去指定地点取件。经过调查,在受访的 247 人中,有超过 90% 的人表示遭遇过"家中有人,但快递员依旧把快递放进快递柜"。由此可见,这种现象还是非常普遍的。

对于快递员而言,送货上门确实不是一件简单的事。以上海为例,许多旧小区的高层居民楼是没有配备电梯的,有时遇到五楼以上的住户购买了体积、质量较大的物品,也令快递员十分头疼。在繁忙的送货之余,联络不在家的收货人,询问是否能存放快递柜也是很花时间的一件事。在快递行业,快递员的主要收入并不是来自底薪,而主要来自派送快件获得的提成,即"计件工资"。多派送一单快递对快递员意味着更多的收入,这也是快递员们普遍青睐快递柜的原因,快递柜为他们节省了不少时间,提高了送件效率。

本应是送货上门的服务,却由于快递被快递员存到快递柜中,使收货人不得不多跑一趟去指定的快递柜取货。大部分收货人不愿在这样的事情上花很多时间,或者考虑到快递员的工作也确实辛苦而没有投诉。

用户即使真的投诉了快递公司,但是快递服务企业客服电话较低的投诉效率也成为客户向快递公司反馈投诉的一大障碍。

现在,绝大多数企业标明的"联系方式""投诉热线"都是采用机器接听,而非真人。我们尝试拨通了一家知名快递企业在官网上的投诉热线,首先听到的是一长串机器提示音,根据提示按不同的号码才能完成转接。客户向有关快递公司投诉并想要协调解决,需要转接多步,往往无法接通到人工客服,这的确给有投诉需求的用户带来不小麻烦。这使得客户只能采用联系卖家,让他找快递公司解决或者直接向国家邮政官网投诉。同时也有快递员表示,面对快递员私自将快递直接投放至快递柜内,公司不会对员工采取处罚措施。不得不说,投诉过程的复杂也确实为快递员"甩手"建立了一道屏障。

在我们的调查中,关于"当快递员擅自把快递存入快递柜时,您是否会与快递公司进行沟通"这一问题,出于对时间成本的考量或者是对于快递员工作辛苦的谅解,半数以上的用户给出的是否定答案。

从快递员和快递柜公司的角度来看,肯定是希望快递柜模式能逐渐为广大消费者所接受和信赖的。但是对于消费者来说,快递柜究竟是"解决快递送到时人不在家"这类问题的救星,还是为快递员和用户之间平添了许多矛盾的灾星呢?

二、法律规定

作为快递员,肯定希望能多跑一单是一单,但是作为顾客来讲,自己支付的邮费是让快递员把货物送到自己填写的地址上的,而非就近找快递柜存放。那么,在我国已颁布的法律中,对于这一问题又有怎样的规定呢?

(一)合同承诺的内容应当与要约的内容一致

物流的过程是物流公司受到寄件人委托,按照约定合同把指定物品运送到约定地点交付给收件人的过程。我们在网购的时候,填写的"基本信息""收货地址"以及需要点击确认的那一行"我已阅读并同意某某店铺的物流协议"都属于合同的一部分。而《民法典》第四百六十九条中对于电子合同有详细规定:以电子数据交换、电子邮件等方式能够有形地表现所载内容,并可以随时调取查用的数据电文,视为书面形式。也就是说,我们在互联网上与电商平台的"订单确认",该内容能够被随时调取,且和书面正式的合同在法律上是具有同等效益的。《电子商务法》第四十八条中也指出,电子商务当事人使用自动信息系统订立或者履行合同的行为对使用该系统的当事人具有法律效力。

此外,《民法典》第四百八十八条规定,承诺的内容应当与要约的内容一致。一般形式的物流其基本要约的内容都会规定收货的地址,收货地址作为要约的一部分,在顾客选择该商品或者服务并提交订单成功时合同立即生效。合同一旦生效,则物流公司就必须执行要约的内容,不能自行修改内容。而快递员在客户不知情的情况下,把快递件存放进快递柜已经是一种违约的表现了。

(二) 存放快递柜属于转委托

寄件人属于委托方,而物流公司属于被委托方,委托协议在这两者中达成。而快递柜属于第三方委托方,快递员如果不经委托人许可就擅自将货物转委托给第三方,这与《电子商务法》第九百二十三条中"受托人应当亲自处理委托事务。经委托人同意,受托人可以转委托"的规定相悖。《电子商务法》中也规定,快递物流服务提供者在交付商品时,交由他人代收的,应当经收货人同意。快递员"甩手"的行为,是快递服务企业将本应由自己完成的"最后一公里"送达(与收件人相关),交由快递柜暂存(与快递柜公司有关),并由收件人自取(与收件人相关),从而完成整个派送的全过程。原本只由快递服务企业完成的派送任务现如今需要三方合作完成。也就是说,不经过寄件人同意,受托人把物件放置在快递柜中的行为在法律中有明文禁止。

(三)收件人应该承担快递柜存放产生的费用吗?

在采访中,一位女士表达过这样的疑问:"我支付的快递费难道不是包送到我家的吗?为什么他少送了路程,我还要再付钱给快递柜来拿快递?"

快递柜公司作为盈利机构,收取寄存费用是营利的一部分。但是这部分费用到底应该向谁收取呢?《电子商务法》第九百二十三条中关于委托协议的部分,有如下规定:转委托未经同意或者追认的,受托人应当对转委托的第三人的行为承担责任。寄件人与快递柜公司方面是没有直接委托协议的,在双方没有协议的情况下是否收取费用,目前我们还没有找到明确的法律资料,但是在《消费者权益保护法》提到:经营者与消费者进行交易,应当遵循自愿、平等、公平、诚实信用的原则。而消费者在不知情的情况下,被迫要因为超出时限而支付额外费用属于被动消费,并非自愿消费。

当快递投入快递柜后,实际上是使收件人和快递柜运营方由于快递员的"甩手",被迫形成了一种新的保管"合同"的关系。由于收件人事先不知情,因此这并不是真正意义上的合同。在超过免费保管时限后,快递柜收取超时保管费确实是一种合法的市场行为,但是这里的"保管费"的收取对象应当是与快递柜有正式协议的委托方。

在用户知情的情况下并同意放入快递柜的,由于委托方知晓受托方转交给第三方受托这一事实,这相当于委托方将与第三方受托方建立新的委托合同,此时由于快递柜提供了合理服务,用户也应当支付等价报酬。但是根据《电子商务法》第九百二十三条规定,必须要提前告知客户,使得收件人知道免费保管时限和后期超时收费的收费情况。并且,这里的"提前"并非指用户到快递柜取物件之前,而应当是同意快递员把快递存进快递柜之前,这是用户作为消费者的知情权。若快递柜运营方未告知收件人或未征得其同意就收费,则侵犯了消费者的知情权和自主选择权,上文已经谈到,这是法律明文禁止的。

据丰巢快递柜公司的规定,在丰巢快递柜中存放超过 12 个小时的物品将进行收费,每 12 小时收取 0.5 元,3 元封顶。或许从数目上来看,3 元并不算很大的数目,这也是大部分用户遭到不合理收费却不去深究的原因之一。快递柜公司的确提供了服务,提供了便利,但这个服务提供的便利很大程度上是给到了快递员,而非收件人。收件人额外支付给快递柜公司的超时费用,实则是在为快递员节省的时间成本买单。

三、快递柜公司的困境

(一) 快递柜的分布情况

我们使用电子地图对快递柜的分布进行简单查找,由于地图中只是标出了部分快递柜站点,而实际的快递柜数量远不止这一些。但我们仍可以从地图中看出,上海市快递柜的分布范围较广。我们在丰巢快递柜官网得到的数据如下:

表1　上海市各区内丰巢快递柜数量

浦东新区	5235 台	青浦区	1295 台	普陀区	752 台
闵行区	2997 台	奉贤区	1133 台	虹口区	691 台

（续表）

松江区	2245 台	杨浦区	909 台	长宁区	440 台
宝山区	2160 台	静安区	903 台	黄浦区	261 台
嘉定区	1958 台	徐汇区	899 台	崇明区	186 台
		金山区	804 台		

　　总体上看，丰巢在每个区分布快递柜的数量与该区的常住人口数量比例相当，然而通过问卷反馈，有超 30％的受访者所住小区内未设有快递柜，这可能也成为一些快递接收者不愿意通过快递柜接收快递的原因之一。在这种情况下，用户基本只有两种选择，一是放家门口，二是请物业、保安代收。如果是贵重物品，快递柜的安全性就要比前两种高许多。这也是部分上班族在不在家的情况下，会首选让快递员将快递放置在快递柜中。

（二）快递柜的收费问题

　　快递柜大大减少了快递员们在找门栋、爬楼、等电梯等方面消耗的时间，可以说提高了物流效率。快递柜公司的入不敷出也是影响快递柜运营的重要因素。尽管快递柜是如今热门的新兴行业，哪怕是市场占比排第一的丰巢科技，收益也不容乐观，丰巢科技依旧处于亏损的状态。

　　对于向用户和快递员的双向收费，快递柜公司也自有说法。据一家深圳的快递柜公司称，向用户收取快递存储费是为了督促用户尽早取掉快递，加快周转，以免占用资源。消费者与快递柜公司之间并没有委托方和受托方的关系，而快递员则是和双方都存在真正委托关系的那一方，与双方有委托协议。我们了解到，快递员在寄存快递到快递柜的时候，会被收取 3 毛到 1 元不等的寄存费用（依柜子尺寸而定）。而我们知道，快递柜在用户取件时也会通过收取"打赏"或者超时费获得收益,快递柜公司等于说是双向收费。

但是相比起快递柜本身的高昂成本来说,这点收益根本无法填补。据映象新闻的报道,一台丰巢快递柜一年需要向物业缴纳租金 3000 元左右,而在融资好的时候每年缴纳近 5000 元。此外管理费和电费是另收的,管理费合算到电费里面,按每度电 1 元收取(此处以郑州为例)。

按照速递易母公司披露的财报显示,该公司经营的快递柜目前的收费模式主要有五种:①收取快递员的派件费用。快递员使用速递易快递柜投放快递时,根据快递柜大小缴纳一定的寄存费用;②用户寄件收费,这一业务没有大量拓展;③向用户收取超期使用费,一般不会超过 3 元;④广告业务的收入。有一些快递柜自行发起一些商业活动,也会在自家的快递柜上打广告,如丰巢快递柜;⑤增值服务收入的模式。开发多种服务形式,市场占比较大的丰巢科技有在做,但目前来讲收效甚微。

四、优化建议

(一)营利方面

智能快递柜的投放成本较高,从快递本身获得的收益却甚微,因此快递柜公司需要拓展更多的营利渠道。快递柜公司与物流公司合作,不仅拓展了快递柜"收寄"的功能,更能为快递柜公司提供稳定收益,为物流公司提高物流效率。

1. 拓展功能

快递柜主打社区内部,需要更贴近生活需求的服务,拓展业务可以发展一些符合更多百姓需求的服务,比如增加公交卡充值业务、代售彩票、预订餐厅、下载优惠券等便民金融服务功能,插口不仅可以支付快递费,还可以支付水电煤等账单。快递柜公司与物流公司合作,增设收寄信件、寄明信片等多样化功能,不再局限于日常收寄包裹。各个地区的快递柜外观更加有区分度、个性化的标识,并融入人工智能对话等模式,在用户使用时进行智能交流,让快递柜的服务更加人性化。

不仅是快递柜本身功能需要改变,更要改变居民的认知,使快递柜不再以"收快递"的标签示人,而是以"综合服务"的形象出现在居民眼中。快递柜的操作上要简便化,为中老年群体服务。

2. 与物流公司长期合作

因为物流本身存在流动性强、变化速度快等特点,物流量受社会环境影响程度较大,比如这次疫情的发生,使我国快递业务收入同比增长 33.16％。快递柜公司要与快递公司形成长期稳定的合约,增加寄存量,提升快递柜使用效率。

3. 拓展广告服务形式

广告费也是快递柜收入的一大来源,这一部分做得比较成熟的是丰巢科技。它接收的广告不仅有商业广告,更有明星应援、节日祝福等多样化广告服务。商业广告对于快递柜来讲可能比较有限,但是如果快递柜能够被作为便民化服务的一种形式存在,像如上所说的明星应援、节日祝福等个人广告将会有一定发展空间。

(二)站点分布方面

从上海目前的快递柜分布来看,市区内分布较少,绝大部分分布在近郊,也是人口数量较多的区域。这样的分布还是合理的,但是对于每一个小区来讲,仍存在差异。有一些小区会出现快递柜塞满无处可放的情况,而一部分小区内甚至没有快递柜。在我们走访的三个位于近郊的小区内,每个小区都设有三个快递柜站点。对于小区内设置的快递柜分布,快递柜公司应该根据多年各小区快递数量的平均值,合理布局快递柜。

根据我们的调查,使用快递柜的人群多是上班族、学生,这些人群早晚出行方式大部分为轨道交通、公交车等。对于他们来说,小区中的快递柜不一定是最方便的,如果小区较大,从小区门口走到家门口的路上并没有快递柜,反倒需要绕路去取。相比之下,在公共交通的站点或者社区休闲广场等处设置快递柜,能够在一定程度上缓解部分小区无快递柜而部分小区快递柜"爆满"的不平衡情况,相当于多个小区共用。对于共用的快递点可以适当增加快递柜数量。因此,条件允许下,市区内的地铁站、公交站外围也是快递柜站点理想的摆放位置。

(三) 对快递员"甩手"行为的限制措施

限制快递员"甩手"到快递柜,需要快递公司和快递柜公司双方合作。

对于快递柜公司来说,为确保收件人对快递员把快递存放入快递柜的事实知情且允许,建议快递柜公司与快递公司合作,在订单确认时,同时请收件人确认"是否允许放入快递柜",并明确告知快递柜使用可能产生的超时费用以及使用规定。提前确认不仅让用户能够自主决定是否委托第三方代为保管,也节省了快递员联系用户的时间。快递柜公司也可以适当延长免费寄存时限,或者通过广告宣传、推出月卡优惠等方式,以争取更多用户选择使用快递柜。用户如果选择"允许放入快递柜",快递柜公司方面应提供收货地址附近的快递柜站点供用户选择,用户可以自主选择存放的快递柜站点。

而对于公司来说,快递公司应向快递柜公司提供快递员的订单信息,确认此单快递是否可以存入快递柜,如果不能,则从快递柜处拒收,以避免快递员在用户明确选择了不能使用快递柜的情况下,仍使用快递柜的情况。由于客户不同的选择,物流费用不同,物流公司可以考虑快递员在按快件种类提成时,给出不同提成标准。

鼓励用户多选择"可存放快递柜"选项,对于快递公司而言意味着更高的物流效率,快递柜公司可以通过给予价格优惠、赠送抵用券等多种方式,鼓励用户同意存放快递柜。

参考文献

[1] 赵文君:《5月快递业务量同比增长超四成》,新华网,2020年6月11日。

[2] 欧秀芳:《我国智能快递柜的发展现状》,《中国物流与采购》,2019年第3期。

[3] 贾斯曼:《智能快递柜遭遇尴尬:用户不买账,快递员变懒了》,《经济参考报》,2018年10月23日。

[4] 赵丽:《快递柜收费成争议焦点能否真正解决"最后一公里"》,《法制日报》,2018年11月2日。

[5] 孔令晗,张曜麟:《快递擅放代收点 遭遇纠纷谁担责》,《决策探索》,2018年第12期。

[6] 中国物流与采购联合会:《中国电商物流与快递从业人员调查报告》,《中国物流信息中心》。

[7] 林洁如:《快递新规限制"奔放的甩手柜"》,《新产经》,2019年第9期。

[8] 崔聪聪:《论电子商务法的调整对象与适用范围》,《苏州大学学报(哲学社会科学版)》,2019年第1期。

[9] 张天宇:《今天起,丰巢快递柜超时收费》,《央视新闻》,2020

年4月30日。

[10] 郑亚鹏:《丰巢超时费:快递员未经允许放入　该谁付费?》,《中国质量报》,2020年5月8日。

[11] 张会云、尚鑫:《快递业"最后一公里"配送模式分析——以菜鸟驿站和丰巢为例》,《物流技术》,2015年第22期。

[12] 孙祥:《邮政投递网流程优化探讨》,《邮政研究》,2010年第4期。

探究感想

在论文中,我们依据200余份问卷调查结果对快递柜使用现状进行分析,结合最新出台的《民法典》中相关法规,提出对于快递员擅自存放快递柜的限制措施。同时,我们也发现,快递柜除了能大大提高物流效率的同时,也可以给社区居民生活带来便利。于是我们从拓展功能、与快递公司长期合作、拓展广告服务形式等方面对于快递柜公司营利模式提出建议,以及提出由消费者在物流下单界面自主选择是否允许存放快递柜的新模式。作为高中生,我们第一次正式地写一篇论文,第一次制作问卷后四处找人填写,第一次体验合作探究,感觉确实很有成就感。从最初的迷茫懵懂到论文完成,好像只是一刹那的事,写稿时的绞尽脑汁也成为高中时期最宝贵的回忆。我们学习到了如何专业地做研究写论文,接触了知网、查重这些原来好像遥不可及的东西。

课题组成员:上海市延安中学

　　　　　杨悦晨　姚雅淇　潘瑞文

指导老师:张　勤

科技之光

风电的发展与前景

一种可组合多用途自动移车器的设计

基于移动互联网技术的上海科技馆智能化
服务体系建设

风电的发展与前景

探究缘起

　　能源是人类社会赖以生存和发展的物质基础。当今社会主要依赖以石油为代表的不可再生能源。随着能源的极度消耗，能源短缺的问题也随之产生。风能是一种取之不尽、用之不竭的天然可再生资源，不会产生任何污染。由于科学水平的进步以及风能本身的清洁环保特性，风能已应用于发电行业。风力发电对中国乃至世界的发展都有非常深远的影响。出于对风力发电的兴趣，我们想研究各国风力发电的情况是怎么样的，风力发电的前景如何。

一、风力发电的现状

（一）中国风电分析

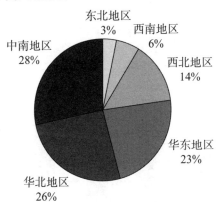

图 1　2018 年中国各区域新增风电装机容量占比情况

　　中国如今正在大力发展风电，在风电市场的规模和数目来看，正处于快速增长的阶段，同时也有从集中走向高密度集中的趋势。这些风电场主要分布在华东地区、华北地区、中南地区,这是由气候、地形等因素所导致。

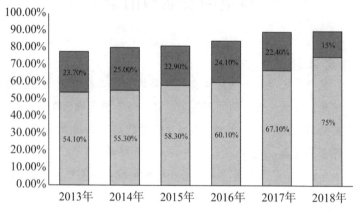

图 2

中国风电发展走在世界前列,截至 2019 年底,中国在全球陆上风电累计装机量中位列第一,占全球的 37% 左右;全球海上风电累计装机量中位列第三,占全球的 23%。

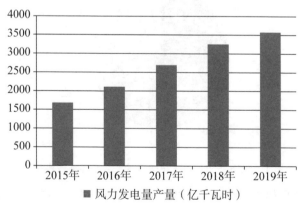

图 3　2015～2019 年中国风力发电量产量统计图

2019 年中国风力发电的产量比 2015 年高了一倍多,这足以表明中国正在新能源转型上快速发展,可再生能源(以风能为主)比重迅速上升,基本覆盖了煤炭在中国风电领域的重要作用。

(二) 美国风力发电情况

美国风能协会 AWEA 发布了《2019 年美国风力发电年度报告》,该报告指出,从 2019 年起,风能成为美国新能源结构中的主要能源。

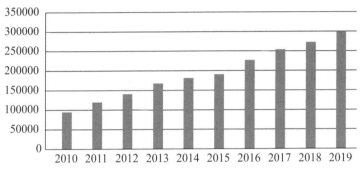

图 4 美国近年风力发电量

由图 4 可知,美国从 2010 年至 2019 年风力发电量逐年递增,有明显增长。同时这也印证了美国将风能作为新能源的首选,正加大力度增加风电装机数量。

随着风能产业的发展,风能不仅为美国的能源结构优化起到作用,还给美国提供了大量的就业岗位,产生了相当大的社会效益。风能产业给得克萨斯州、爱荷华州分别提供了近 26000 个工作岗位,为整个美国提供了 12 万个就业岗位。

爱荷华州风力发电量占该州总发电量的比例高达 41.9%,其次为堪萨斯州的 41.3% 和俄克拉荷马州的 34.5%,从这些数据来看,美国风电的使用率已经很高,并且其发电量也不容小觑,风电正在给美国带来相当大的积极作用。

（三）德国风力发电情况

作为一个风力发电的强国,德国有较为充足的陆上风电装置,而且分布比较均衡。德国相当看重风力发电的前景,并且制定了远大的目标,政府也是相当支持,在政策、福利等方面为德国的风力发电领域服务。

目前德国处于风电的低谷,距离它的目标还有很长的一段距离,甚至能否继续保持世界前列地位也是一个问题。不过,由于德国优越的地理位置、地理环境等诸要素,德国的海上风电具有极大的优势,并且尚未被充分利用。

因此,德国是否能在接下来的时间里利用好海上风电的优势,决定了德国能否完成自己的目标,继续带领世界发展风电领域。

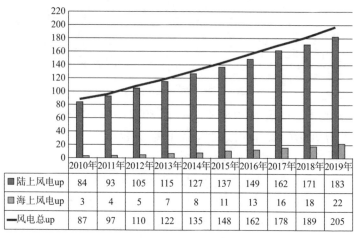

	2010年	2011年	2012年	2013年	2014年	2015年	2016年	2017年	2018年	2019年
■陆上风电up	84	93	105	115	127	137	149	162	171	183
□海上风电up	3	4	5	7	8	11	13	16	18	22
——风电总up	87	97	110	122	135	148	162	178	189	205

图 5　欧洲风电总况

由图 5 可得,欧洲主要以陆上风电为主,英国、德国等部分国家正在发展海上风电。海上风电具有资源丰富、发电利用小时数高、不占用土地、不消耗水资源和适宜大规模开发的特点。近几年,欧美国家均把风电开发的重点转向海上,许多大型风电开发企业、设备制造企业正积极探索海上风电发展之路。我们认为,海上风电将决定未来能源结构的发展。

（四）中、美、德三国风力发电比较

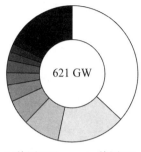

中国37%　　美国17%　　德国9%　　印度6%
西班牙4%　　法国3%　　巴西3%　　英国2%
加拿大2%　　意大利2%　　其他国家 16%

图 6　2019 年底全球陆上风电累计装机国家分布

根据 GWEC（全球风能协会）发布的《GLOBAL WIND REPORT 2019》,全球陆上风电累计装机容量达到 621 GW,位列前三的分别是中国、美国和德国,三国共占全球市场的 63%。

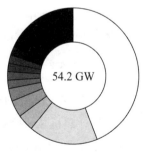

中国44%　　美国17%　　印度4%　　西班牙4%
瑞典3%　　法国2%　　墨西哥2%　　德国2%
阿根廷2%　　澳大利亚2%　　其他国家18%

图 7　2019 年全球陆上风电新增装机国家分布

与此同时,中美两国 2019 年陆上风电新增装机量分别排名第一和第二。作为全球最大的风电市场,中国 2019 年陆上风电新增并网容量为 23.8 GW,累计达到 230 GW。美国是全球陆上风电的第二大市场,2019 年新增装机 9.1 GW,累计装机容量突破 100 GW,但仍与中国有明显差距。

　　虽然德国在陆上风电累计装机容量能排到全球第三,但 2019 年德国的新增数 1.084 GW 相比于 2018 年的 2.34 GW 与 2017 年的 6.581 GW,已经是大幅度下降了。相对于中国和美国可利用风电的面积来说,德国的陆上风电发展仍然是可观的。

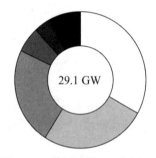

□英国33%　■德国26%　■中国23%
■丹麦6%　■比利时4%　■其他国家8%

图 8　2019 年底全球海上风电累计装机国家分布

　　根据 GWEC(全球风能协会)发布的《GLOBAL WIND REPORT 2019》,全球海上累计装机装机容量已达到 29.1GW。英国、德国和中国位列世界前三,这三国占全球总量的 82%。

　　从海上风电累计量来看,德国在中、美、德三国中占据优势,中国其次,而美国未能进入前列。德国虽然在 2019 年陆上风电新增装机量上有所减少,但仅从数据上来看,如今德国正在把重心转向海上风电的发展,在 2019 年,德国海上风电新增装机 1.098GW,比例已达到18％,德国在海上风电的发展仍有较大优势。

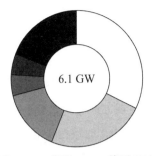

图9　2019年全球海上风电新增装机国家分布

反观中国的海上风电发展,2019年新增量位列世界第一,为2.379GW,比例占全球39％.中国正在大力发展海上风电,虽然与陆上风电相比,海上风电技术仍未成熟,但中国的海上风电有很广阔的前景。

2019年美国的海上风电新增装机量并未进入世界前列,但根据AWEA发布的《2019年美国风力发电年度报告》来看,美国正在投入更多资源发展海上风电。

二、风力发电的前景

(一)海上风力发电的优势

风力发电的关键取决于风的大小。在陆地上,因为地形的多变,地势的不平,会导致风阻,从而浪费可利用的风能,同时风轮上下受力不均,大幅消减了风轮的寿命。而在海洋上,风力基本不受影响,相较陆地上,海上风速快,风能充分,为风力发电提供了丰富的能源。

其次,海上风电无需占用土地资源,同时风机发出的噪声不会对居民和动物造成影响。

由此可见,海上风电明显优于陆上风电。

(二) 海上风力发电的前景

海上风电建造速度加快,风电渗透率持续加大,低风速和海上风电技术成为重要发展方向。随着近年来低风速风机技术的进步,低风速地区的年发电小时数提升至 2000 小时左右,低风速地区风电场的经济效益得到了提升。

风电发展具有巨大潜力,目前风电供应量已经超过了全球用电量。并且随着高新技术的发展,海上风电的成本也在大幅减少。海上风电得到了越来越多国家的支持,可以说,海上风电有着不可估量的光明前景。

三、结论与建议

如今各国都在大力研发风电技术,尤其突出的有中、美、德三国。

在陆上风力发电领域中,中国作为全球最大的风电市场,具有明显的优势,美国作为第二大市场,仍在加大发展力度,而德国近些年已有明显的下降趋势。

在海上风力发电领域中,德国具有明显优势,中国其次,而美国并未进入世界前列,仍需发展。风力发电的前景受地形与发电效率影响,但仍有很好的可行方案。海上发电更优于陆上发电,海上发电具有不可估量的光明前景。

参考文献

[1] GWEC(Global Wind Energy Council)全球风能协会.

《GLOBAL WIND REPORT 2019》。

[2] 中国风能协会(CWEA):《2018 年中国风电吊装容量统计简报》。

[3] 智研咨询:《2020—2026 年中国风力发电行业市场现状调研及发展趋向分析报告》。

[4] 美国风能协会(AWEA):《2019 年美国风力发电年度报告》。

探究感想

生活中,我们中学生会接触到各种各样的问题,但是并不会深入探究。这次的研究性课题恰恰给了我们一个能自发地思考问题的机会,去接触那些不曾了解过的领域,很大程度上锻炼了我们处理、分析数据的能力,以及对于知识的运用。

我们在课题研究的过程中也遇到了不少困难,如数据的不完整、分析的不严谨等问题。在团队的努力之下,我们将其一一解决,尽可能地完善论文,准确地表达出我们分析的结论和我们自己的观点。这让我们深刻地感受到一个团队的力量远大于个人的能力。

最后,感谢指导老师在我们困惑的时候指点我们,协助我们成功完成这一研究,也感谢场馆老师们给予我们的这一次机会,不仅锻炼了我们,还为我们指出了很多值得改进的地方,帮助我们进一步完善课题。

课题组成员:上海市闵行中学
　　　　薄义博　葛郁飞
指导老师:钱洁琼

一种可组合多用途自动移车器的设计

探究缘起

随着市民汽车拥有量的不断增加,城市内的停车问题日渐突出。公共道路上汽车的违章停放等现象层出不穷,不断挤占公共道路的有限资源,导致经常发生道路拥堵、人车混行的现象。另外,居民小区内车辆的乱停乱放、侵占他人车位等问题也日益突出,更有占用应急消防通道现象,如果发生险情,应急通道的占用很有可能造成重大损失。

基于上面的多种因素,我希望能设计出一种以绿色能源电池为动力的移车器,通过自动移车转移到大型车库停放的模式来缓解居民小区车位不足和公共道路资源被大量占用的情况,从而解决小区及公共道路上乱停车问题,最大化地释放公共道路资源和小区内公众的活动空间。同时,通过集中高效利用大型车库的充电装置为更多的绿色能源车充电,尽可能减少充电装置的资源浪费。

一、组合式多用途自动移车器的设计过程

(一)无人机辅助的自动移车器

目前市面上出现了一些非公共道路使用的移车器。现有这类移车器主要分为以下两种:①人工安装并推动移车装置。缺点:费时费力并且只可短距离移动,移动方向性较难掌控,安全性低。②电动＋人工现场操作的移车器。缺点:体积较大,移车器有较大部分处于车辆外部,导致移动半径大,需要有较大空间才

可完成移车,并且需人工现场校对移车器位置,速度慢。目前这两种都只适合在人工现场操作干预的情况下短距离、低概率使用。为此,本设计实施提供一种无人机辅助远程遥控自动移车装置,以解决现有技术中移车装置体积大、移动不方便、移动流程实效性差、安全性低的问题。

1. 基于无人机辅助的自动移车器的整体设计思路

本设计希望为解决车辆的移动提供一种解决方案。本设计的基本结构是:通过无人机与移车器本体相结合的模式,大大增加移车器的活动范围,并通过麦克纳姆轮与多组传感器相结合,实现感知、调整位置及顶升流程的全自动。

根据以上的构思,构画出基于无人机辅助的自动移车器的总设计概图,如图1所示:无人机与移车器本体由电缆连接共享电力。

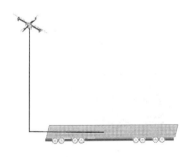

图1 无人机辅助的自动移车器的总设计概图

2. 设计采用功能模块化

(1)无人机模块

无人机本体底部吊装有云台,云台的底部设置有第一、第二摄像头,第一摄像头提供俯视视角,第二摄像头提供前视视角。无人机本体底部还设置照明装置。并且无人机有电缆与移车器本体相连接。通过无人机的辅助,可实现远程遥控移车器进行移动。另外,因无人机全程提供实时视频可录像保留,在发生纠纷时可作为一定的辅助证据。

(2) 移车器本体功能分层结构

移车器本体包括三层结构,第一、第二、第三支撑架。第一支撑架即底层,第二支撑架通过金属件固定在第一支撑架上方,第三支撑架通过金属部件固定在第二支撑架上方。

① 移车器本体第一支撑架

如图2所示:第一支撑架前后左右均匀设置有4组共32个麦克纳姆轮及电机,并通过竖向杆(编号103)与横向杆(编号104)连接固定。电机与第二支撑架内的控制芯片组电性连接。该层结构主要通过麦克纳姆轮的特性实现载重大,在不转动轮胎方向的情况下实现原地多方向转动,及横向移动等特殊功能,并且结构简单,易于维修。

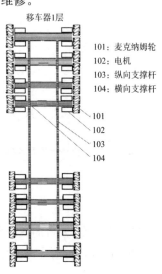

图2　移车器本体第一支撑架

② 移车器本体第二支撑架

如图 3 所示:第二支撑架由横向杆(编号 201、210)和竖向杆(编号 202、209)连接固定,在竖向的固定杆上分别设有两组千斤顶,每组千斤顶包括一个左侧千斤顶和一个右侧千斤顶。

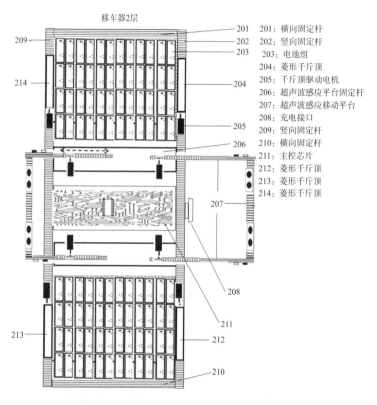

201:横向固定杆
202:竖向固定杆
203:电池组
204:菱形千斤顶
205:千斤顶驱动电机
206:超声波感应平台固定杆
207:超声波感应移动平台
208:充电接口
209:竖向固定杆
210:横向固定杆
211:主控芯片
212:菱形千斤顶
213:菱形千斤顶
214:菱形千斤顶

图 3　移车器本体第二支撑架

菱形千斤顶由电机驱动升降,电机设置在相应的固定支架上,固定支架通过弹簧连接到第三支撑板的底部,避免电机在升降过程中产生晃动,进一步提升电机的工作稳定性(参见图 4)。

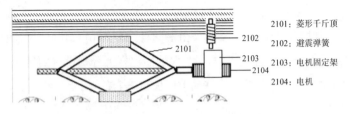

2101：菱形千斤顶
2102：避震弹簧
2103：电机固定架
2104：电机

图 4　第二支撑架底部

第二支撑架中间部位左、右分别设置有一个超声波感应伸缩平台。平台的具体示意图如图 5 所示：

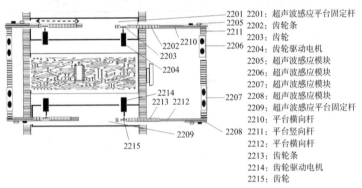

2201：超声波感应平台固定杆
2202：齿轮条
2203：齿轮
2204：齿轮驱动电机
2205：超声波感应模块
2206：超声波感应模块
2207：超声波感应模块
2208：超声波感应模块
2209：超声波感应平台固定杆
2210：平台横向杆
2211：平台竖向杆
2212：平台横向杆
2213：齿轮条
2214：齿轮驱动电机
2215：齿轮

图 5　第二支撑架超声波感应伸缩平台

超声波感应平台设置在上下两个平台固定杆（编号 2201、2209）上，以右侧的超声波感应平台为例，其固定杆上设有滑槽。超声波感应移动平台由两根横向固定杆（编号 2210、2212）与一根竖向固定杆（编号 2211）连接构成。每根平台横向杆上各固定设置有一根齿轮条（编号 2202、2213），并且每根平台横向杆下方设置有与平台固定杆（编号 2201、2209）配套的滑块，通过固定在平台固定杆（编号 2201、2209）上的电机（编号 2204、2214）驱动齿轮（编号 2203、2215）带动齿轮条，使整个超声波感应平台能自由伸缩移动（参见图 5）。

超声波感应平台的工作模式:通过超声波感应模块(编号2206、2207)感应垂直高度值变化,来确认移车器与所移车辆侧面的平行位置。通过超声波感应模块(编号2205、2208)感应移车器与所移车辆两轮间距离的变化(参见图5)。

第二支撑架中间部位设置有移车器本体的控制单元(编号211)(参见图3)。第二支撑架前后各设置有电池组(编号203)为移车器本体及无人机供电(参见图3)。

③ 移车器本体第三支撑架

移车器本体的第三支撑架如图 6 所示:

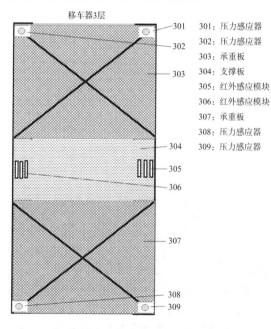

移车器3层

301：压力感应器
302：压力感应器
303：承重板
304：支撑板
305：红外感应模块
306：红外感应模块
307：承重板
308：压力感应器
309：压力感应器

图 6　移车器本体第三支撑架

第三支撑架由固定杆连接,并在其上覆盖有支撑板(编号304)。在第三支撑架的左、右各设置有一组红外感应模块(编号

305、306），每组红外感应模块分别包括三个红外遮光感应探头，分别对应 A—C 类家用轿车的底盘横梁宽度的位置，且通过红外感应模块的遮光感应能力来确定移车器本体与车辆横梁的位置并进行相应的调整。并且红外感应模块低于承重板（编号 303、307），避免感应探头在顶升时受压损坏。

　　第三支撑架前、后各设置一块承重板（编号 303、307），承重板在支撑板的基础上覆盖软质橡胶，以便顶升完成后相对地固定车辆、减少晃动。

　　第三支撑架的四个角上分别设置有压力感应器（编号 301、302、308、309），用于感应顶升完成后四个角的压力重量情况，如有较大误差可人工远程干预重新调整。

　　移车器主体的侧面见图 7 和图 8：

图 7　移车器主体侧面示意图

图 8　移车器模型侧面图

3. 移车器的工作流程示意

基于无人机辅助的自动移车装置的工作流程如下(以自动移车器右侧靠近待移动车辆为例):

(1) 通过遥控终端控制无人机辅助提供视野,远程操控自动移车器移动到待移车辆的左侧面。

(2) 自动移车器首先伸展出位于其右侧面的超声波测距平台,并平移接近待移车辆的左侧面。

(3) 移车器右侧面的超声波测距平台逐渐接近车辆底部,并通过平台上超声波测距模块上的两个超声波测距传感器(编号2206、2207)感知垂直高度变化,调整自动移车器与待移车辆的位置,直到与待移车辆侧面平行为止,并且超声波测距平台前端进入待移车辆的车底。

(4) 自动移车器平行位置调整好后,自动启动超声波测距平台上的两个超声波测距传感器(编号 2205、2208),感知与待移车辆前后轮胎的位置,并调整自动移车器与待移车辆前后轮之间的间距,最终达到前后距离均等。在此过程完成前,超声波测距平台会探入待移车辆底部进行感知,自动移车器在待移车辆外侧调整。

(5) 在自动移车器与待移车辆的位置调整完毕后,超声波测距平台缩回自动移车器。自动移车器开始横向移动进入待移车辆的底部。开始启动红外感应模块,通过红外感应模块感应车辆底盘边界,并让自动移车器在恰当位置停止。

(6) 自动移车器在待移车辆底部恰当位置停止后,自动启动顶升功能,由电机顺时针转动带动菱形千斤顶的螺纹杆一定圈数后,将待移车辆顶升抬离地面。

(7) 顶升完成后,后台人工可通过数据窗口查看第三支撑架上四个位置的压力感应器的数值,若只是前后重量有小差异,可通过小幅调整菱形千斤顶的前后高度位置来解决。若其他位置重量差异大,可降下千斤顶,自动移车器平行退出待移车底。再次进行车距调整工作。

(8) 如果四个位置的压力感应器数值正常,则可通过无人机辅助提供视野,开始移动待移车辆。

(9) 待移车辆到达停车位后,启动千斤顶的下降功能,下降完成后,自动移车器自动从待移车辆的左侧面横向退出,完成整个移车工作。

4.移车器模型测试结果

根据以上设计制作出的自动移车器模型,经由计算机程序发出的指令,可以做到移车器工作流程中所列出的各项动作,一次完成从接近待移动车辆到将车辆移动到指定地点后退出车辆的整个流程(见图9)。

接近　　　　　进入　　　　　移动　　　　　退出

图9　自动移车器模型移动车辆过程

(二) 与拖车头模块化组合的自动移车器

目前公共道路上使用的移车装置,都为人工驾驶的拖车。此类拖车在移车时都需要人工现场摆放,校对拖车装置位置,需要花费较长时间,并且需要被移动车辆前方或后方留有可以让拖车进入的位置,导致移车现场需要非常大的空间。

为此,我考虑将本研究的第一部分(无人机辅助的自动移车器)与有人驾驶的拖车头进行模块化组合,以解决现有拖车装置移动流程实效性差、移车现场面积需求大的问题,同时形成一个设想:以大型车库为中心,覆盖周边一定范围内的道路,结合相应的手机 APP,达到人、车、车库信息无缝连接,通过"与拖车头组合的自动移车器",做到快速将车辆在道路临时停车位与车库间移送,真正达到还道路空间于通行的目的。

1. 与拖车头模块组合的自动移车器的设计思路

本设计为提高公共道路上车辆的移动效率提供一种解决方案。本设计的基本结构是:在"无人机辅助的自动移车器"前端加装红外感应装置,建立三角定位功能模块,与拖车头的识别条码相结合,通过机械爪实现快速的链接锁定或脱离功能,增强移车器在公共道路的活动能力,实现公共道路快速移车功能。

根据以上的构思,构画出"与拖车头组合的自动移车器"的设计概念图,如图 10 所示:

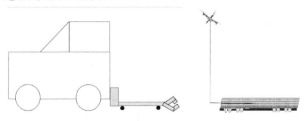

图 10　与拖车头组合的自动移车器的设计概念图

2. 红外定位与爪机锁定模块

爪机模块和红外定位模块装置如图 11 所示：

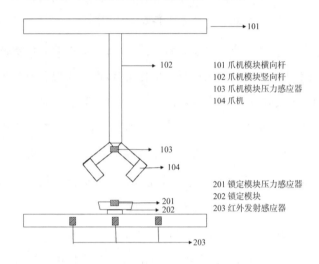

101 爪机模块横向杆
102 爪机模块竖向杆
103 爪机模块压力感应器
104 爪机

201 锁定模块压力感应器
202 锁定模块
203 红外发射感应器

图 11　爪机模块和红外定位模块装置

爪机模块由横向杆(编号 101)、竖向杆(编号 102)、压力感应器(编号 103)和爪机(编号 104)组成,固定于拖车头后面接近底部位置。爪机中间上部贴有可红外识别的条码,爪机中间处的内部放置有压力感应器。

锁定模块(编号 202)固定于移车器第一层的前部中间位置,锁定模块中间同样内置压力感应装置(编号 201)。三个红外发射感应器(编号 203)固定于移车器第一层的上部。

3. 拖车头与移车器组合的工作流程示意

拖车头与移动器组合的工作流程分为两步：

当拖车头与移车器在短距离脱离状态时,移车器上的三个红外发射感应器利用三角定位原理,发射信号并感应定位拖车头,同时引导移车器向拖车头位置移动。

移车器逐渐靠近拖车头的爪机位置，当爪机和锁定模块上的压力感应器同时感应到压力变化时，移车器停止移动，同时爪机也会闭合锁定住移车器，达到拖车头与移车器锁定状态。

二、研究总结

根据此次设计作品的研究、制作、测试，我得到以下结论：

（一）无人机辅助的自动移车器

通过对移车器验证机制作用及测试过程的分析，利用麦克纳姆轮（具有在车轮不变方向的情况下，实现多方向灵活转动，并且载重量大的优点）与多套感应装置的组合，并结合无人机提供的视线辅助，设计制作的移车器可实现远程自动对移动车辆的定位、调整，以及进入车辆侧面两轮间底盘完成顶升以及移动、停放工作，具有自动化、高效率、活动范围大、移车半径极小、可视化及节省人力等优点。[①]

另外，考虑到移车器会在无线信号较弱的地下车库工作。而目前的设计还是有人工参与部分，因此，需要在后续的设计中加入更多人工智能化设计，例如移车器的系统能预设车库的地形图及车库内定位计算能力，并能自动接收和反馈大型车库的车位实时使用数据，以期达到精准高效的移动、停放车辆的全自动和数据共享能力。

---

① 关于无人机辅助的自动移车器的研究，我做为发明人和专利权人，目前已获得国家知识产权局授予的以下专利权：

1. 实用新型专利：一种移动搬运装置，专利号：ZL201920095882.2

2. 实用新型专利：一种无人机辅助远程遥控自动移车装置，专利号：ZL201920095886.0

3. 实用新型专利：一种移车装置，专利号：ZL201920096488.0

（二）与拖车头模块化组合的自动移车器

移车器与拖车头的组合,极大扩展了移车器的活动范围和应用场景,又很好结合了移车器自动化、效率高、操作范围小的特性。同时,拖车头的工作效率也大大提高,拖车头可以在车库出入口,根据移入或送出车辆指令,快速脱钩或锁定不同状态的移车器,可以大幅提高公共道路与车库间的车辆移送效率。不过,关于与拖车模块化组合的自动移车器的研究,目前还处于理论阶段,由于条件所限,暂时还未能制作出对应的移车器模型用于实验测试。

参考文献

[1] Stewart Watkiss:《树莓派实战全攻略——应用与机器人智能制作》,方可译,北京:人民邮电出版社,2018 年。

[2] Eben Upton & Gareth Halfacree:《树莓派用户指南(第 3 版)》,张静轩、郭栋、许金超、王伟译,北京:人民邮电出版社,2016 年。

探究感想

此次"进馆有益"学习中,我着重浏览了汽车的发展史。我经过一年多的学习、研究、制作模型、测试、论证,终于完成了本作品的设计。我逐渐学习并掌握了树莓派和各种传感器的使用,这更让我意识到系统学习的重要性,希望以后能在高校的专业课程中掌握更多的专业知识,将自动移车器的功能设计进一步发展和完善。

同时,随着5G的开发应用和物联网技术的发展,我希望能结合5G的高速数据传输能力,通过远程控制更好地优化组合各种设备,实现人工智能化目标,赋予此类自动移车器更多的应用场景。此外,可以结合相应的手机 APP 的应用,以自动移车器为纽带建立共享经济模式,实现车与大型车库间高效绿色环保的移动,真正地解决居民小区和公共道路上车辆停放的问题。

通过此次的进馆学习,我也更加认识到环境对人类未来发展的重要性。我在研究中思考我的设计能否对环境产生有益的作用。比如通过自动移车器的共享模式提高大型停车库利用率,减少车辆对居民小区公共空间的占用,让小区拥有更多的绿化和活动空间。我希望自己的想法和作品能为环境保护贡献一份力量。

在此次的探究活动中,我得到了场馆老师的帮助和支持,向他们表示由衷的感谢。我也感谢指导老师王昌国,一年来他一直支持和鼓励我坚持进行自动移车器课题的研究性学习。

课题作者:上海市实验学校
　　　　王安若
指导老师:王昌国

基于移动互联网技术的上海科技馆
智能化服务体系建设

探究缘起

2019年的寒假,我来到上海科技馆进行志愿服务,主要是在展厅门口做咨询员。尽管场馆内设置了多个地图领取处,但由于场馆较大、标识不清、方位难辨等问题,仍有不少观众习惯于询问志愿者们。作为志愿者,我很高兴能为观众解答疑惑,同时也萌生了一些想法:如何能以更高效的方法使观众获得更便捷的参观体验呢? 于是,我便以我非常感兴趣的信息科技为抓手设计了这个课题。

作为重要的科学技术传播场所,上海科技馆肩负着提升国民科技知识素养,扩大公众知识面的重要任务,也是长期面向公众展开科技展览、科普活动的重要阵地。地处上海这样的超级大都市,面对众多的参观者,如何利用飞速发展的科技,更好地发挥科普教育功能、提高公众科学素养,成为上海科技馆需要应对的重要挑战。

近些年,上海科技馆不断加大信息技术管理投入,已经实现了访客网络管理、微信平台的信息交互、APP应用服务等。随着IT技术迅速迭代更新,如何将多种IT技术纳入统一的应用体系中去,在成本可控的前提下整体提升公众服务水平,在这方面仍需做更多的努力。本课题将从以下三方面进行探究:

第一,如何将各项IT技术整合在一起,实现协同效应;第二,如何通过IT技术优化访客体验;第三,面对每年400万人次的访客,如何让系统大数据帮助科技馆合理分配有限的人力资源,优化管理。

一、技术研究现状

先进的 IT 技术无疑是提升科技馆服务能力的利器,在本方案中,主要应用到三项 IT 技术:COO 基站定位技术、iBeacon 定位技术和已被广泛应用的 APP 开发技术。

(一) COO 基站定位技术

蜂窝小区 COO(Cell of Origin)定位属于移动通信基站定位技术的一种,是 GSM 网获取位置信息来实现位置服务的主要定位技术。因为此种技术不需要对手机或网络做较大的改动,所以能够在现有手机的基础上构造位置查找系统。

在城市,由于基站较多,定位精度可以达到 200 米左右,在基站密集的中心地区,通常小区划分得很小,定位精度甚至可以达到 10 米以内。应用 COO 基站定位,使得科技馆可以探测到场馆附近的访客手机。通过移动或联通等服务运营商,科技馆一方面可以将馆方信息推送到访客手机端,另一方面也可以监控访客流量及其在馆内停留的时长。

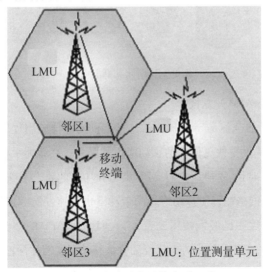

图 1　COO 基站定位技术原理图

（二）iBeacon 定位

iBeacon 是苹果公司 2013 年推出的一项室内定位技术,通过软件和硬件的结合,从而大大提高室内精度,从原来的几百米,几十米,提高到 1 米以内的定位精度。在逛科技馆的时候,当你走到某个展品前,手机应用自动跳出展品的介绍,让你的参观体验大大增强。

iBeacon 采用蓝牙 4.0,即低功耗蓝牙,一个纽扣电池可供 iBeacon 设备使用两年,近两年成本也大幅下降至 100～200 元。并且 iBeacon 技术已经从最初苹果公司的 iOS 系统拓展到 Android 等多种移动端系统,基本覆盖了大部分移动终端,能满足大部分人的需求。

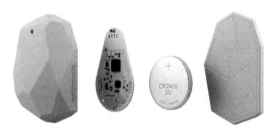

图 2　ibeacon 定位设备

（三）APP 开发技术

APP 的全称是 application,是指手机的各种应用程序或者应用软件,提供更快更便捷的移动应用和服务。在智能手机越来越普及的新时代,手机用户对 APP 类型和功能的要求不断提高,5G 宽带无线网络在智能移动终端的带动下也快速发展和应用起来,手机应用程序已经慢慢得到普及,人们使用 APP 的频次逐渐增加,人们的工作和生活方式已经完全被移动互联网深深地改变。

目前的 APP 开发技术已经非常成熟,很多模块功能已经有实际应用案例。建立并应用一套 APP 系统,会对提升访客的体验感,协助科技馆进行精细化运营产生巨大的促进作用。

二、智能化服务体系架构和功能

不同的 IT 技术具备不同的功能,但技术毕竟只是我们用来实现目标的手段。所以只有从科技馆的关键需求出发,采用相应的 IT 技术与之匹配,才能有效地建立智能化服务体系架构。基于这种理念,可以将上海科技馆的服务管理需求分为三个方面:APP 访客获取、智能访客体验优化和后台数据采集。进而利用各项 IT 技术来实现这三个阶段的需求,如图 3 所示。如此就可以将 IT 技术实现的各项功能相互衔接起来,从整体上提升科技馆的服务管理水平。

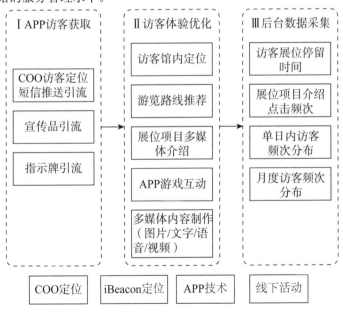

图 3　上海科技馆智能化服务体系架构图

（一）APP 访客获取

作为有效的工具，APP 能够向访客提供更优的服务体验，科技馆也可以从中获取有价值的后台数据。但这一切的前提基于访客了解 APP 的用途并愿意在手机上进行安装。因此，馆方应当充分利用线上和线下的多种手段告知、鼓励访客安装 APP 应用。

利用 COO 基站定位技术，可以探测到科技馆内和附近的访客手机。通过通信运营服务商，科技馆能够将含有 APP 链接地址的短信推送到身处场馆附近的目标访客。当然，为了提高访客下载 APP 的几率，应当通过印刷宣传品、馆内指示牌的线下方式加强推广。

（二）智能访客体验优化

通过架设 iBeacon 蓝牙监测设备，在一定区域内进行全面的定位网络覆盖，对访客的位置进行实时、连续的定位，并在地图上进行展示，后台系统可查看人与物的实时位置、移动轨迹、当前状态等信息。结合 APP 的数据采集，可以帮助访客实现展区智能化的游览导航、智能化展览项目多媒体介绍、智能化服务信息推送等功能。

1. 用户画像分类

在整个访客的浏览过程中，APP 根据注册收集到基本信息，进行人物画像。对访客的性别、年龄区间、学校、星座、爱好、活跃度、忠诚度、满意度、社交、预计浏览时间等进行数据采集，然后对这些数据进行清洗、拉通、整合及分析建模，构建用户画像。

2. 基于蚁群算法的浏览路径优化

通过 iBeacon 定位，将访客所处的位置和所经过的路径即时显示在 APP 内嵌地图上，通过用户画像分析，根据其预计浏览时间等数据,智能化地推荐导览项目并帮助访客对推荐项目进行最佳的导览路线规划,提高参观效率。

而博物馆等旅游景点路径规划问题是一类复杂的组合优化问题,具有很高的计算复杂性。现在常用的解决方案和算法,主要有 Dijkstra、Floyd、启发式搜索、神经网络和蚁群算法等。其中蚁群算法是人工智能算法中的一种,它模拟自然界中蚂蚁觅食行为,与访客在展览馆中行走有很相似的地方。路线规划需要考虑诸多因素的影响,比如起始点(上海科技博物馆一共两个入口)、展点的选取、展点游览时间,展点负载均衡,展点之间距离,游览总时间等。

本文研究对象为科技博物馆内各个展点之间的游览路径规划,具有几个特点:(1)展点比较集中,数量相对较多;(2)能够在规定时间内迅速给出路线规划;(3)从一个展点出发,游览推荐的展点,尽可能进过一次;(4)尽量避免人数超过限制的展点。

传统的展馆导览系统中,展板和导览讲解已很难满足科技博物馆信息互动的需求,访客往往依赖讲解员或是导览系统的解说,并不能随着自己的兴趣进行导览;并且展品背后的信息量很大,且相互关联,却很难一一罗列。依托 APP 的多媒体项目介绍和展示恰恰能弥补这些不足。因此,科技馆在进行硬件和 IT 平台投入的同时,也需要加大对项目展示内容的制作,包括项目介绍平面设计、视频创作、互动游戏开发。当访客走到感兴趣的项目附近,通过微信摇一摇,可以获取相关项目的语音或视频介绍,使得展示更加直观、趣味性强。

(三)后台数据采集

COO 基站定位技术不依赖于 APP 应用,可以通过移动通信服务运营商采集到访客的总体流量和在场馆内停留时间。这种

文化根　民族魂　中国梦

方法获得的访客数据,信息容量有限、不够精准,但是访客数据采集覆盖率较高,不依赖访客是否安装 APP。通过长期汇总积累 COO 基站定位数据,科技馆可以准确预测不同时间段(月份、天、小时)访客数量和访客停留总量。根据这些信息,科技馆能够有效配置有限的人力资源,相应地安排餐饮、交通、场馆维修等活动,利用最少的资源实现最佳的服务水平。

相比而言,APP 后台获取的访客数据更加精准,信息也更加完善。通过统计分析访客在不同展位停留的时段、时长,科技馆可以合理安排讲解员资源、优化参观线路。统计分析各展览项目介绍、视频的点击频次,可以客观地评判展览项目和介绍内容的质量,便于科技馆今后展览项目策划实施。

三、总结及展望

为了提升上海科技馆的智慧管理信息化,本文将多种 IT 技术结合起来,通过人工智能技术建立智能化的立体的服务体系,不仅能够帮助访客规划浏览项目和浏览路线,也可以与展览项目进行多种形式的互动,提升参观游览体验。同时,为展馆管理层提供游客及展馆运营数据,大幅促进文化与科普传播、提升展馆运营与服务水平,更好地发挥科普教育功能、提高公众科学素养。

参考文献

[1] 毛文瑜、桂潇璐:《新媒体时代的掌上科技馆——科技馆 APP 的应用与实践》,《海峡两岸科普论坛》,2014 年。

[2] Bo Song, Jing Zhao, Yi Cao. Solution on Network Teching System Based on Opening Source Framework. IEEE Information Science and Engeering,2009,9(13):39-42.

· 264 ·

[3] 徐晓川:《新媒体在博物馆展示中的运用》,《剑南文学(经典教苑)》,2011 年第 7 期。

[4] 宋新潮:《关于智慧博物馆体系建设的思考》,《中国博物馆》,2015 年第 2 期。

[5] 陈刚:《智慧博物馆——数字博物馆发展新趋势》,《中国博物馆》,2013 年第 4 期。

[6] 黄于欣、蒋洪杰:《基于改进蚁群算法的旅游景区路径规划》,《河南科学》,2018 年第 6 期。

[7] 刘倩、卫文学、张鲁:《改进蚁群算法在景区路径规划中的应用研究》,《信息技术与信息化》,2012 年第 6 期。

探究感想

本文将人工智能技术应用到用户画像的分类中,并提出一套项目推荐机制和项目浏览路线智能化规划等,可以有效提升用户体验的智能化服务体系。这不仅能够进一步提高展馆的智能化运营水平,还能够应用到博物馆、学校、城市管理等多个领域,创造出更大的商业价值和社会价值。限于自身的能力水平和知识结构,我还无法对人工智能的一些算法做出深入的研究或算法优化,只是学习了算法的原理并运用到实际当中。我希望能通过日后的学习,将我的想法完善,为解决实际问题提供有效的方法。

课题作者:上海师范大学附属中学　高三(3)班
季辰玥
指导老师:杨云辉　(天津工业大学 计算机科学与技术学院)

自然生态

探究植物开花早晚与抗虫能力的关系

探究缘起

　　在我们的地球上大概有 35 万种植物和 100 多万种昆虫,为什么昆虫和植物的种类有如此之多呢? 这与它们之间漫长的共进化密不可分,通过长久的相互作用和相互适应,形成了种类繁多、形态各异的植物和昆虫,成为五彩缤纷大自然的重要组成部分。有的花朵色彩鲜艳、芳香怡人,那是为了吸引蜜蜂和蝴蝶等传粉昆虫。植物是整个食物链中最主要的生产者,为昆虫提供食物,而昆虫帮助植物传粉,互惠互利。但植物跟昆虫之间并不总是这么和谐,更多的是剑拔弩张的敌对关系。植物不会运动,在漫长的自然选择和协同进化的过程中,它们进化出了独特、复杂的防御体系来躲避昆虫取食。比如昆虫取食植物的行为会刺激植物的防御系统,诱导产生对昆虫有毒害作用的物质。植物的防御是一个耗能的过程,另一方面植物生长发育、繁衍种子也需要消耗能量。因此在整个生命周期中,植物需要权衡生长和防御之间的平衡,以便顺利完成生活史。植物是如何通过调控生长和防御之间的动态平衡来适应环境的呢? 抗虫性具有明显差异的植物,它们在生长发育上是否也存在明显的差异呢? 不同地区的同一种植物,由于其所处的生长环境不同,它们的抗虫性是否也表现出一定的差异?

　　来自不同地区的碎米荠生长速度不同,开花时间也不一样。除了外在可观察的表型,它们对昆虫的抵御能力是否也存在差异？为什么不同地区的碎米荠会存在这样的差异变化呢？我们以棉铃虫取食植物后体重的增长作为指标,如果昆虫生长得慢,则说明植物的抗虫能力强,反之则说明抗虫能力弱。

一、材料与方法

(一) 碎米荠的种植培养

我们从不同地区采集(云南、青岛、太阳岛)碎米荠种子(由植物生理生态研究所植物抗虫互作实验小组提供),先进行 4 度低温处理 3 天(有助于植物统一萌发),播种后在统一的人工气候室萌发。大约一周后,对萌发的幼苗进行修整,剔除多余的幼苗,幼苗与幼苗之间保持一定间距,每个花盆中保留大约 9 棵幼苗。

定期浇水,观察植物生长情况,待植物生长约一个月以后,进行昆虫饲喂实验,并拍照记录植物生长状态。

(二) 昆虫饲喂

将生长一个月左右的碎米荠分别放在平皿中,为防止叶片干枯,在每个平皿中垫一张湿润的滤纸,每种碎米荠分装至 3 个平皿,同时往每个平皿中加入 6 条三龄初期的棉铃虫幼虫(实验室提供)。3 天后对幼虫进行拍照,并记录单条幼虫的体重,计算进食不同碎米荠幼虫的平均体重。

二、结果与讨论

(一) 来自不同地区的碎米荠开花早晚不同

7 月 9 日种植的碎米荠,经过一个多月的生长,至 8 月 13 日,可以看出,来自黑龙江太阳岛的碎米荠(TYD)早已经抽苔开花,青岛的碎米荠(QD)也开始抽苔,而云南的碎米荠(YN1、YN2)还没有开始抽苔(见图 1)。

图 1　不同地区碎米荠的生长情况 I（8 月 13 日拍摄）

5 天后（8 月 18 日），我们发现来自青岛的碎米荠也全部抽苔开花，云南 1 号（YN1）也开始抽苔，而 YN2 仍没有抽苔（见图 2）。

图 2　不同地区碎米荠的生长情况 II（8 月 18 日拍摄）

综上可以得出，来自黑龙江太阳岛的碎米荠开花最早，青岛的碎米荠次之，而来自云南的碎米荠开花较晚，其中云南 2 号（YN2）开花最晚。

（二）不同地区碎米荠抗虫性分析

我们将不同地区的碎米荠饲喂三龄棉铃虫幼虫 3 天，发现进食太阳岛碎米荠（TYD）的幼虫体重增加最快，进食青岛碎米荠的幼虫（QD）次之，而进食云南碎米荠（YN1，YN2）的棉铃虫生长缓慢，其中进食 YN2 的幼虫生长严重受到抑制（见图 3）。

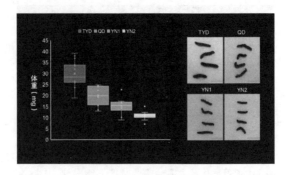

图 3　进食不同地区碎米荠的棉铃虫幼虫生长差异

这一结果说明,来自云南的碎米荠抗虫性最强,来自青岛的碎米荠次之,而来自太阳岛的碎米荠抗虫性最差。

(三)植物开花早晚与抗虫性之间的联系

将植物的抗虫性和开花的早晚进行关联,发现植物开花所需时间和对昆虫的抗性成正相关。来自北方的碎米荠(TYD)开花所需时间最短,同时抗虫性也最差,而来自南方的碎米荠(YN1,YN2)开花晚但抗虫性强。地理位置位于两者之间的青岛碎米荠(QD),开花早晚和抗虫性也正好处于 TYD 和 YN1,YN2 之间。从虫害的角度来看,气候过于寒冷的北方不利于昆虫的生长,因此我国北方的虫害要比南方轻微。从植物的角度看,北方日照时间短,适合植物生长的季节也短,因此一年生草本植物需要在更短的时间内完成开花结果以繁衍后代。植物的防御和生长都是耗能的过程,两者之间存在着一个动态平衡。我们的研究工作反映了碎米荠在与环境气候、昆虫等的长期互作和共进化过程中,通过调节开花早晚和对昆虫抗性之间的动态平衡,以获得最佳的生长状态。

探究感想

经过这次研究学习,我们了解到植物通过权衡生长与防御以适应环境,丰富了对植物—昆虫相互作用的认识。随着科技的发展,或许将来有可能通过基因工程和杂交育种,培育出对害虫抗性增强而生长速度不受影响的农作物。

虫鸣鸟叫,花谢花开,我们一直都习以为常,从来没有想过这背后的玄机。通过这次探究课题的开展,我们增加了对自然的认识和思考。同时,通过这次研究,我们体会到了团队合作的重要性。相比一个人的思考,大家一起讨论,会碰撞出更多的思维火花,才能有新的发现。

植物的防御和生长都是耗能的过程,存在此消彼长的关系。延伸到学习生活中,我们学习、锻炼和玩电子游戏的时间总量是一定的,如果我们分配到电子游戏的时间多了,就会影响我们的学习。所以我们要像植物学习,科学管理时间,使自己德智体美劳全面发展。

课题组成员:徐汇中学　八(4)班

　　　　李欣润　王一真

指导老师:杨玉琼　(徐汇中学)

　　　　殷海生　(上海昆虫博物馆)

蚂蚁识别同类的探究

探究缘起

我们走进上海昆虫博物馆，了解昆虫的起源、演化过程，观察其外部形态和生存环境，学习昆虫的多样性，更细致地了解大自然。当看到蚂蚁地下巢穴模型时，我们深深地被吸引，蚂蚁巢穴宛如迷宫，又井然有序。我们想，如果有其他群落的蚂蚁入侵，城堡内的蚂蚁是否能识别呢？

同类识别是指社会性昆虫具有识别同类与非同类的能力。同类识别在昆虫个体间的通信、协作和繁衍等社会生活中具有重要作用。蚂蚁是社会性昆虫，许多种类表现出社群封闭性，即社群内互相合作和利他，而社群间表现出相互排斥，甚至强烈的进攻性。这一现象表明蚂蚁具有识别同类的能力。我们通过观察蚂蚁的触角，探究蚂蚁识别同类的方法。

一、实验方法

观察触角：将蚂蚁触角置于显微镜的载物片上，放置在载物台上，观察触角。

我们从两个不同的地方购入弓背蚁，确保两组蚂蚁不属于同类。不同类的蚂蚁若发生争斗或同类蚂蚁不发生争斗，说明能识别同类，否则相反。

1. 取同组蚂蚁，剪去蚂蚁触角，再置于一个容器中，观察蚂蚁能否识别同类。

2. 取不同组的蚂蚁,所有蚂蚁保留触角,置于一个容器中,观察蚂蚁能否识别同类。

3. 取不同组的蚂蚁,所有蚂蚁均剪去触角,再置于一个容器中,观察蚂蚁能否识别同类。

二、实验道具

自制实验道具如下:

蚂蚁巢 A,蚂蚁巢 B,蚂蚁巢 C,试管,镊子,透明盒,调色颜料,羽毛,显微镜。

蚁巢 A 和蚁巢 B 的蚂蚁采自上海的同一地区,隔离 2 周后,再进行实验。蚁巢 C 采自广东地区。

三、实验步骤

(1) 剪触角:将蚂蚁置于冰箱的冷藏室,待蚂蚁活性降低后,用镊子将蚂蚁取出,剪去其触角。

(2) 显微镜观察触角:取蚂蚁的触角,放置于载物片上,放置在显微镜的载物台上,观察触角。

(3) 第一组实验:分别将蚂蚁的巢标识为 A,B,C,取蚁巢 A 的蚂蚁 5 只(未剪触角的蚂蚁记为 a),置于透明盒中。再从蚁巢 A 取 5 只蚂蚁,将其放置于冰箱的冷藏室,待蚂蚁活性降低后,用剪刀将蚂蚁的触角剪去(剪去触角的蚂蚁记为 b)。放置在试管中,待蚂蚁 b 苏醒后,再放置于透明盒中,与蚂蚁 a 在一起。观察蚂蚁 a、b 是否会争斗。同理,将 B,C 组分别做同组识别实验,观察蚂蚁是否会争斗。

(4) 第二组实验:取蚁巢 A 和蚁巢 B 的蚂蚁,不剪触角,记为 Aa 和 Ba。不同蚁巢的蚂蚁,用颜料涂不同的颜色。将两组蚂蚁置于同一个容器中,观察蚂蚁是否会争斗。同理,蚁巢 A 和蚁巢 C 的蚂蚁(记为 Aa 和 Ca),蚁巢 B 和蚁巢 C 的蚂蚁(记为 Ba 和 Ca),分别做实验。

(5) 第三组实验:取蚁巢 A 和蚁巢 B 的蚂蚁,分别将它们剪去触角,记为 Ab 和 Bb。不同蚁巢的蚂蚁,用颜料涂不同的颜色。再置于同一个容器中,观察蚂蚁是否会争斗。同理蚁巢 A 和蚁巢 C 的蚂蚁(记为 Ab 和 Cb),蚁巢 B 和蚁巢 C 的蚂蚁(记为 Bb 和 Cb),分别做实验。

四、实验记录

蚂蚁的触角上有大量的感知器,用光学显微镜(40×16 倍)观察,只能看清毛形感知器(见图1,图2)。

图 1　蚂蚁触角顶端　　　　　图 2　蚂蚁触角的鞭节

三组实验的记录如下:

表 1　第一组　同组有/无触角蚂蚁记录

编号	11	12	13
实验对象	Aa* 与 Ab**	Ba 与 Bb	Ca 与 Cb
现象	不争斗	不争斗	不争斗

注:＊未剪触角的蚂蚁记为 a,以下同,＊＊剪去触角的蚂蚁记为 b,以下同。

表2　第二组　不同组有触角蚂蚁记录

编号	21	22	23
实验对象	Aa/Ba	Ba/Ca	Aa/Ca
现象	不争斗	争斗	争斗

表3　第三组　不同组无触角蚂蚁记录

编号	31	32	33
实验对象	Ab/Bb	Bb/Cb	Ab/Cb
现象	争斗	争斗	争斗

五、实验分析

对于第一组,当剪去触角后,同一蚁巢的蚂蚁混合,没有发生争斗,蚂蚁依旧可以识别同类。可见,触角不是识别同类的唯一方式,蚂蚁还可以用其他方式进行辨别。

对于第二组,未剪去触角的 A 和 B 混合后,如编号 21,蚂蚁没有发生争斗,说明没有识别同类。当不同地区的蚂蚁混合,如编号 22 和 23,蚂蚁发生争斗,说明蚂蚁能识别同类。

对于第三组,剪去触角后,不同蚁巢的蚂蚁混合,都发生了争斗。说明蚂蚁失去触角后,蚂蚁依旧能通过其他方式辨别同类。

编号 22 和 32、编号 23 和 33,都剪去触角的两组或都有触角的两组,混合后都会发生争斗,蚂蚁都能识别同类。

但是对于如编号 21 和 31,有触角的两组蚂蚁混合但是不发生争斗。有可能的情况是,同一地区的蚂蚁虽然隔离饲养了 2 周,同类的信息还是传承了下来,致使同一地区的蚂蚁不发生争斗。但是当剪去触角后,传承信息的媒介失去了,两组蚂蚁不能识别对方而发生争斗。分析结果见下表。

表4　第一组　同组有/无触角蚂蚁记录

编号	11	12	13
实验对象	Aa＊与 Ab＊＊	Ba 与 Bb	Ca 与 Cb
现象	不争斗	不争斗	不争斗
分析结果	能识别	能识别	能识别

表5　第二组　不同组有触角蚂蚁记录

编号	21	22	23
实验对象	Aa/Ba	Ba/Ca	Aa/Ca
现象	不争斗	争斗	争斗
分析结果	能识别	能识别	能识别

表6　第三组　不同组无触角蚂蚁记录

编号	31	32	33
实验对象	Ab/Bb	Bb/Cb	Ab/Cb
现象	争斗	争斗	争斗
分析结果	不能识别	能识别	能识别

六、实验小结

　　毛形感知器是蚂蚁触角上数量最多的一种感受器。此外，还有刺形感受器、栓锥形感受器、波氏鬃毛、坛形感受器和钟形感受器。

　　蚂蚁触角有存储同类信息的功能，当去除触角后，隔离较长时间的蚂蚁不能识别同类。

　　剪去触角后，同组蚂蚁依旧能识别同类，说明蚂蚁的触角不是识别同类的唯一方式。但是那些识别同类的方式（除通过触角识别同类），保存时间较短。当剪去触角后，短时间内，蚂蚁还可以通过其他识别方式来识别同类，但是经过长时间的隔离后，其他识别方式就不能发挥作用，再剪去触角，同类信息没有传承，致使蚂蚁不能识别同类。

参考文献

[1] 谭声江、刘志斌、郑哲民：《蚂蚁亲系识别及研究方法进展》，《昆虫知识》，1998 年第 4 期。

[2] 冯杯亮、张学东、常廷荣、郭文场、张仁诚、辛毅：《蚂蚁触角感受器和复眼的扫描电镜观察》，《昆虫知识》，1992 年第 5 期。

探究感想

感谢学校金喆老师和上海昆虫博物馆的黄健波老师的悉心指导，感谢龚彦睿爸爸妈妈提供蚂蚁及相关实验器材。

在实验的过程中，我们才发现很多操作不易实现，或者步骤不够完善。大家边做实验边讨论，集思广益。主要有几点印象特别深刻：给蚂蚁做标记、剪触角。

蚂蚁看似光溜溜的身子，实际上布满了绒毛，采用水性水笔喷壶做标记，喷出的雾气无法黏附在蚂蚁身上，取样杯四周都喷上了颜色，但是蚂蚁身上基本没有颜色，甚至蚂蚁脚上也没有颜色。后来我们采用油性颜料，才顺利给蚂蚁涂上了颜色。

蚂蚁身体矫健，剪触角时，想抓住活蚂蚁绝非容易的事。抓住蚂蚁后，不肯就范的蚂蚁拼命挣扎，有的蚂蚁只剪了 1/3 触角，有的剪了 1/2 触角，基本没有剪干净的。我们想到麻醉，方法试了很多，采用喷酒精，采用盖紧盖子缺氧，都不能及时将蚂蚁麻醉。后来在老师的指导下,采用冷藏的方案,才将蚂蚁"驯服",顺利地把触角剪干净。

通过本次活动,我们学习了大量的昆虫知识,实验操作规范。实验的过程也是将实验步骤慢慢完善的过程。在团队的合作下,经过多次反复的实验,解决了各式各样的问题,提高了动手能力,开阔了思路。

观察蚂蚁

用喷壶给蚂蚁上色

课题组成员:上海市徐汇区教育学院附属实验中学　七(3)班

　　　　　　龚彦睿　龚应时　沈俊烨　翟笑雨　陆智涵

指导老师:金　喆　(上海市徐汇区教育学院附属实验中学)

黄健波　(中国科学院上海生命科学研究院)

施加不同有机肥
对小青菜铜、锌吸收累积的影响

探究缘起

铜、锌等微量元素是动物生长发育必需的营养成分。微量元素缺乏会引起动物生长减缓、抗病力下降,但过量微量元素的摄入也会对动植物产生危害。

铜、锌是植物生长的必需营养素。如果有机肥中铜、锌含量过高,易加速土壤中重金属的富集,改变土壤理化特性、微生物区系及相关酶活性,抑制植物生长、降低农作物产量。当土壤中铜和锌的总量达到 200 mg/kg 时,铜、锌的植物毒性将非常明显,土地已不能用于种植。

小青菜是人们广泛食用的蔬菜,生长周期短,种植广泛。在施用过有机肥的土壤中,其根部吸收土壤中离子态的金属,向地上叶部运输。长期食用重金属含量相对较高的小青菜势必会对人体健康产生危害,因此研究施加不同有机肥对小青菜重金属吸收累积的影响,对于指导农业生产具有重要意义。

一、实验方案

采集菜田 0~20 cm 表层土壤,风干研磨过 2 mm 尼龙筛后备用。

购买塑料花盆,每个花盆装 1.5 kg 风干过筛后的土壤。

有机肥购自上海聚源有机肥有限公司,肥料基本理化性质分析参考 NY525－2012、GB18877－2009、NY/T305.1－1995、NY/T305.2－1995 等标准执行。有机肥基本性质如表 1 所示。有机肥风干过筛后,分别按照肥土比为 0、5%、10%、20%、30% 的比例,分别施加 0 g、50 g、100 g、200 g、300 g 有机肥至 1.5 kg 土壤中,充分混匀后,土壤和肥料均装入花盆中,每个处理设置 4 个平行,相应编号分别为 M0、M50、M100、M200、M300,充分混匀后的土肥静置于温室中,老化 2 个月。

　　在老化后的土壤中播种小青菜种子,小青菜种子发芽后,间苗至每盆 2 株小青菜。每隔 3 天喷施纯净水,让土壤维持在一定的湿度。25 天后收获小青菜植株,并采集土壤样品。

表 1　供试有机肥基本性质

有机质(%)	77.13
总氮(%)	4.07
总磷(%)	5.88
总钾(%)	2.78
铜(mg/kg)	295.32
锌(mg/kg)	1696.09
铅(mg/kg)	0.83
镉(mg/kg)	0.41
铬(mg/kg)	2.15
汞(mg/kg)	未检出
pH	8.43

二、样品分析

（一）生物量测定

收获小青菜植物样品,在自来水充分冲洗后,用去离子水洗净,随后用吸水纸吸干表面水分,利用百分之一天平称量湿重。小青菜植株在105℃条件下杀青30分钟后,于65℃烘干至恒重,利用百分之一天平称量其干重。

（二）植物铜、锌含量测定

干燥后的小青菜植株利用研磨机(净信科技 Tissuelyser-24 多样品组织研磨机)研磨成粉末,称取 0.2000 ± 0.0005 g 植株粉末至聚四氟乙烯消解管中,加入 5 mL HNO_3,1 mL 30％ H_2O_2,2 mL HF 先于 130℃ 石墨消解仪上预热 20 分钟,再将温度调至 180℃,消解约 2 小时。消解完成待溶液冷却后,全部无损地转移至 25 mL 容量瓶中,用1％ HCl 稀释定容至刻度线,定量滤纸过滤后用电感耦合等离子体质谱仪(ICP-MS)进行分析。

（三）土壤铜锌、含量及化学形态测定

土壤重金属总量测定:准确称取 0.2000 g 土壤样品,加入 5 mL HNO_3、2 mL HF、2 mL HCl、1 mL $HClO_4$ 于密封的聚四氟乙烯罐中180℃消煮 8 小时,取下冷却后,用水冲洗管壁,小心将溶液全部转移至 50 mL 容量瓶中,用1％HNO_3定容至刻度线,混合均匀,用定量滤纸将溶液过滤后,用火焰原子吸收分析重金属元素含量,镉含量用石墨炉原子吸收测定,同时使用土壤(GBW07429)标准参照物进行质量控制。

采用一步提取法提取土壤有效态铜、锌含量,用于表征土壤中可能被植物吸收利用的重金属总量。用 DTPA 混合液(包括 0.005MDTPA,0.01M$CaCl_2$ 和 0.1MTEA 混合液)提取,具体过程及步骤见表2。

表 2　土壤重金属生物有效态的一步提取法

提取剂	试剂用量	pH	土水比	温度和震荡时间
DTPA	0.005MDTPA、0.01MCaCl$_2$ 和 0.1MTEA 混合物	7.3	1：2.5	20℃，2 h

称取 4.0 g 冷冻干燥后的土壤置于 50 mL 离心管,加 10 mL DTPA 混合液,在涡旋振荡仪上振荡 15 秒后,于 20℃,200rpm 震荡 2 小时,12000 g 离心 10 分钟后过滤。用 ICP - MS 测定滤液中铜、锌含量。

(四)　小青菜中铜、锌含量分析

冷冻干燥后的植株利用研磨机(净信科技 Tissuelyser-24 多样品组织研磨机)研磨成粉末,称取 0.2000±0.0005 g 植株粉末至聚四氟乙烯消解管中,加入 5 mL HNO$_3$,1 mL 30％ H$_2$O$_2$,2 mL HF 先于 130℃平板电热板上预热 20 分钟,再在微波消解仪(MARS5,CEM Microwave Technology Ltd.,USA)中进行微波消解,设定消解时间为 30 分钟,功率为 1600 W,消解温度为 170℃。消解完成待溶液冷却后全部无损地转移至 50 mL 容量瓶中,用 1％HCl 稀释定容至刻度线,定量滤纸过滤后用 ICP-MS 进行分析。

(五)　数据分析

利用 SPSS16.0 软件对数据进行单因素方差分析(ANOVA),数据为四个平行的平均值±标准差,不同处理与对照组的显著性分析采用 Fisherleastsignificantdifference(LSD)检测法进行检测,处理样品以及对照中不同数值之间的显著性差异分析通过 LSD 进行检测,$P < 0.05$ 被认为具有显著差异。

三、实验结果与分析

（一）小青菜生物量

小青菜的湿重和干重如图 2 所示,可以看出,与对照相比,施加 5％、10％的有机肥均可显著增大小青菜生物量,而施加 20％有机肥对小青菜生物量没有显著影响,施加 30％有机肥显著降低小青菜生物量,表明施加过量的有机肥使得小青菜的生长受到抑制。过量施用有机肥条件下,植物受到重金属盐毒害或者土壤中有机质和盐基离子含量较高,导致植物生长受到抑制。

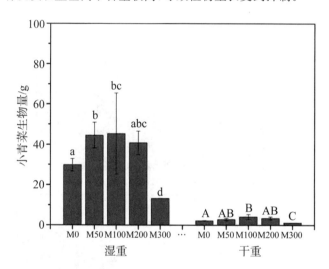

图 2　不同处理组中小青菜的生物量

（二）土壤总铜和总锌含量

土壤总铜和总锌含量如图 3 所示,可以看出土壤总铜含量在 30～120 mg/kg 范围内,而土壤总锌含量在 150～420 mg/kg 范围内。有机肥的施加显著提高土壤总铜和总锌含量,施用 10％、20％和 30％的处理组中土壤总铜含量分别比对照处理组增大 0.71、1.47、1.75 倍数。施用 5％、10％,20％和 30％的处理组土壤总锌含量分别比对照处理组增大 0.30、0.77、1.38、1.68 倍。通过相关性分析发现(如图 4 所示),土壤总铜和总锌含量与有机肥施加量呈显著正相关关系,有机肥施加量越大,土壤铜、锌含量越高。30% 有机肥处理组中,土壤锌含量达到 417.6 mg/kg,超出农用地土壤风险筛选值,土壤较高的锌含量可能是导致该处理组中小青菜生物量降低的原因之一。

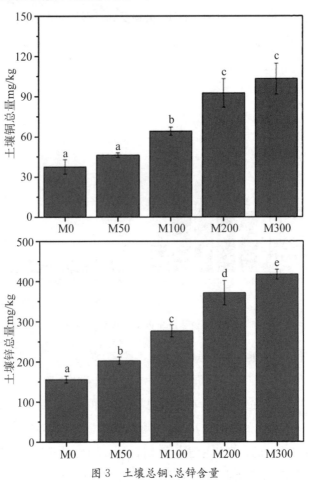

图 3　土壤总铜、总锌含量

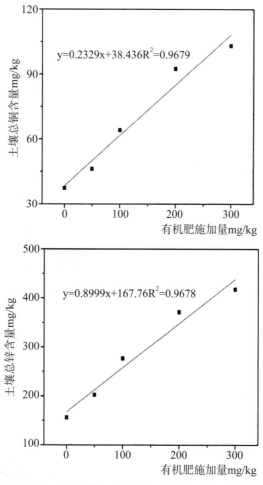

图4 有机肥施加量与土壤总铜、锌含量的相关性分析

（三）土壤有效态重金属含量

DTPA 提取态重金属一般用于表征土壤有机结合态重金属含量，为有效态重金属含量，具备被植物吸收潜能的重金属部分。如图 5 所示，可以看出，土壤 DTPA 提取态铜的含量范围在 3.5～15 mg/kg 之间，而土壤 DTPA 提取态锌含量范围在

6～125 mg/kg之间。施用10％、20％、30％的有机肥可显著增大土壤DTPA提取态铜含量,相比对照组,M100、M200、M300处理组中DTPA提取态铜增大比例分别为0.9、1.8、2.7倍。施用5％、10％、20％、30％的有机肥可显著增大土壤DTPA提取态锌含量,相比对照组,M50、M100、M200、M300处理组中DTPA提取态锌增大4.0、7.9、12.4、17.4倍。可见,施用较高浓度重金属的有机肥可显著增大土壤有效态重金属含量,增大倍数与施用量呈正相关(如图6所示)。

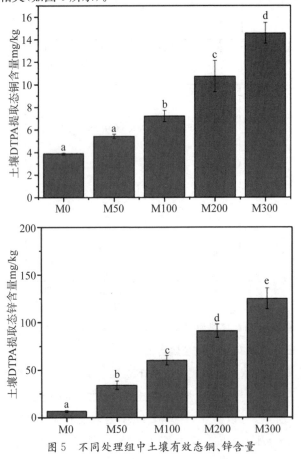

图5　不同处理组中土壤有效态铜、锌含量

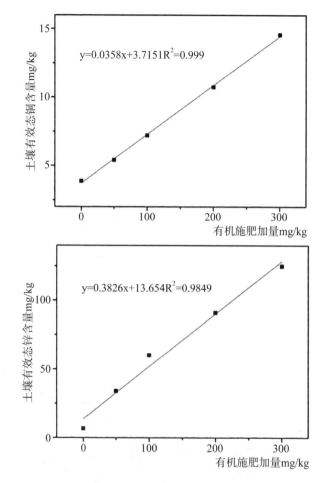

图 6 有机肥施加量与土壤有效态铜、锌含量的相关性分析

（四）小青菜植株铜锌含量

小青菜植株铜含量如图 7 所示,可以看出,小青菜植株铜含量范围在 8～13 mg/kg 之间,有机肥的施加有增大小青菜铜含量的趋势,但并不显著,这可能与有机肥中铜含量相对较低有关,尽管土壤中铜及有效态铜含量相对增大,但是植物吸收并没有随之

显著增高。小青菜植株锌含量范围在 31～57 mg/kg 范围之间，有机肥的施加促进小青菜植株锌含量增大，施加 10%、20%、30%有机肥的处理组中，小青菜植株锌含量分别较对照处理组增大 0.32、0.59、0.78 倍。

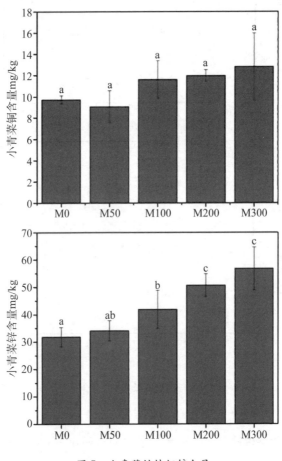

图 7　小青菜植株铜锌含量

四、研究总结

一定量有机肥施加可显著促进小青菜的生长,增大小青菜生物量,而施加过量有机肥(大于20%)对小青菜生长则产生抑制作用,减少小青菜生物量。高铜、锌含量的有机肥施加至土壤中,可导致土壤总铜、总锌、有效态铜、有效态锌含量增大,且土壤总铜、锌、有效态铜、有效态锌含量与有机肥施加量呈相关关系。30%有机肥施用,土壤锌含量超出农用地土壤风险筛选值。有机肥的施加对小青菜植株铜的浓度并无显著影响,而对小青菜植株锌含量具有促进效应,表现为有机肥施加浓度越高,小青菜锌累积量越大,可见长期施用该有机肥会对小青菜等蔬菜类作物造成锌累积风险。

参考文献

[1] 蒙洪娇:《日粮铜水平对育肥猪生长性能、养分消化率及组织铜沉积的影响研究》,吉林农业大学硕士学位论文,2017年。

[2] 袁霞等:《铜对小青菜生长和叶片保护酶活性的影响》,《农业环境科学学报》,2008年第2期。

[3] 刘吉振、罗云米等:《不同施肥处理对高山小青菜产量和效益影响初报》,《西南农业学报》,2010年第6期。

[4] 高凤仙:《饲料铜对猪—玉米的生理影响及其系统生态效应》,湖南农业大学博士学位论文,2007年。

探究感想

在为期数月的研究中,在导师的指导下,我的研究有了一定成就,同时我也收获了不少让我可以终身受益的经验。

从等待小青菜的成长,定期定量浇水除草;到收获小青菜,对土壤采样；再到按照严格要求处理样品，利用仪器测定小青菜植株铜、锌含量以及土壤铜、锌总量和有效态铜、锌含量；到最后对数据进行处理分析。整个过程让我切身体验到了研究的不易，但最后的苦尽甘来也让我对成为一名研究人员心生向往。

让我印象深刻的是对样品处理时，我需要长时间做着同样的处理工作。尽管是一遍遍重复同样的操作，但我的专注度也丝毫不能下降。往往越是看起来熟练简单的动作，越容易因为疏忽大意而出现差错。而在研究实验中，哪怕再微小的差错也可能造成结果的偏差，进而导致结论的错误。还记得在那个称量小青菜的下午，实验室的制冷设备出了故障，我只能在闷热的环境下进行实验，这无疑是对我的耐力以及专注度的极大考验，一种责任感驱使我坚持到了最后。我不禁感慨科学研究所要具备的忍耐力之强，也深刻体会了"坐得住冷板凳"的含义。

在实验过程中，我遇到的最大的挫折便是小青菜铜、锌含量的测定。我发现第一次测定结果不理想后，便从消解开始重新做，同时提出假设，做了不含小青菜的空管对照组，结果发现确实是用于消解的聚四氟乙烯消解管受到了污染，于是只能再重新做消解、测定。在最后的实验中，通过方法的改进，进一步减小外界因素对实验结果的影响。相较于那些伟大的研究发明而言，我所遇到的问题或许只是九牛一毛。但是这次经历却让作为高中生的我对研究有了更深刻的体验。让我明白，面对实验过程中遇到的困难，我应当不畏惧可能的失败，积极地再进行尝试，并在不断地尝试中做出合理的假设，再进行验证；在失败中汲取经验，不断地改进实验方法，减小外界因素对实验结果的影响，以趋近于理想的结果。

在整个研究过程中，我最想感谢的是我的老师们。农科院的老师以其丰富的经验在实验中给予我正确的指导,让我少走了许多弯路;她也善于引导我去思考,让我更领略了思考是创造的源头,而丰厚的知识储备同样也是不可缺少的。在论文的撰写中,我多次与老师们交谈,她们一如既往耐心地指导我,小到字体格式,大到言语表达,篇幅布局,在反反复复的修改中进步,最终定稿。研究得以成功,老师的付出功不可没。"老师领进门,修行靠个人",在未来的研究学习中,我定将记住这些经验,并不断探索,追求!

最后,想要感谢活动方给予我们平台以展示自我的能力。而在整个过程中,于我而言,最重要的还是让我在研究中学习、进步,学习探究无止境的精神,学习科学理性的观念,学习纵观全局地思量问题,学会承担责任。我希望自己有朝一日可以成为国家的栋梁之材!

课题作者:上海市奉贤中学
        沈诗涵
指导老师:马顺心 (上海市奉贤中学)
        孙丽娟 (上海市农业科学院)

上海顾村地区加拿大一枝黄花生境调查

探究缘起

　　秋季走在放学回家的路上，我们总能看见一株株花瓣金黄的植物，它们遍布小区、路边和荒地。它们是谁？怎么到处都有它们的身影？后来通过检索资料，我们了解到这种植物名叫加拿大一枝黄花，是一种外来入侵物种，在1935年作为景观植物被引入中国。但由于它强大的繁殖能力、竞争优势及其对胁迫环境的耐受能力，在我国多个地区泛滥成灾，对本土生态环境造成了很大威胁。目前，对其防控急需成本低、无污染的生物防治办法。我们想通过调查其在上海顾村地区的生境，为生物防治提供有用的相关数据。

一、研究方法和步骤

（一）调查计划

　　我们调查小组通过查阅资料等，讨论制定了初步的计划：

　　1. 采用目测法在顾村确定一个调查区域：受人为干扰较少的加拿大一枝黄花野生泛滥区域。

　　2. 采用样方法和目测法调查该区域内加拿大一枝黄花的生境。

　　3. 采用目测法调查该生境下取食加拿大一枝黄花的昆虫种类。

　　4. 处理数据，形成调查结果。

（二）调查过程

调查当天的环境数据:温度 31.1 摄氏度,湿度 75%,光照适中。

调查方法:样方法和目测法,即将调查区域划分为一定数量面积相等的样方,再对样方逐一进行目视估测,取平均值。通过目测法,我们粗略估计选定区域内加拿大一枝黄花的覆盖度几乎可以达到 95%,而我们也选取了具有植物群落斑块特点的 9 个 9 m²(3 m * 3 m)的样方进行了调查(见表 1、表 2)。

表 1 样方①

物种	数量 (单位:株)	相对盖度	物种	数量 (单位:株)	相对盖度
加拿大 一枝黄花	33	90%	乌蔹莓	2	5%
萝藦	2	5%	葎草	4	7%
小蓬草	9	30%	酢浆草	7	10%
鸡矢藤	1	7%	某种菊科 植物	11	8%
鸭跖草	8	10%			
物种数	9 种	总个体数	77 株	总盖度	172%
生物多样性指数	基于个体数计算		基于相对盖度计算		
	1.745		1.583		

注释:1.相对盖度指某种植物体的垂直投影面积占据样方面积的百分比,用目测估算的方法即可。每个物种的相对盖度加起来就是该样方的总盖度,由于不同植物的投影会有重叠,所以最后算出来的总盖度可能超过 100%。

2. 生物多样性指数采用 Shannon-wiener 指数,计算公式为:

$$H' = -\Sigma P_i ln P_i \quad 式中:P_i = N_i/N$$

表2　样方③

物种	数量 (单位:株)	相对盖度	物种	数量 (单位:株)	相对盖度
加拿大 一枝黄花	39	92%	小蓬草	8	7%
构树	2	5%	鸭跖草	5	2%
乌蔹莓	10	50%	葎草	14	30%
野莴苣	2	3%	酢浆草	5	5%
三裂叶薯	2	3%			
物种数	9种	总个体数	87株	总盖度	197%
生物多样性指数		基于个体数计算		基于相对盖度计算	
		1.710		1.469	

注释:1.相对盖度指某种植物体的垂直投影面积占据样方面积的百分比,用目测估算的方法即可。每个物种的相对盖度加起来就是该样方的总盖度,由于不同植物的投影会有重叠,所以最后算出来的总盖度可能超过100%。

2. 生物多样性指数采用Shannon-wiener指数,计算公式为:

$$H' = -\Sigma P_i ln P_i \quad 式中:P_i = N_i / N$$

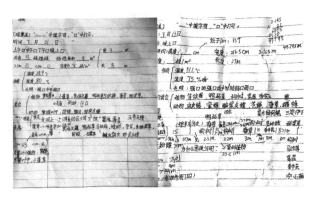

图2　调查记录

通过调查,我们发现加拿大一枝黄花并不像我们想象的那样"强势",相反,有好多植物和它生活在一起,特别是一些爬藤类植物:乌蔹梅、萝藦、鸡矢藤、田旋花,甚至是马兜铃。我们猜测,这跟加拿大一枝黄花粗壮的茎脱不开关系。另外,还有一些恶性杂草如小蓬草、鸭跖草数量也很多。动物则以昆虫为主,最多的是各种蝽,如齿爪盲蝽、短翅迅足长蝽、菊方翅网蝽等,叶甲的数量和种类也比较多,如褐足角胸叶甲、中华萝藦肖叶甲等。我们认为这可能跟这些昆虫的习性有关,需要后续调查。

7月21日上午,我们再次来到了该区域,重点调查加拿大一枝黄花生境中的昆虫种类。环境数据:温度 29.9 摄氏度,湿度 80%,光照适中。

距上一次调查过了一周,我们发现这里的加拿大一枝黄花已经被乌蔹梅挡住了三分之二,并且被乌蔹莓缠绕的植株普遍低于未被缠绕的植株,我们据此猜测乌蔹莓很可能对加拿大一枝黄花的生长有抑制作用。

我们在加拿大一枝黄花的茎上发现某种不知名的蚜虫正在啃食,在叶片上发现大量菊方翅网蝽,它们的吸食造成加拿大一枝黄花的叶片褪色。另外,我们还在叶片上发现两种不同的咬痕,一种是孔洞,另一种是直接只剩下半个叶片,但我们并没有发现这些咬痕的制造者,于是我们猜测可能是一些夜行性昆虫。

于是在当天晚上,我们又进行了一次调查。没想到的是,我们发现许多其他昆虫的踪影,还拍摄了一些昆虫取食的视频,经过后续比对相关图鉴,它们是:黑绒鳃金龟、某种尺蛾幼虫、某种螽斯若虫和大草蛉。

原来有多种以加拿大一枝黄花为食的物种,还有有能力和它竞争的物种。我们认为这也是加拿大一枝黄花能不完全性地融入生态,而不是彻底破坏生态的原因。虽然我们找到了以加拿大一枝黄花为食的物种以及能和其竞争的物种,但并不意味着我们可以利用它们来治理加拿大一枝黄花。昆虫的啃咬无法对加拿大一枝黄花造成严重的影响,而且它们也并不仅以加拿大一枝黄花为食,所以对于是否利用它们来治理加拿大一枝黄花,需要进一步调查研究。

在我们又一次前往观察点调查时,发现观察点几乎所有的植物都被清理了。我们推测应该是环卫工人所为,尽管根据之前对环卫工人的咨询,这里并不受他们管理。这件事给我们的调查造成困难,我们在这里还需要调查的数据无法取值,也让我们有了新的启示。我们做这个调查的目的就是想为科学治理加拿大一枝黄花提供一些有效的数据。多数情况下,人们都是利用传统方法也就是拔除法来清理加拿大一枝黄花,通过这次事件我们发现,传统拔除法既清除了加拿大一枝黄花,也清除了其他生物,从而对这里原本的生态造成了损害。

二、研究结果

对于顾村地区选定区域内加拿大一枝黄花的生境调查,我们的发现除了上文列表总结的植物群落,还有下面这些物种:

表3　观察点观测到的物种

双翅目	蚊科	白纹伊蚊	
双翅目	食蚜蝇科	未知	
双翅目	丽蝇科	丝光绿蝇	双翅目共计6种
双翅目	家蝇科	家蝇	
双翅目	花蝇科	花蝇	
双翅目	虻科	未知	

（续表）

鞘翅目	天牛科	桑黄星天牛	
鞘翅目	叶甲科	褐足角胸叶甲	
鞘翅目	叶甲科	中华萝藦肖叶甲	
鞘翅目	叶甲科	未知	
鞘翅目	象甲科	未知	鞘翅目共计12种,其中叶甲科3种,鳃金龟科5种
鞘翅目	花金龟科	凸星花金龟	
鞘翅目	瓢虫科	未知	
鞘翅目	鳃金龟科	大黑鳃金龟	
鞘翅目	鳃金龟科	大黑鳃金龟	
鞘翅目	鳃金龟科	大黑鳃金龟	
鞘翅目	鳃金龟科	黑绒鳃金龟	
鞘翅目	鳃金龟科	齿爪鳃金龟	
螳螂目	螳螂科	棕静螳	螳螂目共计1种
半翅目	蝽科	麻皮蝽(幼虫)	
半翅目	蝽科	益蝽	
半翅目	盲蝽科	红齿爪盲蝽	
半翅目	长蝽科	短翅迅足长蝽	半翅目共计7种,其中蝽科2种,网蝽科2种
半翅目	网蝽科	菊方翅网蝽	
半翅目	网蝽科	芒果声蚜	
半翅目	蚜科	未知	
蜻蜓目	螅科	未知	蜻蜓目共计1种
膜翅目	蚁科	未知	
膜翅目	蚁科	婚飞蚁	
膜翅目	蜜蜂科	蜜蜂	膜翅目共计5种,其中蚁科2种
膜翅目	叶蜂科	未知	
膜翅目	胡蜂科	未知	

（续表）

鳞翅目	凤蝶科	红珠凤蝶幼虫	鳞翅目共计6种,其中凤蝶科2种
鳞翅目	凤蝶科	玉带凤蝶成虫	
鳞翅目	粉蝶科	酢浆灰蝶	
鳞翅目	斑蛾科	重阳木锦斑蛾	
鳞翅目	尺蛾科	某种尺蛾幼虫	
鳞翅目	夜蛾科	某种夜蛾	
直翅目	草螽科	螽斯若虫	直翅目共计4种,都为草螽科
直翅目	草螽科	螽斯若虫	
直翅目	草螽科	悦鸣草螽	
直翅目	草螽科	鼻优草螽	
脉翅目	草蛉科	大草蛉	脉翅目共计1种。
蜘蛛目	漏斗蛛科	机敏异漏斗蛛	蜘蛛目共计4种,其中狼蛛科2种
蜘蛛目	狼蛛科	某狼蛛	
蜘蛛目	狼蛛科	星豹蛛	
蜘蛛目	园蛛科	黄金拟肥蛛	
等足目	卷甲虫科	寻常卷甲虫	等足目共计种
等足目	缘潮虫科	粗糙鼠妇	
柄眼目	嗜粘液蛞蝓科	双线嗜粘液蛞蝓	柄眼目共计2种
柄眼目	巴蜗牛科	不确定	

剩下还有三肠目、笄蛭科的笄蛭涡虫,无尾目、蟾蜍科的中华大蟾蜍,翼手目、蝙蝠科的大棕蝠和蜈蚣目、蜈蚣科的少棘蜈蚣等。

根据以上所有调查,我们认为,治理加拿大一枝黄花,或许可以尝试一些更温和的方法,比如在保留其生态位的基础上,种植或饲养对其有影响的动物和植物,来遏制它的发展。拔除法不仅耗费精力,而且鉴于其已经在我国生长多年,以至于部分融入我们的生态系统,直接拔除它也会对我们的本土环境造成影响。

为了更生动地展现我们的调查结果,我们还借鉴狼人杀制作了一款桌游:植物杀(详见附件)。

三、思考与讨论

调查存在的问题:由于加拿大一枝黄花的数量较多和有些拥有分叉的茎的植株,所以难以快速数清它们的数量,还容易出现误差;观察表设计不太科学完整,导致信息收集不全面,内容混乱。

我们最终解决了这些问题:从茎开始数,采用估算的方法;重新设计观察表。

然而,我们的收获不止这些,我们进行了更多的思考。虽然我们抱怨加拿大一枝黄花破坏了生态环境,但我们不能把责任全推到它们身上。它们破坏了环境没错,但真正的罪魁祸首是人类。是人类把它们引入新的环境中。而随意改变自然的人类也在受到惩罚。每种生物和人一样都是自然的一分子,人类没有权利干预自然规律,没有资格靠自己的主观意识来评价它们的善恶,更没有资格介入它们的生死。正如上文所述:拔除了加拿大一枝黄花,也直接和间接毁灭了许多其他生命,所以,我们希望人类能抛开主观思想,从客观的角度看待和对待这个世界,实现人与自然和谐相处。

探究感想

这已经是我们第二次参加"进馆有益"活动了。还记得第一次参加时,我们还是三个懵懂的少年,对论文等都不甚了解。以现在的眼光看来,那时的作品充其量只能算一篇科普文,但我们还是满怀信心地交了上去。虽然我们曾一字一句地修改,曾不断翻阅资料,但它还是落选了。

当一年后的夏天,"进馆有益"活动开始的消息再次传入我们的耳中时,我们怀着新的憧憬与忐忑,按下了报名的选项。因为疫情的原因,我们仍未前往自然博物馆进行实地学习,不过,我们参加了自然博物馆的线上培训,从起源之谜到生命长河,从上海故事到生存智慧,异彩纷呈的自然世界仿佛一幅画卷展开在了我们的眼前。在老师的讲解下,根据上海故事的互花米草的启发,我们决定研究一种外来入侵物种,"小黄"才得以出现在我们的论文当中。后来,经过一轮又一轮的筛选,我们"过五关,斩六将",在自然博物馆老师的指导下不断修改、完善我们的论文。不仅如此,自博馆也为我们提供了一个平台,让我们得以见到更多的对手和他们各式各样的课题,让我们能从别人的课题中开阔视野,同时扬长补短。我们收获了很多,知识、友谊以及答辩的能力。为此,我们要感谢自然博物馆老师提供的机会,以及对我们的指导。

附件:

植物杀(加拿大一枝黄花杀)游戏设计与规则

1. 游戏桌垫:

桌垫1

桌垫 2

1. 某种瓢虫 coccinellidae
2. 某种瓢虫 coccinellidae
3. 某种瓢虫 coccinellidae
4. 中华萝摩肖叶甲 chrysochus chinensis
5. 黑斑鳞金龟 Serica orientalis Moschulsky
6. 丽星花金龟 Protaetia aerata
7. 桑贺星天牛 Psacothea hilaris
8. 鼻优草猎的若虫 Eucrosocephalus rusatus
9. 某蚜 Aphididae
10. 菊细方阿蛛 Corythucha marmorata
11. 日本黄蚕 Ducetia japonica
12. 某叶蜂科 Tenthredinidae
13. 某叶甲 Chrysomelidae
14. 某螃科 Coenagrionidae Kirby
15. 酢浆灰蝶 Pseudozizeeria maha
16. 红珠凤蝶 Pachliopta aristolochiae
17. 某短蜂 Tabanidae
18. 枫敏异蛛斗蛛 Agelena difficilis
19. 构树 Broussonetia papyrifera
20. 鸡矢藤 Paederia foetida
21. 三裂叶薯 Ipomoea triloba
22. 乌蔹莓 Cayratia japonica
23. 马兜铃 Aristolochia debilis
24. 田旋花 Convolvulus arvensis
25. 益母草 Leonurus artemisia

桌垫 3

2. 游戏规则

（1）入侵阵营：加拿大一枝黄花。

胜利条件：杀死本土阵营的全部植物/动物。

独白："我来自北美的枫叶国，而我的使命，就是生存下去。"

技能：每天袭击一名角色，"王"出局后可以选择一个角色，使它一并出局。

① 加拿大一支黄花

背景：加拿大一枝黄花是菊科、一枝黄花属的植物，多年生直立草本,叶片多三出脉,适应性和生命力很强。1935年作为观赏植物引入中国后逸生成恶性杂草,在我国东部和中部蔓延最严重,与周围植物争阳光、争肥料,从而对生物多样性构成严重威胁。

② 加拿大一枝黄花王

背景:形态上茎部分叉。

(2) 本土阵营一(无技能)

胜利条件:驱逐所有入侵阵营的角色。

独白:"那些突然出现的恶魔是谁?为什么要破坏我们的生活?"

技能:无特殊技能,喜欢攀附在加拿大一枝黄花上。

① 萝藦

背景:萝藦科萝藦属,多年生草质藤本,有毒,有乳汁。萝藦

自然生态

科和夹竹桃科有着非常密切的亲缘关系,其白色汁液可以将取食者的口器粘住,也有昆虫以萝藦为食,如萝藦叶甲和红脊长蝽。

② 马兜铃

背景:马兜铃科马兜铃属,有毒植物、多种凤蝶的寄主植物,多年生草质藤本,中文名因其成熟果实如挂于马颈下的响铃而得,它是一种有趣的虫媒植物,花部结构特殊,其传粉昆虫如丽蝇科昆虫进入后不易出去,只有在完成传粉后才能顺利爬出。

③ 鸡矢藤

背景:茜草科,鸡矢藤属,落叶藤本。鸡矢藤的叶片揉碎后,散发出鸡屎的臭味,它的花非常小清新,像一盏盏洁白的小钟,内壁火红似血。

④ 田旋花

背景:旋花科,旋花属,多年生草本。田旋花是"喇叭花家族"的一员,相对于分布广泛的打碗花而言,田旋花更喜欢相对凉爽干燥的气候,耐旱耐贫瘠,花粉色。

(3) 本土阵营二(有技能)

① 乌蔹梅

独白:"我的宿主是我的恩人,也是我的对手。"

技能:每晚选择一个植物进行缠绕,被缠绕的植物第二天无法发言,不能两轮连续缠绕同一个角色。

背景:葡萄科乌蔹莓属,多年生草质藤本,乌蔹莓通过卷须攀附其他植物之上,很快便能蔓延成片,遮挡住其他植物的阳光,不过,它特别受动物欢迎,其茎叶、浆果是多种昆虫、鸟类的食物,少棘蜈蚣甚至会吸食其花蜜。

② 菊方翅网蝽

独白:"我不关心你们植物的生活,但新来的家伙为我送上了美味的主食。"

技能:晚上可以选择救活一名被袭击的角色,或让一名角色出局。

背景:半翅目、网蝽科的昆虫。成虫和若虫以刺吸寄主树木叶片汁液为主,受害叶片正面形成许多密集的白色斑点,叶背面出现退绿斑,从而抑制寄主植物的光合作用,影响植株正常生长。

③ 构树

独白:"拥有守护别人的力量,就不该袖手旁观。"

技能:每天晚上可以选择守护一个角色,不能两天同时守护同一个角色。

背景：桑科构属，落叶乔木。全株含乳汁，适应性特强，其叶是很好的猪饲料，其韧皮纤维是造纸的高级原料，材质洁白，其根和种子均可入药，树液可治皮肤病，桑黄星天牛喜欢蛀食在它的树干里。

（4）第三方阵营：绿化管理者

独白："清除杂草，保护景观是我的职责。"

技能：被小黄袭击不会出局。当入侵阵营或本土阵营达到胜利条件时，若绿化管理者仍然存活在场上，则绿化管理者取代其成为真正的胜利者。

背景：人类世，在处理一些外来入侵物种时，一刀切是否真的合适？

制定调查计划

课题组成员:上海市宝山区鹿鸣学校　八年级
　　　　　王昊泽　许芮　常书豪
指导老师:葛致远　刘真君

探究不同溶液对蝴蝶鳞翅化学色的影响

探究缘起

蝴蝶是一种美丽的动物,其美丽主要是因为它们的翅。蝴蝶的翅是布满鳞片的。而美丽的花纹是由于鳞片造成的吗?蝴蝶为何如此绚丽?蝴蝶翅上美丽的花纹以及色彩是怎样产生的?其结构是怎样的?"生物的结构和功能相适应"又是如何完美体现的?

学校暑假安排有微课题研究,我们从众多场馆中看到有昆虫博物馆,本来就对昆虫感兴趣的我们一拍即合,决定研究一下蝴蝶的鳞翅。我们和老师联系说明了我们的想法,老师根据我们的想法给出建议。带着一系列的疑问,我们小组成员如饥似渴地上网查找资料,在老师的指导下查阅相关资料和文献,进行实验设计。

自然界中生物的颜色来源于色素或者结构。由色素产生的颜色称为色素色,即化学色;由结构产生的颜色称为结构色,即物理色。蝴蝶翅面有 3 种类型的颜色,即色素色、结构色、混合色。

色素色是由于色素颗粒的存在而形成的。这些色素颗粒通过对不同频率的光进行吸收和反射,从而形成不同的色彩。色素颗粒一般是新陈代谢的产物,在光照条件下容易改变化学性质,即色素色在光照下容易褪色。处于表皮层的色素色要比处于真皮层的色素色更为稳定。粉蝶的翅面颜色通常由色素色构成。

结构色是由蝴蝶翅面上鳞片的物理属性产生的。结构色实际上就是与光线波长相当的微观结构,通过干涉、衍射、散射等途径对入射光线产生特定波长、特定方向的反射而产生的颜色。相较于色素色,结构色具有色彩饱和度高、结构不变、永不褪色的特点。闪蝶的翅面颜色通常由结构色构成。

色素色与结构色的组合存在称为混合色,即翅面鳞片上既有色素颗粒的存在,又有鳞片特殊的物理结构。仅有色素或结构色的蝴蝶很少,通常都是混合色。

于是,我们想通过不同溶液对蝴蝶鳞翅化学色的影响来深入了解蝴蝶鳞翅。

一、实验设计

溶液选择上,日常生活中的美白牙膏里含有小苏打,我们就想到碳酸钠是否具有脱色功能;看到妈妈对新买的衣服进行清洗时,总是加一点盐或者醋,它们是否具有清除杂质的用途?在查文献的过程中,我们总看到提取色素时用酒精,所以确定了这4个日常生活中容易得到的溶液作为我们这次实验的对象。

材料准备:75%酒精,50%醋酸,食用盐,碳酸钠和去离子水、电子天平、镊子、剪刀、玻璃棒、烧杯、塑料瓶(装配制好溶液)、蒸发皿。梨花迁粉蝶、黄迁粉蝶、桔色文蛱蝶、箭环蝶数只。

二、实验过程

(一) 步骤

溶液配制：通过计算，先在天平上称取一定量的试剂，再加入去离子水配制至需要的浓度。

蝴蝶浸润：首先用镊子小心地取下蝴蝶的翅膀(1～2片)放入培养皿中，倒入少许的溶液，用镊子浸润蝴蝶翅膀的2面，然后把它平铺在培养皿的底部，慢慢从培养皿的边缘倒入溶液，防止蝴蝶翅膀漂起来，溶液高度保持在培养皿的2/3处。

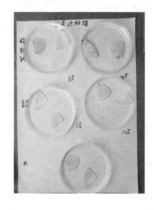

图1

(二) 记录

用醋酸、碳酸钠、盐和酒精配置5%和10%浓度，把蝴蝶翅膀浸在溶液中观察颜色变化，并做一个空白对比实验。

剪下蝴蝶翅膀时进行拍照，放入培养皿中，用溶液浸润后再对鳞翅拍照，然后每天定时观察蝴蝶翅膀和溶液颜色变化并拍照记录，注意观察培养皿中溶液的变化，及时补充溶液，保持有2/3的高度，持续7～10天。最终得出哪种溶液对颜色的影响较大。

三、结　　论

（一）实验结果

表 1　梨花迁粉蝶：5%浓度溶液

	起初	1 天后	4 天后	7 天后
酒精溶液				
碳酸钠溶液				
醋酸溶液				
食盐溶液				
去离子水				

表2　梨花迁粉蝶:10％浓度溶液

	起初	1 天后	4 天后	7 天后
酒精溶液				
碳酸钠溶液				
醋酸溶液				
食盐溶液				
去离子水				

表3 桔色文蛱蝶:5%浓度溶液

	起初	1天后	4天后	7天后
酒精溶液				
碳酸钠溶液				
醋酸溶液				
食盐溶液				
去离子水				

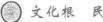

表4　桔色文蛱蝶:10％浓度溶液

	起初	1天后	4天后	7天后
酒精溶液				
碳酸钠溶液				
醋酸溶液				
食盐溶液				
去离子水				

表5　黄迁粉蝶:5%浓度溶液

	起初	1 天后	4 天后	7 天后
酒精溶液				
碳酸钠溶液				
醋酸溶液				
食盐溶液				
去离子水				

表6　黄迁粉蝶:10％浓度溶液

	起初	1天后	4天后	7天后
酒精溶液				
碳酸钠溶液				
醋酸溶液				
食盐溶液				
去离子水				

表7　箭环蝶:5%浓度溶液

	起初	1天后	4天后	7天后
酒精溶液				
碳酸钠溶液				
醋酸溶液				
食盐溶液				
去离子水				

表8　箭环蝶:10％浓度溶液

	起初	1天后	4天后	7天后
酒精溶液				
碳酸钠溶液				
醋酸溶液				
食盐溶液				
去离子水				

（二）分析讨论

蝴蝶身上的黑色、黄色、红色和绿色是由色素决定的,翅的鳞片上的色素化合物大部分是新陈代谢的产物或副产物,当化学性质有所改变时,色素色就会由于氧化或还原反应而褪淡甚至消失。

黑色素是由酪氨酸氧化而成的新陈代谢产物,不仅使蝴蝶的翅呈现深沉的墨色,还可以表现出褐色、黄褐色、红褐色等色彩。

黄色、红色、橘红色则是由类胡萝卜素、花青素、华黄素等色素产生,它们分布在鳞片囊、上皮细胞、血液和其他皮下组织内,这是蝴蝶还是幼虫时从食物中摄取的。

目前还不太了解绿色素的产生来源,有科学家猜测可能是从叶绿素衍生而来的,但这个说法还有待证明。

多数蝴蝶的鳞片中都含有碟呤素,这是一种荧光色素。白碟呤、黄碟呤、红碟呤、金碟呤以不同的组合方式产生出绚丽的色彩。白碟呤、黄碟呤来源于食物中的尿酸盐。

表8　颜色变化记录表

溶液	梨花迁粉蝶	桔色文蛱蝶	黄迁粉蝶	箭环蝶
5%酒精	起初上面有蓝点,但蓝点慢慢消失,黄色渐渐褪去	变化不明显	起初上面有蓝线,但蓝线慢慢消失,黄色渐渐褪去	颜色变浅
10%酒精	起初上面有蓝点,但蓝点慢慢消失,黄色渐渐褪去	变化不明显	起初上面有蓝线,但蓝线慢慢消失,黄色渐渐褪去	颜色变浅
5%碳酸钠	几乎变透明,变色快	几乎变透明	几乎变透明	几乎变透明
10%碳酸钠	几乎变透明,变色快	几乎变透明	几乎变透明	几乎变透明

（续表）

溶液	梨花迁粉蝶	桔色文蛱蝶	黄迁粉蝶	箭环蝶
5％醋酸	黄色渐渐褪去	变化不明显	黄色渐渐褪去	颜色变化不大
10％醋酸	黄色渐渐褪去	变化不明显	黄色渐渐褪去	颜色变化不大
5％食盐	虽然也褪色,但相对较少,较慢	变化不明显	虽然也褪色,但相对较少	颜色变淡
10％食盐	虽然也褪色,但相对较少,较慢	变化不明显	虽然也褪色,但相对较少	颜色变化不大
去离子水	褪色比食盐溶液快	变化不明显	褪色比食盐溶液快	颜色变化不大
变色顺序	碳酸钠＞醋酸＞酒精＞去离子水＞食盐	只有在碳酸钠溶液中变透明,其他变化不明显	碳酸钠＞醋酸＞酒精＞去离子水＞食盐	碳酸钠＞酒精＞食盐＞醋酸＞去离子水
备注	酒精、食盐和去离子水在3～5天时也有蓝点,但蓝点慢慢消失	碳酸钠液体开始泛黄,应该是蝴蝶鳞翅的色素进入液体中了	酒精、食盐和去离子水在3～5天时也有蓝色出现,但蓝色慢慢消失	箭环蝶的鳞翅大而薄,但没有像文蛱蝶那样使溶液中有颜色

四种溶液中,碳酸钠溶液变化最明显,可能是因为碳酸钠对细胞壁的破坏最大。食盐溶液的变化较少,对颜色破坏小。

不同浓度的对比中,10％碳酸钠比5％的变化明显,醋酸和乙醇的对比不明显,一是本来颜色的变化就不大,再者酒精和醋酸的溶液比较容易挥发,再加上暑假天气热,导致配制的溶液和实际观察的溶液浓度有偏差,下次实验要寻找密闭、低温的环境。

10%的食盐可能是因为密度更大,是最难浸润的。碳酸钠溶液最容易浸润。相对来说,颜色较浅的比较容易褪色,较深的变化不明显。

这个微课题的学习和研究,能够说明蝴蝶鳞翅里含有色素色,并且在不同溶液中的变化。我们懂得了研究性学习的基本方法,了解了如何进行研究性学习、学会了如何用实验来验证自己的想法,为将来进行科学研究打下了坚实的基础。

参考文献

[1] 黄学群等人:《蝴蝶鳞翅结构和显色原因》,豆丁网,2010 年。

[2] 赵梅君:《多彩的昆虫世界》,上海:上海科技普及出版社,2005 年。

[3] 张立:《蝴蝶翅的颜色是哪里来的?》,《生物学通报》,1995 年第 7 期。

探究感想

我们很幸运能参加这次的"进馆有益"活动。在本次活动中,我们开始是被蝴蝶漂亮的鳞翅所吸引,觉得研究这个肯定有意思,但等到真正着手时,没有经验的我们有点手忙脚乱,不知从何下手。我们首先要感谢家长对我们的支持。第一,在查询资料时,网上的许多有用的资料都是需要付费下载的,还有如何判断哪些信息对我们才是有用的,都是家长耐心地给我们建议和指导;第二,实验器材的准备,捕捉蝴蝶是不现实的,因为我们确定下来的几种蝴蝶未必能捕捉到,后来家长帮忙在淘宝上购买蝴蝶和蒸发皿,做化工科研的一位家长提供了碳酸钠、醋酸和酒精,还教会了我们如何准确地配制溶液;第三,在实验过程中我们需要每天进行拍照和讨论,家长也给予了支持,当我们遇到问题时,也会热心地和我们一起思考、咨询老师;第四,由于实验场地是家里的阳台,霸占了将近一个月,家长也默默地支持,并且还经常帮忙打扫现场,整理实验器材。

其次,要感谢昆虫博物馆的黄健波老师和徐教院的金喆老师。从开始的实验方案确定,黄老师就给予指导,指出我们方案的不足和需要改进之处。在配制溶液时,由于家里没有天平,特别麻烦金老师专门到学校,借学校的实验室进行配制,金老师也教会我们如何准确称量、如何更规范移取溶液等。其实,我们的实验是经过一次失败的,第一次没有经验,只凭一腔热情,10天就做完了,开心地把实验结果给黄老师看,黄老师提醒我们:既然是对比实验,就需要对比同一位置才有说服力。没办法,我们只能进行第二次实验。

我们小组在整个课题探究过程中非常认真,从查找资料开始,由于疫情的影响,我们四人主要通过网络搜集资料,建立了一个微信群,把查找到的资料共享,对实验方案设计各抒己见,仔细配制溶液。后续的10天左右的观察,每天我们各自准时发图片到群里,记录颜色的变化,一点细小的变化都会让我们兴奋不已。

我们明白了对待实验要持科学的态度和通力合作的重要性,懂得了做一个实验前期准备工作的重要性,后期数据处理要严谨,我们会把学到的东西运用到以后的实验中。

再次感谢昆虫博物馆的黄健波老师、徐教院的金喆老师的辛勤指导! 感谢各位家长的全力配合! 感谢全体组员的通力合作!

课题组成员:上海市徐汇区教师进修学院附属实验中学
七年级

    王浩宇   尹玉曼   朱彭飞   裘耀翔

指导老师:黄健波(上海市昆虫博物馆)

       金   喆(上海市徐汇区教师进修学院附属实验中学)

蚊子是如何找到我们的?

探究缘起

伊蚊(Aedes albopictus),是一种蚊科库蚊亚科伊蚊属昆虫,伊蚊属蚊虫,通称伊蚊,分布于全世界,是蚊科中最大的属,近1000种,中国有100余种。

作为蚊科昆虫,伊蚊非常招人厌,尤其是夏天,连坐在公园里享受片刻的宁静都无法实现,蚊子会不停地攻击我们,稍有不慎就满身痒痒的包。

除了干扰我们的正常生活以外,伊蚊还会传播很多疾病,给人类的健康带来了危害。例如,伊蚊是登革热病毒最好的传播媒介之一,白纹伊蚊亲代能够经卵传递登革2型病毒给子代,至少可传四代以上。并且在传递过程中,病毒毒力呈逐渐增强趋势。最近几年流行寨卡病毒,也是因为有伊蚊的传播。

2020年暑假,我们在黄健波老师和金喆老师等老师的带领下,走进了昆虫馆,仔细学习了关于昆虫的知识,世界上的昆虫种类繁多,但我们小组的同学对"蚊子是如何找到我们"的这个课题特别感兴趣。我们详细设计了几组实验,通过这些实验,试图发现和揭秘蚊子是如何轻易地找到我们并能肆无忌惮地大快朵颐的。这些实验也可以提示大家如何尽可能地避开伊蚊灵敏的嗅觉系统,从而不被它叮咬。

蚊子的危害是全球性的。2017年8月,高玉峰等人在中缅、中越边境地区采集到蚊类5属6种25306只,从57批蚊类样本中检测到乙脑病毒、盖塔病毒、广平病毒、坦布苏病毒。他们同时还发现,我国西南边境地区蚊类虫媒病毒携带率较高,应加强系统性监测,预防蚊媒传染病跨境传播。

在中国,蚊子的危害也是非常严重的。例如,陆墨原等人发现,6～11月为南京市登革热发病高峰期,登革热蚊媒幼虫和成蚊密度高峰期分别为7月和9月,白纹伊蚊对5种常用杀虫剂均已出现抗药性。

在上海,蚊子也是无处不在。2018年5～10月,朱敏慧等人研究了上海市闵行区的居民区、医院、学校等场所的白纹伊蚊的分布特点及种群密度变化,发现闵行区BI和诱蚊诱卵指数(MOI)均呈单峰趋势,BI7月达峰值为17.82,MOI8月达到峰值为13.50,两个指数均以学校及幼儿园最高(BI为17.57,MOI为11.84)。2018年6～11月,朱伟等人在上海市徐汇区各个街镇使用诱卵器法开展白纹伊蚊幼虫密度监测,结果发现,9月的平均阳性率最高,为18.66％。他们号召大家在每年白纹伊蚊密度高峰期(6月和9月)前有针对性地开展灭蚊工作,尤其是在学校等人口密度较高的地方加强白纹伊蚊密度控制。

蚊子是怎么找到我们的呢? 根据文献报道,蚊虫对周围环境的识别主要依赖于它身上的那套极为灵敏的嗅觉系统。这个系统主要包括嗅觉受体(olfactory receptors,ORs)、气味结合蛋白(odorantbinding proteins,OBPs)和嗅觉神经元(olfactory receptor neuron)。ORs在嗅觉系统中起到识别气味,将外界的化学信号刺激转化为电信号的作用。1999年,Clyne等、Vosshall等在果蝇(Drosophila melanogaster)中首次发现嗅觉受体OR蛋白。目前已从冈比亚按蚊(Anopheles gambiae)、埃及伊蚊(Ae. aegypti)、白纹伊蚊和致倦库蚊(Culexpipiens quinquefasciatus)的基因组中分别鉴定出 ORs 基因 79、131、158 和 158 个。

综合学者们发表的论文,我们小组发现,伊蚊在全世界都有,并且不分国界到处散布;上海的伊蚊数量多,尤其是 6 月和 9 月人口密集的地方,伊蚊最多;伊蚊寻找人类主要是靠它的嗅觉系统和视觉系统。但是,具体的食物味道、布料和纸张颜色、二氧化碳浓度等对伊蚊的吸引力,目前还没有做过比较系统的研究。

一、材料与方法

(一) 制作蚊箱

从淘宝网上订购 12 根 10 mm×10 mm 的木条。将这些木条用钉子和铁丝打造成一个正方体;然后在正方体的一个面上钉上厚度为 5 mm 的薄木板作为支撑底,便于放置实验物品。将蚊帐裁剪后,将正方体包围住,注意不要留有空隙,防止伊蚊跑出来。

(二) 制作实验用品

二氧化碳干冰采购自淘宝网。杭椒、苦瓜、虾肉、牛肉、醋、白砂糖、食用盐从超市采购,将杭椒、苦瓜、虾肉、牛肉碾碎,制作成溶液备用。本小组成员经过大量运动后收集汗水,得到实验用的汗水,备用。香水(主要成分:兰花、紫罗兰、玫瑰、李子、麝香、木香等)从化妆品商店中采购,制作成溶液备用。从文具商店中采购黑、白、红、黄、绿、蓝共 6 种颜色的纸张,裁剪成大小 30 mm×30 mm 的方形纸片备用。从淘宝网上购买 2 个黑色和 2 个白色的绒布袋子为颜色实验备用。另外,购买一次性塑料盘、15 ml 塑料管、试管架、手套、夹子等若干,备用。

(三) 将伊蚊装入蚊箱

要想把伊蚊装入蚊箱,是个技术难度很高的工作。我们在昆虫馆拿到了180只伊蚊。取蚊步骤包括:从育蚊箱中将伊蚊吸取到收集器中,然后将收集器中的伊蚊吹入到我们的蚊箱中,一直到伊蚊数量达到180只为止。为了防止伊蚊快速死亡,蚊箱中加入了含糖水的脱脂棉。

(四)选择实验地点

一开始打算选择嘉川路小游园这种宽阔地作为实验场所,但考虑到天然开阔的地方空气流动太大,影响伊蚊对气味的识别,因此放弃了。后来组员皮金淳主动提出,可以到她家的大厅里进行实验,经过现场考察,条件非常理想,空气流动性很小、开灯后光线充足,可以满足本实验的要求,因此就选定了这里。

(五)研究蚊子对二氧化碳的敏感性

取1只黑色小布袋和1只白色小布袋,各装入30克干冰,扎紧袋口;剩下的1只黑色小布袋和1只白色小布袋不装任何东西,直接扎紧袋口;将4个小布袋分别放在盒子的4个角上,有干冰的2个袋子放到同一侧。在一分钟内观察蚊子动向。本实验重复3次。

(六)研究各种颜色对伊蚊的吸引力

将大小30 mm×30 mm的黑、白、红、黄、绿、蓝共6种颜色的方形纸片,分别放入无色无味的塑料碟子中。先将红、黄、绿色的纸片放入箱子里,保持等距离,在三分钟内观察蚊子的动向;再将蓝、白、黑色的纸片放入箱子里,保持等距离,在三分钟内观察蚊子的动向,记录实验数据。本实验重复3次。

(七)研究各种气味对蚊子的影响

准备材料:将准备好的实验材料各取少许,分别均匀地滴到无味纸巾上,再把餐巾纸分别放入无色无味的塑料小碟子里。

图1　气味(涂布在无味纸巾上)

将装有糖水纸巾的碟子放入箱子,观察蚊子的动向,接着将装有盐水纸巾的碟子放入箱子,再观察蚊子的动向,以此类推,直到试完所有的气味为止,记录并对比实验数据。本实验重复3次。

二、结果与分析

(一) 蚊子对二氧化碳的敏感性

实验记录结果如下:

表1　实验结果

项目	停留蚊子数(个)
黑色袋子、里面有干冰	大约30
黑色袋子、里面无干冰	大约14
白色袋子、里面有干冰	大约6
白色袋子、里面无干冰	大约3

实验过程中还观察到,蚊子喜欢聚集在盒子的背光面,移动盒子,面对窗户亮光那一面的蚊子会散开。

根据上述实验,可得出下列结论:

(1) 伊蚊特别喜欢黑色的袋子,不管袋子里是否有二氧化

碳,说明蚊子对黑色有特殊的嗜好;

（2）对白色不感兴趣,不管有没有二氧化碳;

（3）虽然伊蚊属白天活动蚊子,但仍喜欢暗处,对光敏感;

（4）蚊子对二氧化碳有一定的趋向性,如果和黑色组合,则是蚊子最为喜欢的。

（二）各种颜色对蚊子的影响

观察纸张上停留蚊子的数量,记录结果如下:

表 2　实验结果

纸张颜色	停留蚊子数（个）
黑色	大约 10
白色	0
红色	0
黄色	0
绿色	0
蓝色	0

实验过程观察到,伊蚊优先选择停留在黑色纸张上,数量达到 10 只,而其他颜色的纸张上无蚊子停留。

根据上述实验,可得出下列结论:

（1）伊蚊对黑色物体有特别喜好;

（2）在有黑色物体存在时,对其他颜色物体并无明显偏向性,无论是明色调的白色和黄色,还是暗色调的蓝色和红色。

（三）各种气味对蚊子的影响

观察各种气味的纸巾上蚊子的停留数量,记录结果如下:

表3　实验结果

实验项目	停留蚊子数(个)
盐水	0
虾肉	大约3
牛肉	大约6
辣椒汁	0
汗水	大约3
醋	0
香水	0

经过分析,发现伊蚊对糖水、盐水、醋、香水不感兴趣,对辣椒汁总是躲避,牛肉、虾肉和汗水可以在一定程度上吸引蚊子。

图2　小组成员观察并记录蚊子动向

根据上述实验,可得出下列结论:

(1) 伊蚊对辣椒汁极其敏感,几乎全部是想躲避的。对盐水、醋、香水一点也不感兴趣,视之无物。

(2) 牛肉和虾肉对蚊子有一定的吸引力,汗水对蚊子也有一定的吸引力。

三、结论

通过几轮实验,我们得出了以下结论:

蚊子对黑色特别敏感,在有黑色存在的时候,蚊子就对其他颜色一点也不感兴趣,说明蚊子可以通过深色的物体找到我们;蚊子对二氧化碳较为敏感,说明蚊子可以通过对二氧化碳的探测找到我们;肉和汗水是最吸引蚊子的物品,所以蚊子会跟着肉味和汗味找到我们。

最终的结论是蚊子可以通过深颜色的物体、二氧化碳和气味找到我们。建议大家保持卫生,减少汗水,多穿浅色的衣服,就能有效地防蚊。

参考文献

[1] 陆宝麟、苏龙:《中国伊蚊鉴定手册》,北京:科学出版社,1987 年。

[2] 郭玉红、王君、刘起勇、殷文武、王茂武:《登革热传播媒介伊蚊综合治理研究》,《中国媒介生物学及控制杂志》,2008 年第 6 期。

[3] 宋秀玲、黄炯烈等:《白蚊伊蚊经卵传递登革 2 型病毒的实验研究》,《热带医学杂志》,2005 年第 1 期。

[4] 刘起勇:《寨卡病毒媒介伊蚊控制策略和措施展望》,《中国媒介生物学及控制杂志》,2016 年第 2 期。

[5] 朱敏慧、刘丽军等:《上海市闵行区白纹伊蚊的分布及种群密度变化趋势》,《中国媒介生物学及控制杂志》,2020 年第 3 期。

[6] 朱伟、王现、刘翔宇、周毅彬:《上海市徐汇区白纹伊蚊诱卵器法监测分析》,《中华卫生杀虫药械》,2020 年第 2 期。

［7］黄晓丹、杨琳琳等:《白纹伊蚊吸血前后气味受体 OR10 基因表达水平的比较研究》,《中国媒介生物学及控制杂志》,2020年第 3 期。

［8］Liu HM,Liu T,Xie LH,et al. Functional analysis of Orco and odorant receptors in odor recognition in Aedes albopictus ［J］. Parasit Vectors,2016,9:363.

［9］Hallem EA,Carlson JR. Coding of odors by a receptor repertoire ［J］. Cell, 2006, 125(1):143-160.

［10］Clyne PJ,Warr CG,Freeman MR,et al. A novel family of divergent seven － transmembrane proteins:candidate odorant receptors in Drosophila［J］. Neuron,1999,22(2):327-338.

［11］Vosshall LB,Amrein H,Morozov PS,et al. A spatial map of olfactory receptor expression in the Drosophila antenna［J］. Cell,1999,96(5):725-736.

探究感想

我们准备材料花费了将近 1 个月的时间,进行了精准的设计,小组成员都付出了很大的努力;实验当天虽然下着瓢泼大雨,但是组员们还是顶着大雨来到了实验场地。也感谢皮金淳同学提供的实验场地,实验之后的好几天,做实验时遗留的蚊子都还在她的家里肆虐,全家都在进行杀蚊灭蚊,非常辛苦。实验过程中,由于需要将实验用的物品放到蚊箱中,因此每个做实验的同学的胳膊、脖子、脸上都被伊蚊咬得满是包。最多的时候,一位组员被咬了 17 个包! 但我们坚持了下来,我们学会了一个道理:要想获得科学成果,就得先学会吃苦耐劳、勇于探索的精神;对自己的实验计划精密设计、大胆预测、坚定信心,一定会获得理想的科学进展。

最后,由衷地感谢昆虫馆的袁建忠老师、黄健波老师和李庆凤老师,他们为本探究的顺利实施提供了关键的实验材料和研究方案的指导。也感谢徐教院附中金喆老师的细心指导。感谢小组成员的家长们为本论文的顺利完成提供了各种支持。

小组成员合照

课题组成员:上海市徐汇区教育学院附属实验中学

　　　　孙一凡　皮金淳　林惟轩　张奥程

指导老师:袁建忠

　　　　黄健波

　　　　李庆凤(上海市昆虫博物馆)

　　　　金　喆(上海市徐汇区教育学院附属实验中学)

灭绝与兴盛

——面对第六次生物大灭绝，人类将何去何从

探究缘起

之前的五次生物大灭绝都对生物界产生了颠覆性的影响，了解前五次生物大灭绝的原因及之后的兴盛过程，对防止因人类活动加速第六次生物大灭绝有重大意义。我们通过查阅整合资料，整理了前五次生物大灭绝的原因和生物兴盛过程，并由前五次生物大灭绝推及第六次，思考人类和第六次大灭绝的关系，探索应对和减缓第六次大灭绝的措施。

一、五次生物大灭绝的原因

生物大灭绝又称生物绝种，是指大规模的集群灭绝。生物大灭绝过程中往往整科、整目甚至整纲的生物在很短的时间内彻底消失或仅有极少数存留下来。已知的地球史上发生过五次生物大灭绝，我们研究总结了五次生物大灭绝的原因（见图1）。

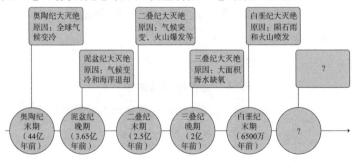

图1　五次生物大灭绝原因

第一次物种大灭绝又称奥陶纪大灭绝，发生于 4.4 亿年前的奥陶纪末期，导致大约 85％ 的物种绝灭。

奥陶纪气候温和，浅海广布，海洋无脊椎动物繁盛。但是奥陶纪末期陆地汇集在极点附近，形成大片的冰川，使洋流和大气环流变冷，整个地球气温下降，海水冻结成冰，海平面下降。突然的气候变化和海平面下降破坏了原先丰富的沿海生态系统，使当时的大部分物种灭绝。

第二次生物大灭绝又称泥盆纪大灭绝，发生于 3.65 亿年前的泥盆纪晚期，海洋生物遭受了灭顶之灾。

泥盆纪陆地面积扩大，气候整体温和，陆生动物、鱼类兴盛，而晚期的地球气候变冷和海洋退却引发了第二次生物大灭绝，并且海洋生物遭到重创。

第三次生物大灭绝又称二叠纪大灭绝，发生于 2.5 亿年前的二叠纪末期，导致超过 96％ 的地球生物灭绝。

二叠纪地壳运动活跃，板块之间运动加剧，隆起形成山脉和陆地，古板块间逐渐联合形成古大陆。随着陆地面积的扩大，海洋范围减小，陆生动物得到了空前的发展。然而随着古大陆的形成，原本富饶的海岸线和大陆架减少，海洋生物的适宜生存空间减小。与此同时海底有机物氧化消耗氧气，放出二氧化碳，造成气温升高和缺氧海水增加，影响陆生和水生动物的生存。沙漠范围扩大、火山爆发等其他原因也加剧了此次生物大灭绝。

第四次生物大灭绝又称三叠纪大灭绝，发生于 2 亿年前的三叠纪晚期，爬行类动物遭遇重创。

三叠纪初期陆地面积扩大，陆地分布在各地，气候干旱，海平面下降。而中晚期，气候转为湿热，海平面复又上升，造成大面积海水缺氧，使大量海洋生物灭绝。

第五次生物大灭绝又称白垩纪大灭绝或恐龙大灭绝,发生于6500万年前的白垩纪末期,三叠纪晚期以来长期统治地球的恐龙整体灭绝。

白垩纪陆生动物兴盛,恐龙是当时的地球霸主。而末期的陨石雨的撞击使大气层中灰尘浓度大大增加,阳光穿透度下降,造成全球温度长达数年的下降。光照的减少影响了植物光合作用,食物链的基础环节被破坏,大批动物受到影响而饿死,甚至连当时的霸主恐龙都难逃一劫。

二、大灭绝后生物的兴盛趋势

生物大灭绝通常对大部分生物,甚至是在生态系统中地位高的生物产生毁灭性的影响,而且还经常是很多不同的生物类群一起灭绝,却总有一些类群幸免于难,甚至还有一些类群从此诞生或开始兴盛。这些物种逐步发展,构成新的生态系统,直到下一次的生物大灭绝,完成生物大灭绝的一个周期。

对于各个大灭绝时期灭绝与兴盛的物种我们进行了部分的归纳和整理。

表1　各大灭绝时期灭绝与兴盛的物种

灭绝时期	灭绝物种	灭绝物种特点	兴盛物种	兴盛物种特点
奥陶纪	海洋生物腕足动物门、苔藓动物门、头足类、三叶虫类、笔石类、珊瑚、滤食型浮游生物等生物	多覆盖坚硬巨大的壳,体型较大	鱼类等脊椎动物	活动性较强

自然生态

（续表）

灭绝时期	灭绝物种	灭绝物种特点	兴盛物种	兴盛物种特点
泥盆纪	邓氏鱼、艾登堡母鱼、提塔利克鱼等	出现头甲鱼和盾皮鱼。邓氏鱼和艾登堡母鱼为盾皮鱼，邓氏鱼体型巨大，咬合力强	原始爬行动物出现	多样化体征，出现两栖类性状，较适应陆生环境
二叠纪	海生无脊椎动物的灭亡程度最大，原本占优势的裸子植物被石松门取代	钙质外壳最多的物种，则是灭亡比例最高的生物	石松门（孢子繁殖）	通常具有良好的循环系统、复杂的气体交换机制，以及部分的钙质外壳。继续存活的物种体型较小，且是多样化生物群落中数量稀少的成员
三叠纪	角鳄、波斯特鳄、灵鳄、狂齿鳄	体态笨重，全身覆盖厚厚的甲片	恐龙	体型巨大，生存范围广
白垩纪	恐龙	体型大，消耗大，羊膜卵生殖	哺乳动物	体型相较于恐龙小，小体型的消耗较多，身体恒温能更好地适应气候突变，还可以隐藏在洞穴里

其中,对比可以发现,并不是在当时占优势的物种容易存活,反而是较多样化、体型小、繁殖简单的物种更容易适应环境变化而存活下来。

　　例如:泥盆纪的提塔利克鱼相较于邓氏鱼来说,体型小,咬合力小,没有坚硬的盾皮,但是拥有功能跟鳃一样好的肺脏,半鱼类半两栖类的肢骨及关节,以及发达的肌肉。因为提塔利克鱼同时具有鱼类及两栖类的特征,所以可以生存在含氧量较高的浅海地区。多样化的生物特点对适应不同的环境变化具有重要意义,使其可以在大灭绝爆发时离开海洋生活。白垩纪的哺乳动物凭借其比恐龙较小的体型和较少的消耗,可以隐藏在洞穴中躲避灾难,同时又凭借体温恒温,能更好地适应气候突变。

　　我们认为,这些物种遭到灭绝的原因是:对物种本身来说,对原有生存环境高度适应,使其基因库变小,当环境发生突然变化后,物种对新环境的适应度下降到零,可能是导致该物种灭绝的内在原因之一。

　　大灭绝之后顽强的生物经过自然选择存活下来,产生了新的种类适应变化后的环境,逐步繁衍发展成更多相似的种类并保留优势性状。与此同时,灾后泛滥物种占领尚未改善的空缺生态位,从而达到兴盛。

三、人类对第六次生物大灭绝的影响

　　以上,我们分析总结了前五次生物大灭绝及其后续过程,为探讨第六次生物大灭绝做了知识上的铺垫。

　　以理性的视角来看待,灭绝打破了原先的生态平衡,使原有的优势类群衰落,新的优势类群发展,大大加快了演化的过程。它不是生物发展的休止符,而是演化之道上的一个逗号,为生物

世界打开了新的篇章。

但作为人类,也是即将经历第六次生物大灭绝的物种之一,我们的发展正在时刻影响着整个生态环境,因而影响着人类的命运。我们不能以一个置身事外的视角来看待生物大灭绝。正如南京古生物博物馆馆长冯伟民先生所说的,"相比之下,第六次大灭绝更主要的是人灾"。第六次生物大灭绝之于前五次有一个不可忽视的不同点——人类活动的影响。

习近平总书记在党的十九大报告中提出了"人与自然是生命共同体",一方面人类依赖于自然,是自然的一部分;另一方面,人类对自然又起到反作用。目前,随着人类社会的发展,人类活动对自然环境的部分消极影响也越来越明显,或将成为加速第六次生物大灭绝的因素。

(一)加速了全球气候变暖

随着人类社会工业化的发展,煤炭的大量燃烧,二氧化碳被大量排放,大量的温室气体覆盖在地球表面,大气的保温作用由此加强,全球气候趋向变暖,变化的生物环境将引起生活在寒冷环境下的动物数量逐渐减少。

(二)加速消耗了水资源

人类对水资源的消耗主要体现在两个方面:首先是随着人口数量的激增,人类用水量大幅度上升,可利用的水资源数量明显下降。其次,随着人类社会工业化发展,工业污水以及生活污水的排放引起的水污染程度也是其他生物造成的污染所不能及的,全球水资源质量也逐渐下降,对水质要求较高的物种锐减。

(三)大幅度减少了其他生物的生存空间

除了较明显的直接占领生物生存空间外,人类的活动还会间接地缩减其他生物的生存空间。例如:对森林的过度砍伐造成森林面积大幅度减少,使生活在森林环境中的生物大量减少;全球变暖引起的冰川消融,迫使北极熊进入人类活动范围等。

（四）直接猎捕消耗了生物

除了对直接对人类产生危害的动物进行捕杀外,人类对于皮草、动物骨骼制品、以野生动物为食材的食品的推崇也是造成大量猎杀的原因之一。这些生物制成品因为它们背后的生命代价而稀少,稀少的物品又被添加了高昂的附加值,成为一种财富和时尚的象征,引发人们争相购买,而大量的市场需求和高昂的利润又促使偷猎加剧,最终使部分稀缺的物种越来越稀缺直至灭绝。

（五）间接促进了外来物种入侵

走私动物、不合理的放生都可能引起外来物种的侵害,并且增加本地物种的生存压力,造成本地生态环境的破坏。

四、减缓和应对第六次生物大灭绝的措施

"人与自然的发展具有一致性。""人与自然间不是单纯的改造与被改造、利用和被利用的关系,而是休戚相关、荣辱与共的生命共同体。"人类对自然环境造成的负面影响,将减少自身需要的资源,加速第六次生物大灭绝的进程,最终影响人类自身的生存。我们应当寻找和顺应自然规律,保持和自然的良性互动,改变破坏自然的行为。以下,我们整理提出几点应对措施:

制定完善严格的法律。对工农业的发展制定更加完备的条例,对工业排放、资源开发、过度捕猎进行控制。

进行环境评价。在建设工程中考虑对环境的影响,选择对生物影响较小的工程。

加大保护环境和濒危动物的宣传。增加更多宣传渠道,将环

境保护意识纳入道德教育的内容,强调环境保护对人类自身的意义,提高全民环境保护意识。

严格控制外来物种。国家严格把关海关等检查机构,加强跨国收寄的查验。销售平台增强审核,限制野生动物走私。加强生物教育,规范合理放生。

制定长远可持续发展计划。合理减少不可再生能源的使用,大力发展清洁能源和可再生能源的开发,优化能源消费结构。提高能源利用率,减少能源的相对需求量。

合理建设保护机构。设立自然生态保护区,增加湿地面积,保护生物多样性。对部分地区退耕还林,改变农业耕作制度,防止土地荒漠化而减少生物生存空间。对部分濒危物种实施人工繁殖。

抵制用濒危物种所制成的产品。加强人员配置,完善监督监察机构,对偷猎野生动物行为进行直接的管控。增强销售平台审核,切断部分非法销售渠道。加强教育宣传,指正错误的消费观念,正确树立公民价值观念,从源头上减少濒危物种制成品的市场需求量。

提高人类自身适应环境变化的能力。在可持续发展的前提下,加强科技发展以及对生态环境的探索,降低对单一环境类型的依赖。

"人与自然之间保持良性互动,不仅可以使人类的生态环境质量得到提升,满足人类生存和发展的需要,而且可以保持生态系统的平衡,促进生态系统的良性循环。"反之,如果人类没有意识到可持续发展的重要性,违背自然规律,盲目地向自然去"索取",那么终有一天自然将不再慷慨给予,而是要求人类一次性付出高昂的代价。那么届时,第六次生物大灭绝的主角很可能是人类。

我们应当从五次生物大灭绝中总结经验,减少对环境的污染,提高人类自身的环境适应能力,减缓和应对第六次大灭绝的到来。也许我们的举措并不能阻止第六次生物大灭绝的到来,但最起码这样应对危机的能力会是第六次之于前五次,人类之于古生物的不同之处。

参考文献

[1] 宋海军:《二叠纪—三叠纪之交生物大灭绝与残存》,《地球科学—中国地质大学学报》,2016 年第 6 期。

[2] 沈树忠、张华:《什么引起五次生物大灭绝?》,《科学通报》,2017 年第 11 期。

[3] 萧野:《第六次物种大灭绝来临? 全球濒危物种红色名录再刷新》,《环境与生活》,2017 年第 12 期。

[4] 邵民:《扬子鳄:兴盛在灭绝的边缘》,《森林与人类》,2009 年第 9 期。

[5] 刁雯雯、颜忠诚:《物种灭绝机制》,《生物学通报》,2007 年第 2 期。

[6] 沈银柱、黄占景:《进化生物学(第 3 版)》,北京:高等教育出版社,2013 年。

[7] 赵荣台:《生命聚宝盆》,桂林:广西师范大学出版社,2003 年。

[8] 张晓娜:《"人与自然是生命共同体"理念的哲学思考》,《中共南昌市委党校学报》,2021 年第 1 期。

[9] 戎嘉余、方宗杰:《生物大灭绝与复苏:来自华南古生代和三叠纪的证据》,合肥:中国科技大学出版社,2004 年。

探究感想

首先,我们要感谢指导老师、专家们对我们课题的帮助和提出的宝贵建议。

其次,我们要感谢场馆和此次活动的主办方给予了我们研究的场地和机会。在场馆内,我们看到了陌生的生物被标上已灭绝的标签,熟悉的生物也被绘制进了濒危的图像。人类社会高速发展的副作用已经显现出来了。面对不断锐减的数字,我们不能只看见拔地而起的高楼大厦,却看不见野生动物的流离失所。不能只看见面前的山珍海味,却听不见动物被捕杀的哀嚎。

最后,我们要感谢研究生物大灭绝和人与自然关系的前辈们,他们为我们提供了参考的资料和理论的基础,他们是立足自身也不忘瞭望大地的先行者。

课题组成员:上海市南洋中学

　　　　胡译文　印辰雨　朱邦依　杨　洋　胡慧婷

指导老师:李　云　李　博

活动指导

激活创造思维，助力创新成长

进馆研学，一场适应教育改革的求索之旅

馆校协同参与，助力"进馆有益"

——以上海交通大学钱学森图书馆为例

激活创造思维,助力创新成长

向明中学　　胡宗频

　　自 2014 年首届"文化根·民族魂·中国梦——'进馆有益'微课题研究论文征集活动"开展以来,向明中学从学校领导层面到政教德育条线,都极为注重活动深厚的文化底蕴、广阔的社会实践空间和对学生精神文明的引领作用。向明中学自 20 世纪 80 年代以来提倡的创造教育的办学理念,让学校上下都积极进取、勇于创新,向明中学的学生是富于探索精神的。面对全新的"进馆有益"微课题研究活动,我们深感这是在具体场景中培养学生文化认同、民族精神、使命担当的极佳平台。而怎样在这样一个新平台上唱出一台大戏,对我们而言也是一次挑战。为此,学校组织相关力量,深入研讨,将"进馆有益"微课题研究列为"德育项目课程化"研究课题之一,并做了"带着课题进场馆"实践活动课程的顶层设计,旨在通过向明中学创造教育理念的引领,结合教育改革,开拓社会实践新领域,实现新模式下的育人新发展。

　　在课程设计的理念层面,我们充分认识到社会正迈入创造时代,我们要培养的不是死读书的人,我们可以通过校外场馆这一形式开放、内容丰富、外延无限的平台开展创造教育。我们始终认为,在未来,创造性思维必然会成为人们的一项基本生存能力,这要求我们努力激发青少年的好奇心、创新精神、社会责任感,培养他们的创造力、实践能力,通过一系列恰当的引导,使他们能跟上世界发展的新潮流和社会发展的新需求。如曾获"进馆有益"微课题论文一等奖的《高中生防灾避险素质的差异性的研究》,就是基于当年全国各地发生了许多自然灾害及人为因素造成的危险事件,例如公交车着火事件、云南鲁甸地震等。我校几名富有社会责任感的学生自主结对,联系教师,前往场馆进行调查研究和咨询访谈,以期唤醒人们的自我保护意识,并多多掌握实践知识,努力自救、互救。

在具体做法上,我们根据高中生的年龄特点、年级特色,利用周末和寒暑假时间,组织学生走出课堂,进入各类场馆接触和感悟丰富的人文、科技资源,让高中学生在社会大课堂中认识社会、思考人生,形成正确的治学研究思路。这方面,我们得到了市校外教育联席会议办公室、市中小学德育研究协会等单位的大力支持与有效协助。我们的学生在联系场馆、联系校外指导教师时,以上单位向我们提供了联系方式、专业人员等多方面的帮助。在学生论文撰写及修改过程中,德研会的老师给出的指导意见提纲挈领,切中肯綮,让向明学子在专业意见中学会学习、学会研究。在此,我们要向协作单位表示诚挚的感谢!

相信各校在开展"进馆有益"活动时都会发现,理念、设计确定之后,课程能否顺利、有效开展的决定性因素还是在人。为此,向明中学在人员安排上进行规范化、精细化操作,建立起由德育处担任总负责,校团委学生会为助手,各年级、班级为主体的"微课题研究"工作体系,充分吸收资深教师、有特长教师和部分优秀青年教师担任学生课题的指导教师,同时积极开发校外资源,实现学校与场馆联合培养人才。

我们首先根据自身办学的特点和学生课题的性质,对全市的重点场馆、特色场馆进行细致排摸,按照文化与艺术、生命与安全、科技与创新、自然与环境、弘扬与传承、服务与实践六大主题项目对场馆进行了划分。其次,我们遵循学生认知发展、情感发展规律,对三个年级设计各类场馆的学习分段目标。其中,高一学生微课题以调查报告、现场访谈为主;高二年级以数据统计、研究分析为主;高三年级以专家交流、形成论文报告为主,尽力做到因材施教、有的放矢地将微课题研究贯穿学生高中三年的学习之中。

教育实践表明,创造潜能的激发,需要学校给予学生恰当的环境,提供充足的时间。基于这一认识,向明中学"微课题研究"课程也致力于搭建这样一个平台,充分发挥学生的主动性、积极性,重视学生的参与。与教师直接给学生研究课题不同,我们的做法是鼓励学生从学习、生活中发现问题、产生课题。学校一般会组织课题申报方面的统一讲座和课题日常研究过程中的流程指导,即通过"后台"的保驾护航,来支持"舞台"上的精彩展示。经过一届又一届"进馆有益"活动的指导,目前,我们为学生搭建的平台已经日渐成熟。从收获的成果来反思过程,我们发现,在课题开展之前,"我为什么要做微课题""我去哪里做微课题""在微课题研究中我能做什么"这样的设问,可以极大地激发起学生的兴趣;对"我们的微课题研究有创意吗""怎样的探究方向才能让同学各尽所能"的思考,又给予学生极大的自由度和研究视角。在实施过程中,"研究遇到瓶颈如何处理""组员任务的分配如何协调"等问题的提出,又能促使学生与教师共同思考、认真应对。在成果的展示与交流中,"怎样的方式能完美地展现整个课题研究成果""课题的价值如何体现""怎样与专家交流"等方面的指导、探讨、实践,都需要学生调动思维、大胆设想、积极实施。可以说,通过微课题形式,我们成功促使学生走出校门、深入社会,在实践中提高创新精神和实践能力,在场馆中思考人生意义、探究生命价值,进而内化文化认同、民族精神与使命担当,形成正确的人生观、价值观,为他们的高中生涯留下浓墨重彩的一笔。每年,我们还结合当年国家和本市的重大时政,如改革开放40周年、中华人民共和国成立70周年等,引导和鼓励学生结合社会发展开展课题研究,最终产生了包括《心血传承忆难忘,百年老号焕新颜》《探上海冷饮业发展,溯光明曲折中前进》《以中共一大为牵引,从游客参观的体验质量角度探讨历史类博物馆发展方向》等在内的一大批获"进馆有益"微课题活动一、二、三等奖的优秀作品。

由于是走出校园开展研究学习,学校十分注重为学生提供安全方面的保障措施。比如,我们会在考察活动前加强对学生的安全教育,召开教师会议,明确各自职责。教育组员听从组长指挥,不得无故缺席考察活动。考察队伍自由组合,可以跨班级,也可以跨年级,分组完成后,建立指导教师与学生手机联络机制,必须保持通信畅通。学生组长通过手机与指导教师、组内成员随时保持联系。这些措施既确保了学生外出研究时的安全,也为加快课题研究进度和提高研究质量提供了保障。而由此衍生出的学生与学生、学生与教师、学校与师生之间的畅通联络网,在2020年疫情期间也发挥了重大作用。我们的师生在研究过程中学到的联络方式与技能,使学校的防疫信息上传下达过程十分通畅;师生在参加"进馆有益"活动中多年积累的网络信息获取技能、网上场馆参观能力,也帮助他们即使居家抗疫足不出户,也能继续有条不紊地开展课题研究。

随着学校对微课题研究认识的深入,学生的微课题成果也获得长足进展。向明学子在"进馆有益"微课题研究论文中获得了不俗的成绩,先后有《高中生防灾避险素质的差异性的研究》《浅谈上海历史上会馆公所的社会功能》《青铜器上鸟纹形象及其文化含义》等论文在历年活动中获一等奖。《对黄浦区的爱心暑托班现状调查及研究》等 4 篇论文获一等奖,《上海市民垃圾分类的现状调研》等 7 篇论文获二等奖,《中国第一条营运铁路——吴淞铁路的前世今生》等 7 篇论文获三等奖。获奖让人高兴,但让我们更喜悦的是,围绕"微课题研究"课程实施,学生在三个方面的能力得到培养。其一是问题探究能力。因为微课题主要是以考察的方式来完成的,根据行前已准备好的资料与计划,学生们严格按照课题要求前往不同的场馆,做着不同的调查。虽然这个过程并非如以往一般,全是愉快的参观休闲,但学生们所学到的知识却远远多于以往。在调查中会碰到许多问题,他们学着思考、探究与分析,收获了许多关于历史、文化、科技方面的知识,感受了城市的人文情怀,领略了科技的别样风采。其二是自主选择能力。微课题本着以学生为主体的宗旨,由学生自行设计、组织问题,自己决定研究地点、研究方案和考察结果呈现的形式。在确定考察课题后,学生通过书籍和网络查找信息,选取有价值、有深度的研究课题。其三是团队合作能力。在整个研究过程中,学生们的合作意识非常强。大家都很自觉地跟随着自己的小组,遇到困难也一起解决,许许多多的点点滴滴令学生们印象深刻。这也就意味着,微课题研究更注重主体的自主学习,而非传统的教授式学习。学生不再是一味地被灌输知识,而是自主探究获取知识,并且能够在广泛的知识资源中自行串联合并,形成自己的一套知识体系,这就是所谓的知识建构。

凡是过往,皆为序章。我们感到,比获奖更可贵的是我们的学生在课题的探究过程中切切实实地激活了自己的创造思维能力,实实在在地提高了自主发现问题和解决问题的能力。我们还可喜地看到,随着课程体系的不断完善,越来越多的教师加入课题指导的工作中来,涌现出以上海市劳动模范、上海市"十佳"班主任丁凛老师为代表的众多优秀指导教师,他们踏踏实实地开展工作,助力学生创新发展,在可见的未来,他们将成为向明中学创造文化的实践者和创造教育的中坚力量。与此同时,通过"进馆有益"活动,向明中学与众多兄弟学校在竞赛中收获了友谊,与众多优质场馆在研究工作中结下了不解之缘——这都是"进馆有益"活动带给我们的宝贵财富,弥足珍贵! 我们向明中学师生,向活动主办方,向各协助单位表示感谢! 同时,祝"进馆有益"活动越办越好,越办越精彩!

进馆研学，一场适应教育改革的求索之旅

上海市第十中学　李祎凡

转眼间，"进馆有益"微课题研究论文征集活动已坚持开展了6年，在上海深化教育综合改革的今天，我深深地感到这是一件适应教改的益事。它锤炼着教师的综合能力，让教师不断自我革新；它培养着学生的核心素养，让学生逐渐愿意实践、能实践、会实践；它滋养着学生的心灵，让"文化根、民族魂、中国梦"在场馆学习中牢牢根植于中国人的心底。育怎样的人，如何育人是教育改革的核心问题，而进馆研学，上下求索，正是一场适应教育改革的求索之旅，让人终身受益。

以下是我参加"进馆有益"活动的一些思考和体会。

一、丰富的育人模式促进学校课程建设

在这几年的指导过程中，我对开展社会实践活动、场馆学习的价值有了更深的认识。实践是认识的基础，社会实践能充分调动学生的主观能动性，是培养学生综合素质的良好途径。而场馆学习这种新的学习模式更是学生进行社会实践学习、深度学习、终身学习不可或缺的一部分。在各类场馆中，学生能根据场馆主题，在情境中学习，获得视觉、听觉、触觉等方面的感官体验。它以学习者为中心，整合学习资源，更有利于引导学生观察、发现、比较、合作、探索，更直接地了解社会，培养与人沟通的能力，增强社会责任感。

上海市第十中学的办学理念是"做更好的自己"，在指导学生

参与"进馆有益"微论文征集活动过程中,我们力求让学生明确目标、调动积累、有序安排、自主探索、萌发创意。这样,学生才能在实践和研究中获得成长,做更好的自己。

我校作为完中,在近几年的征集活动中表现优异。成绩的取得离不开学校领导一直以来的重视与支持,离不开学校两类课程在建设与实施过程中的精心统筹、合理安排,离不开每个研究型课程教研组成员的辛勤付出、智慧教学。近年来,我校在课程设置上注重将研究型课程学习、场馆学习、德育实践活动紧密联系起来,无论是利用学校附近的文庙场馆资源还是利用签约场馆上海自然博物馆的资源,甚至利用假期指导学生进馆参观,打卡黄浦区社会实践护照,开展"馆内看中国""红色人文行走"活动,学校都立足实践活动,通过任务驱动、课题探究来提升学生的研究能力、社会参与度、责任意识。另外,教研组还注重对场馆教学的专题研究,先后有3位教师通过上海自然博物馆的课程培训,成为"博老师",丰富了场馆教学的经验。教研组还会以学校初中"文博探宝"项目为切入口,对初、高中研究型课程中涉及场馆研究的教学内容、形式进行研讨,资源进行共享,较好地做到初、高中衔接,相关教师都能为不同年龄段、不同水平的学生提供优质、有针对性的课题指导。

"进馆有益"活动从一定程度上提升了学校课程领导力。

二、学生的主体作用提高实践有效性

教育改革需要激发学生的学习内驱力,需要培养学生积极主动学习的态度和习惯,在亲身体验中发挥主观能动性,所以"进馆有益"活动应该充分发挥社会实践、任务驱动的优势,提高实践有效性、育人有效性。

我认为在指导过程中可以开展多种形式的研讨,激发学生脑力,促使学生寻找新问题、形成新观点。例如在馆内,我及时组织学生面对旗袍实物、馆内提供的文字资料,讨论交流,初步梳理出海派旗袍的发展脉络,再通过卡片分享交流,让课题组每个成员结合具体馆藏阐述对海派旗袍美的理解,呈现学生们不同的审美角度和审美层次,通过概括、比较、分析、归纳,从而理顺、开拓学生的研究思路。这样做让每个成员都动起来、思考起来了。

再如为了更好地设计调查问卷的问题、分析问卷所反馈的数据,我提供给课题组上海浦东图书馆微信公众号上两段有关问卷调查法的指导讲座视频,让课题组成员在微信群开展学习研讨,根据上海大学图书情报档案系讲师、硕士生导师张衍老师的讲座要点,调整问卷的提问内容、方式、顺序,完善数据的分析。在云端,同学们的研讨热情较高,效率也较高,问题设计更有针对性和逻辑性了,数据分析更客观、有层次了。不给学生现成的答案,而给他们阶梯,让他们自己去探索、讨论,从而让实践落到"实"处。

也许学生个体的参与程度、认知水平有限,但通过社会实践活动、课题研究,学生可以在集体活动中、在亲身体验中取长补短、合作互助。小组研讨提高了学生的参与度和思维度,在共同解决问题的过程中做更好的自己。

三、计划先行、资源利用确保实践针对性

光有热情、主动性还不够,还应该理性开展实践研究。

教师在指导过程中一定要引导学生明确活动目标、制定研究计划,即要思考清楚我为什么选择这一微课题进行研究?我需要利用社会资源解决哪些问题?然后统筹安排,主动请教指导老师,多方积累资源。例如我所指导的学生,她们是一群爱美的高

一女生,确立的课题是"关于海派旗袍中审美意识与文化意蕴的探究"。为了让研究之旅更有效,势必要让学生明白这个课题的价值就在于以旗袍为切入口,对中国文化、海派文化开展深入挖掘和传承,研究的重点是题目中的核心概念词"审美意识"和"文化意蕴"。而为何非要走进东华大学内的上海纺织服饰博物馆来突破课题的重点和难点,是因为需要寻找馆内独有的或者更具权威性的资料为论文提供论据,或者咨询馆内专家。

所以,经过指导,她们有了取舍与侧重,最终确定运用参观法,辅以问卷调查法来解决重点研究内容,并做好分工。其中特别强调参观上海纺织服饰博物馆的古代馆和近代馆,这样,才能有的放矢,有步骤、有目标地步步推进研究。

四、知情意的融合提升实践的内涵深度

新时代要求培养全面发展的人,这不仅需要培养学生学科基础素养,还要培养自主发展能力、社会参与能力,让其拥有人文底蕴、责任担当、创新意识。"进馆有益"活动对此有积极的引导作用。

在开展研究、论文撰写、筹备答辩的过程中,应该多鼓励学生,激活学生的创意,注重培养人文情怀、厚植文化底蕴。课题研究不只是一个任务、进馆研学不只是一种方式,研究方法不只是一种工具,场馆资源不只是一份遗产,要让它们的作用组合起来,在学生的心中发酵,促进其成长,需要指导教师多启发引导,提供研究技能和心理上的支撑。所以当学生遇到研究瓶颈时,我首先肯定他们的努力、与他们共情,再通过一个关键小问题来启发他们;当学生问能否设计自己心目中的美丽海派旗袍时,我高兴地回答:主意真棒,你们能行,去塑造、传递美吧;当学生忐忑地问答

辩怎么办时,我会故作轻松地说:认真准备、如实回答、只答不辩、继续改进;当学生问以后是否还能一起结伴去其他场馆参观学习时,我坚定地回答:随时奉陪,共同探索中华灿烂文明。

这些都会让学生觉得参与"进馆有益"活动不是纯粹为了凑字数完成课题论文、为了得奖,而是一件有趣的、能体现自我价值的事。的确,能通过社会实践、场馆学习获得新知识,写出属于自己的论文,能感受祖国灿烂文化,还可以力所能及地提出意见和建议,是多么快乐而有意义的事啊!学生在实践过程中获得了认知上的积累、能力上的提升、心理上的成熟,有了探索的兴趣和信心,这样的经历对他们的成长是重要和难得的。

通过"进馆有益"活动,从市十中学能走出更自信、更有行动力、更有思想深度、更有创意的学生,我感到无比骄傲。这些学生的心中已埋下了探索、实践、责任的种子,正如他们所言:结果令人惊喜、过程令人回味、未来令人期待。相信他们一定会茁壮成长,不忘初心,逐梦新时代。

能够指导学生在活动中获得奖项是我和学生的荣幸,全市还有许许多多奋战在场馆教学、辛勤指导"进馆有益"课题的教师,大家一定还有许多好方法。不管怎样,为了学生的发展、为了文化的传承、为了民族的振兴,让我们继续在教育改革浪潮中努力实践,在进馆学习中培养出更好的学生。

馆校协同参与，助力"进馆有益"

——以上海交通大学钱学森图书馆为例

钱学森图书馆　傅　强

"进馆有益"中学生优秀微论文征集活动是近年来上海市在推进馆校合作、协同育人过程中一项卓有成效的工作，在活动的引领下，每年都有大批中学生走入各类场馆开展探究学习、体验社会实践、撰写研究报告，形成了一批高质量的微论文成果，有力推动了学习实践方式的转变提升和场馆资源的激活利用。

上海交通大学钱学森图书馆是"进馆有益"活动的首批参与场馆之一，已连续参加该活动六年，并担任了"实践与探究"项目场馆联盟召集单位四年。近年来，在开展这项工作的过程中，钱学森图书馆立足场馆资源，积极发动相关学校的中学生，尤其是到场馆来开展高中生社会实践的学生志愿者开展探究学习和论文撰写，先后有十五所中学的近千位学生参与其中，共提交了近五百篇微论文，其中有二十余篇论文分别获得一、二、三等奖。

在这项工作中，钱学森图书馆一方面努力为学生们创造更好的学习和社会实践条件，另一方面不断进行思考和总结，希望让这样一种利用博物馆资源开展探究式学习的活动不会变成一场功利的竞赛，而是真正让所有的参与者有所收获、有所成长，助力立德树人。因此，钱学森图书馆近年来不断改进各项工作，结合形势，每年有所突破、创新，让学生们真正实现"进馆有益"。

在课题发布阶段，钱学森图书馆对历年来学生们撰写的文章选题进行统计和分析，在此基础上每年都对场馆发布的课题进行调整,力求既符合学生们的知识水平,又能够充分激发他们进行探究的兴趣。

同时,钱学森图书馆非常重视利用发布的课题来促进学生们对现实的关照。例如 2019 年开始,钱学森图书馆新增了一个全新的选题"从钱学森回国看近期华为事件",就是希望学生们在对钱学森艰难回国的那段历史进行研究的同时,也能够关注现实世界中中美之间复杂的博弈关系,从而对历史和现实都获得更深层次的认知。结果在当年的活动中,很多学生都选了这个课题,写出了一批很有见地、高质量的文章,收效良好。

2020 年,结合疫情带的重大危机和挑战,在"实践与探究"项目中,钱学森图书馆新增了"关于市民公共卫生习惯养成的调研与建议""关于校园疫情防控的调研与建议"等 10 个与公共卫生有关的课题,就是希望学生们在经历了这场疫情之后,能够有自己的观察和反思,以城市公民的身份开展调研和探究,通过自己的调研和思考为城市公共卫生建设献言献策,同时也能够提升自身的文明素养和公民意识。

在课题研究阶段,钱学森图书馆一直抱有这样一种理念,参与"进馆有益"活动的过程中,虽然最后呈现的结果是一篇论文,但是,对学生们来说真正重要的,并非只是最后的成果,在课题研究的过程中所学会的各种探究方法、相关能力的养成、自身素养的提升,这些可能在他们将来学习生涯和人生道路中更加重要。

所以,钱学森图书馆在进行课题指导的过程中,一方面是对具体的课题内容进行针对性的指引,另一方面则是有意识地引导学生培养发现问题的能力、获取信息的能力、辩证思维的能力、分析和解决问题的能力。我们鼓励学生们通过在场馆内的学习和探究,首先要对自己所选的课题做出基本判断,再基于这个判断去收集相关资料,从而论证、提炼并丰富自己的观点,最终形成一篇言之有物、言之有理的微论文。

因此,无论是场馆还是学校的指导老师,都有一个非常重要的任务:启发和帮助学生从自身的经验和观察出发,引导他们以辩证思维去看待事物,避免形式主义,避免为论述而论述,花费宝贵的时间和精力去阐述、论证一些他们并不感兴趣的"伪问题"。

总结多年来此项工作开展的经验,还有一个在"进馆有益"活动中非常重要的要素是场馆与学校之间的密切配合。"进馆有益"活动是馆校合作、合力育人的典型案例,校方和馆方的努力缺一不可。近年来,钱学森图书馆所收到的微课题论文中,质量比较高的论文大多是馆方和校方双方指导下的产物。馆方熟悉场馆自身的资源,在课题相关内容资源方面有优势,而校方对学生比较了解,开展的指导更有针对性。因而,我们认为在"进馆有益"活动中,场馆和学校之间建立更为紧密的联系是十分必要的,一方面,场馆拥有的各类教育资源应尽可能与学校进行开放共享,另一方面,学校与场馆之间也需要有更加合理的分工,发挥出各自的优势。虽然双方指导老师各自的侧重点并不相同,但通过双方的共同努力,就能够提升学生参与活动的效果,从而在探究学习的过程中开展真研究、解答真问题、得出真结论。

在疫情的影响下,2020 年"进馆有益"活动受到了一定的影响,因此,钱学森图书馆也随之进行了工作调整,力求将负面影响降到最低,推动"进馆有益"活动继续顺利开展。一是鼓励学生们用好各个场馆丰富的线上展示和教育资源,充分利用云观展、云游览、云课堂等形式,实现"线上进馆"。二是为开展线下参访的学生提供便利,一方面做好安全提示,提醒学生们有序进馆,做好个人防护,另一方面通过分批限流等方式,确保提供一个安全的参观的学习环境。三是在课题指导中,有针对性地鼓励学生们将自己对疫情的观察与思考融入课题探究之中,既要有广阔的视野,也要有关照现实的意识,从而真正通过参与"进馆有益"活动提升问题意识、发展核心素养,实现活动的初衷。

图书在版编目（CIP）数据

文化根　民族魂　中国梦：第七届上海市中学生"进馆有益"微课题论文
荟萃 / 上海市中小学德育研究协会主编. — 上海：上海教育出版社，2021.6
ISBN 978-7-5720-0887-0

Ⅰ.①文… Ⅱ.①上… Ⅲ.①社会科学－文集 Ⅳ.①C53

中国版本图书馆CIP数据核字(2021)第095223号

责任编辑　戴燕玲
特邀编辑　沈瑞红　乔晓岚
封面设计　金一哲

文化根　民族魂　中国梦：第七届上海市中学生"进馆有益"微课题论文荟萃
上海市中小学德育研究协会　主编

出版发行　上海教育出版社有限公司
官　　网　www.seph.com.cn
地　　址　上海市永福路123号
邮　　编　200031
印　　刷　上海叶大印务发展有限公司
开　　本　889×1194　1/32　印张 11.75
字　　数　264 千字
版　　次　2021年6月第1版
印　　次　2021年6月第1次印刷
书　　号　ISBN 978-7-5720-0887-0/G·0702
定　　价　69.80 元

如发现质量问题，读者可向本社调换　　电话：021-64377165